ちくま新書

阪神タイガース1985-2003

中川右介
Nakagawa Yusuke

1444

阪神タイガース 1985-2003【目次】

凡例

・選手名は当時の登録名で記す。

・球場の入場者数は二〇〇四年までは概数で発表されており、正確な数が分からないので、球団が発表し、記録に載っている数をそのまま記す。

・自伝や回想録などからの引用は〈〉でくくった。

はじめに

この本は、阪神タイガースの、世に言う「暗黒時代」を歴史として描くものだ。

何も好き好んで悪い時代を書かなくてもいいのにと、自分でも思う。しかし、この球団の場合、「黄金時代」とか「全盛期」というものがない。

「栄光の歴史を綴った本」を書くには、優勝した年だけを書くしかない。そのためか、一九八五年について書いた本は多い。

一〇年以上にわたる歴史を書くとなると、必然的に、「負け続けた歴史」となってしまう。

なにしろ、一〇年に一度くらいしか優勝戦線に加わることがなく、優勝するのは二〇年に一度というのが、この球団の優勝周期である。一九六四年の優勝の後には高度経済成長、一九八五年の優勝後にはバブル景気となったため、阪神が優勝すると景気がよくなるという、怪しげな経済学説まで生まれた。

一九八五年に二一年ぶりに優勝したとき、どの新聞か忘れたが、優勝を決めた翌朝の四コママンガは、胴上げされた後に吉田監督が、「ほな、みなさん、次は二〇〇六年に」と言うものだった。それを読んで、妙に納得してしまったのを覚えている。その予感は的中し、次の優勝は――二〇〇六年よりは三年早かったが――一八年後の二〇〇三年まで待たねばならなかった。

ファンの間で一九八五年の優勝が「奇跡」として神格化していったのは、以後の一七年間の現実があまりにも過酷だったからとも言える。なにしろ、一七シーズンのうち一〇シーズンが最下位だったのだ。三位以内のAクラス入りしたのは二シーズンしかない。

阪神ファンは「暗黒の中世もルネサンスによって終わった」という世界史の知識を頼りに、「阪神暗黒時代もいつかは終わる」と、その時を待ち続けた。それは、奇跡を信仰する信徒の気分に似ていた。

一方で「奇跡などありえない」という合理的な思考をしつつ、「今年こそ」はと期待し、そして裏切られ、優勝できなかったのは自分の信仰が足りなかったからだと反省し、ときには神の存在を疑う。そうやって一八年が過ぎ、二〇〇三年に優勝したのだ。そしてこの優勝もまた「ミラクル」と呼ばれた。幸いにも、二年後の二〇〇五年にまた優勝したが、以後、一四年、優勝していない。

約二〇年間の二つの低迷期には、ちょうどその真ん中の一〇年目前後に、優勝まであと一歩となるという共通点がある。一九七三年は残り二試合のどちらかを勝てば優勝だったが、連敗した。一九九二年も残り五試合で三勝すれば優勝というところまでいきながら、優勝を逃した。二〇〇五年以後は優勝こそしていないが、最下位に転落することは二〇一八年までなかった。そのなかでも二〇一四年はペナントレースでは二位だったが、クライマックス・シリーズでジャイアンツに四連勝して日本シリーズに出場した。ほぼ一〇年ごとに優勝しかかるのである。この周期が正しければ、次の優勝まであと数年かかるということだ。

阪神タイガースの歴史について書くのは、これが二冊目となる。前作は『阪神タイガース 1965-1978』(角川新書)で、タイトルにある通り、一九六四年の優勝の翌年から、球団史上初の最下位となった一九七八年までを中心に書いた。エピローグとして、八五年の優勝まで書いたので、本書はその続編の性格を持つが、独立している。前著では、村山実、江夏豊、田淵幸一の三人を主人公とし、彼らを中心にしたが、本書は群像劇となる。

最初に明記したように、本書は「歴史」であり、「評論」ではない。本書をマネージメントの反面教師として読むことも可能だろうが、それが目的ではない。

ひたすら、いつ、誰が、何をしたのか、何ができなかったのか「事実」を綴っていく。

まずは一九八五年の優勝から始める。さまざまな経緯でタイガースのユニフォームを着ることになった選手たちが登場し、栄光を摑むところから。

I 奇跡の一年——一九八五年

1985年4月17日、甲子園でジャイアンツ槙原からバースに続いて本塁打を放つ掛布。

バース、掛布、岡田の「バックスクリーン3連発」は伝説となった（共同）

第1章

期待されなかった開幕

†前史――「小津の魔法使い」時代

一九七八年、阪神タイガースは球団史上初の最下位となった。四一勝八〇敗九分、勝率・三三九で、この年のセ・リーグの首位打者・広島東洋カープの水谷実雄《じつお》の打率・三四八より低い。首位ヤクルトスワローズとのゲーム差は三〇・五、五位の中日ドラゴンズとも一〇・五ゲーム差。惨敗である。タイガースは、チームとフロントの大改革を迫られた。

それまでの阪神球団の社長は、阪神電鉄本社の人事体系では課長クラスの者が就いていた。だがこの危機的状況を打開するため、電鉄本社専務取締役の小津《おづ》正次郎《しょうじろう》（一九一五〜九七）が球団社長を兼任することになった。電鉄本社もいよいよ「本気」になったと、ファンは受け取った。

小津はその豪腕ぶりから「小津の魔法使い」の異名を取るが、最初の大仕事が初の外国人監督、ドン・ブレイザー（一九三二〜二〇〇五）の招聘だった。タイガースの監督はそれまでは大半がOBである。他球団出身者を監督にするとOBが黙っていないという雰囲気があり、「外部の血」の導入は難しかったが、外国人ならOBも諦めるだろうという読みが、小津にはあった。OBに優しいぬるま湯体質からの脱皮の象徴が、外国人監督の起用だったのだ。

ブレイザーは正確にはドン・リー・ブラッシンゲーム（Don Lee Blasingame）といい、メジャーリーグで活躍した後、一九六七年から南海ホークスに入り、六九年まで現役だった。一九七〇年からは野村克也（一九三五〜）選手兼任監督のもとでヘッドコーチとなり、野村に「シンキング・ベースボール」を教えた。野村が後に掲げた「ID野球」のもとを辿るとブレイザーに行き着く。七七年に野村がホークス監督を解任されると、ブレイザーも退団した。すると、広島東洋カープの監督をしていた古葉《こば》竹識《たけし》（一九三六〜）から守備兼ヘッドコーチの招聘があった。

古葉はカープの選手だったが、七〇年からトレードでホークスに在籍し、七一年に引退すると、野村監督時代の七二、七三年にコーチとなり、ヘッドコーチのブレイザーから多くを学んだ。古葉は七四年からカープのコーチとなり、七五年はシーズン途中から監督になり球団史上初の優勝を達成した。古葉はかつての師であるブレイザーがホークスを退団すると、ヘッドコーチに招聘したのである。

ブレイザーは、野村、古葉という名監督の師にあたる。そんな人物が監督になるのだから、タイガースは強くなるのではと期待された。

監督人事の次がスター選手・田淵幸一《たぶちこういち》（一九四六〜）のトレードだった。パ・リーグでタイガースと同じようにどん底にあったのがライオンズだった。西鉄の黄金時代は過去の話で、ついに、西武に身売りすることになったのだ。ライオンズの監督は後に「球界の寝業師」の異名をとる根本陸夫《ねもとりくお》（一九二六〜一九九九）である。

「寝業師」と「魔法使い」と役者が揃ったおかげで、両チームの間で大型トレードが成立した。タイガースの田淵幸一と古沢憲司《ふるさわけんじ》（一九四八〜）の二人、ライオンズの真弓明信《まゆみあきのぶ》（一九五三〜）、若菜嘉晴《わかなよしはる》（一九五三〜）、竹之内雅史《たけのうちまさし》（一九四五〜）、竹田和史《たけだまさふみ》（一九五〇〜）の四人がトレードされた。

田淵はライオンズで八二、八三年に優勝を経験して八四年で引退した。古沢は八二年にカープへシーズン途中でトレードされ、八四年の優勝を経験、八五年も在籍したが一軍の試合には出ず、同年で引退した。

若菜は八二年にタイガースを自由契約になり渡米したが、八三年から大洋ホエールズに入り八八年まで在籍、八九年に無償トレードで日本ハムファイターズに移籍し、九一年で引退した。竹之内は八二年で引退しコーチになる。竹田はタイガース一年目の七九年に七試合しか登板できず、同シーズンで引退した。このトレードで移籍先で成功したのは田淵と真弓で、トレードに失敗例の多いタイガースの数少ない成功例だ。

さらに、予期せぬ出来事ではあったが、このオフは球界のみならず日本中を激怒させた「江川事件」が勃発した、タイガースはくじ運がよかったのか悪かったのか、その当事者となり、ジャイアンツから小林繁《しげる》(一九五二〜二〇一〇)が入団した。

しかしブレイザーのもとでの一九七九年は四位に終わった。八〇年は新人の岡田彰布《あきのぶ》(一九五七〜)の起用方法をめぐり、ブレイザーが球団首脳と対立して途中で辞任し、打撃コーチだった中西太が監督になり、五位に終わる。中西は固辞したが翌八一年も指揮を執るものの、江本の「ベンチがアホ」発言などもあり、三位になったが、辞任した。

一九八二年、タイガースの監督はまたもOBから選ばれることになり、安藤統男《もとお》(一九三九〜)が監督となった。安藤は慶應義塾大学を卒業し、一九六二シーズンからタイガースの一員となり、すぐにはレギュラーにはなれず、六九年から二塁手として活躍した。しかし、七一シーズンにアキレス腱を断裂し、復帰はするも、結局、七三シーズンの終了後に引退した。守備は器用だったので、二塁だけでなく、一塁、三塁、遊撃、さらには外野まで守った。選手として残した記録は、一九七〇年の最多犠打(二九)があるくらいで、名選手でもなければ、人気のある選手でもない、地味な存在だった。あるのは、阪神の選手のなかでは珍しい慶大卒という高学歴だけである。

安藤は引退した翌年の七四年からタイガースのコーチとなり、七四・七五年は一軍守備コーチ、七六年は二軍守備コーチ、七七年は二軍監督、七八年から八〇年は一軍の守備・走塁コーチ、八一年は二軍監督。そして、八二シーズンから一軍の監督になったのだ。生え抜きではあるがスター選手ではなかったので、監督に就任したのは人事異動のような印象だった。前例のない「五年契約」とされたが、そんなものが成績によってどうにでもなることは、誰もが知っていた。

安藤監督の一年目の八二年は三位、八三年と八四年は四位に終わっていた。この間の一九八二年には若菜嘉晴が女性問題のトラブルで自由契約となり、八三年には小林繁がまだ三一歳だったのに引退してしまった。

†一九八四年のお家騒動

阪神タイガースの歴史を彩るのは「敗北」だけではない。「お家騒動」もまた、この球団の歴史に欠かせない。敗北するからお家騒動が勃発するのか、お家騒動ばかりしているから勝てないのか、その因果関係には興味深いものがあるが、ともかく、監督人事の迷走ぶりで、これほど話題を提供し続けている球団はない。

一九八五年の優勝をもたらしたのも、実は「お家騒動」だった。

安藤統男が就任して三シーズン目の一九八四年のタイガースは、一度も優勝戦線に加わることなく、三位と四位をいったりきたりしていた。それでも九月の段階で、球団は「安藤が来シーズンも指揮を執る」とわざわざ発表し、安藤もそのつもりでいるように見えた。

だが、ペナントレースも終盤になると、雲行きが怪しくなってきた。それは「優勝」とはまったく関係のない事情による。

この年のタイガースの試合で最も注目されたのは、シーズン最終盤のドラゴンズ戦だった。掛布雅之《かけふまさゆき》（一九五五〜）のホームランが三七本に達し、一方、ドラゴンズの宇野勝《まさる》（一九五八〜）も三七本を打ち、この二人のどちらかがこのシーズンのホームラン王になるという状況で、両チームの対戦を迎えたのだ。宇野にとっては初めてのチャンスで、掛布は七九、八二年についで三度目のホームラン王になれるかどうかだった。

終盤なので日程は変則的で三連戦ではなく、一〇月三日はナゴヤ球場、五日は甲子園だった。試合前に安藤はドラゴンズの監督山内一弘《やまうちかずひろ》に、勝負するのかどうか訊くと、山内は宇野にホームラン王を取らせるために、掛布を敬遠すると言い切った。

その言葉通り、一回表のタイガースの攻撃、一死三塁のチャンスで掛布に打席がまわってくると、ドラゴンズの鈴木孝政は初球から明らかなボールを四球続けた。安藤も肚《はら》をくくった。

その裏、ドラゴンズの一番だった宇野も歩かされた。結局、この試合では二人とも、全打席、四球だった。宇野の第五打席は七回で二死満塁という状況だったが、タイガースは押し出しの一点を与えてまでも、宇野に打たせまいとした。試合は一一対六でドラゴンズが勝った。

両チームとも批判され、球団事務所には抗議の電話が殺到した。コミッショナーまでもが「ファンを無視した作為的プレーを避けるように希望する」と警告する事態となった。

四日は両チームとも試合はなかったが、マジックナンバーを1としていた広島東洋カープは横浜で闘い、優勝を決めた。ドラゴンズは二位が確定、タイガースの四位も決まっていた。

五日の甲子園が、両チームにとっての最後の試合だった。すでに順位は決まっている。タイガースの先発は一〇勝目がかかっていた池田親興《ちかふさ》（一九五九〜）だったが、安藤は掛布のホームラン王のほうを選択した。池田は七回までに宇野を四回歩かせ、うち二回は失点につながった。七回裏にタイガースがリードしたところで、池田はマウンドを降りたが、リリーフした山本和行（一九四九〜）が九回一死走者なしで宇野を歩かせると、それをきっかけに二点が入り、タイガースは六対七で敗北、池田の新人での二桁勝利はなくなった。

掛布と宇野は五日の試合も五回、歩かされ、一〇打席連続敬遠という日本新記録を作り、ホームラン王も分け合った。

この敬遠合戦に野球ファンは激怒し、マスコミも批判し、コミッショナーまで「一種の八百長だ」と批判した。これに嫌気がさしたのか、安藤は八日の納会の席で辞表を叩きつけた。五日の最終戦が終わった時点で辞意を伝えていたともいう。だが、まだ正式には辞任していない。

この前後の球団首脳の動きは諸説あり錯綜している。オーナーで電鉄本社会長の田中隆造《たかぞう》（一九〇八〜一九八九）と、阪神電鉄社長の久万俊二郎《くましゅんじろう》（一九二一〜二〇一一）、そして球団社長で電鉄本社専務の小津正次郎がそれぞれの思惑で動いている。

阪神タイガースのオーナーとは、球団では「取締役会長」の役職で、電鉄本社の社長が兼任する。オーナーは電鉄本社の社長として多忙なので、球団経営は球団社長に委ねられ、監督人事など重要な局面でしか関与することはない。それでも最高責任者であり、実権もある。歴代オーナーのなかには野球に詳しい者もいれば、それほどでもない者もいる。

田中は戦前の一九三三年に阪神電鉄に入社し、六八年に阪神球団取締役、七八年に電鉄社長、七九年に阪神球団会長（オーナー）となったが、前オーナーの野田忠二郎時代の七四年からオーナー代行として全権を握っていた。野田は電鉄の経営に専念し、タイガースには口を出さなかったのだ。田中は八二年に電鉄社長の座を久万に譲り会長になっていたが、球団会長の座は守っていた。この時点で一〇年間、タイガースのトップだった。

久万は兵庫県神戸市生まれだが、高知県で育ち、東京帝国大学法学部に入ったエリートである。学徒出陣で仮卒業となり海軍将校として敗戦を迎えた。一九四六年に阪神電鉄に入社し、八二年に田中の後継の電鉄社長となり、西梅田地区再開発に取り組んでいた。野球には関心はなく、好きでもなさそうという評判である。それもあって、電鉄社長になったのに、タイガースの球団会長（オーナー）にはなろうとしなかった。もっとも、田中が譲ろうとしなかったからかもしれない。

電鉄本社内では久万と小津は、田中の次の社長の座を争うライバル関係にあった。年齢は小津が六歳上だが高商卒、久万は東大法学部卒のエリートだ。小津が取締役になったのは一九七〇年で、七八年に専務になり、同時に球団社長に就いた。久万が取締役になったのは小津が専務になった七八年だった。役員就任では遅れたが、久万は小津を抜いて、八二年に社長に就任した。小津は出世レースで敗北した。巻き返すには、タイガースを優勝させるしかないのだが、それも困難になってきた。

球団では、小津の下にいる取締役の岡崎義人《よしひと》（一九一八〜二〇〇五）が実権を握っていた。岡崎は七八年から「球団代表」という役職にあり、ドラフト会議では七八年に江川、七九年に岡田を引き当てた強運の持ち主でもあった。七八年から八四年までのタイガースは小津―岡崎体制だった。

プロ野球でよく分からないのが「球団代表」という肩書の人物である。一般的イメージだと、「代表」がトップなのだが、プロ野球球団の代表は、「渉外担当部長」「広報担当部長」というような存在で、中間管理職である。球団を代表して外部と対応するという意味だ。

八四年オフのお家騒動のもうひとりの登場人物が、三好一彦《みよしかずひこ》（一九三〇〜二〇一三）である。この人も後に球団社長になるが、当時は電鉄本社の取締役・西梅田開発室長という役職にあり、久万の側近だった。本社内では野球通として知られ、また秘書業務に携わっていた経験から阪神グループのあらゆることを知っているとされた。だが、球団経営にはまだ関わっていない。

安藤は一〇月一二日に会見して正式に辞意を表明した。

ここから情報が錯綜する。関係者が語ったり、書き残したことの間にも矛盾がある。それらを整理していく。

一二日夜、阪神電鉄社長の久万は取締役・西梅田開発室長の三好一彦を呼ぶと、「安藤が辞めた。後任監督は球団には任せられないので、本社で決めることにした。候補者は西本幸雄《ゆきお》（一九二〇〜二〇一一）に絞った」と告げ、西本との会談をセットするように指示した。西本は選手としてはそれほど実績がないが、一九六〇年に大毎オリオンズの監督になり優勝、六三年から七三年は阪急ブレーブスの監督として五回優勝、七四年から八一年までは近鉄バファローズの監督となって二回、優勝した。日本シリーズでは一度も勝てなかったが、名将として知られる。

タイガースの監督人事は在阪メディアの注目の的である。交渉していることが漏れただけで大騒ぎとなり、反対する声が出て潰れることもある。久万は、球団とは関係のない三好を使者に立てて、隠密裡に西本と交渉するつもりだった。

三好の証言をもとにした日刊スポーツ新聞西日本編『喜怒哀楽の歩み　猛虎の80年』によると、久万と西本の密談は一四日夕方に、大阪コクサイホテルの一室で実現した。この場では西本は即答しなかった。

六日が過ぎた二〇日土曜日、三好は久万からの電話で、「西本さんが断ってきたので、吉田に絞ったから、直接要請してくれ」と指示された。

ここで吉田義男《よしお》の再登板へ向けた動きが始まる。

吉田義男は一九三三年に京都府に生まれ、一二歳で敗戦を迎えた。京都市立第二商業学校へ入学したが、学制改革で同校が廃校になったので京都府立山城高校へ編入学する。野球部ではショートを守り、二年と三年の夏に甲子園に出た。立命館大学へ進学し、一年からレギュラーになったが、中退して阪神タイガースへ入団した。当時はドラフト会議もなく、大学を中退してプロ入りする選手はけっこういた。タイガースでは一年目の一九五三シーズンからショートのレギュラーとなり、小柄で敏捷な動きから、その守備は牛若丸にたとえられていた。タイガースが優勝した一九六四年には打率・三一八を記録している。

いつしか吉田は、村山実と並び、将来の監督候補と目され、本人もその気でいたが、一九六九年のオフ、後藤次男《つぐお》監督の後任は三歳下の村山に決まった。吉田は選手兼任コーチとして村山を支えるつもりだったとされるが、結局、引退してコーチとしても残らず、退団した。

村山が一九七二年に監督辞任に追い込まれ、次の金田正泰《かなだまさやす》も七四年で辞めると、ようやく吉田に監督の座がまわってきた。七五年は三位で、そのオフに江夏をトレードで出し、七六年は二位になったが、七七年は四位に落ちたので辞任に追い込まれた。

三好は神戸大学時代は野球部員で、四年生の時に立命館大学一年生だった吉田と、関西六大学リーグで顔を合わせていた。翌一九五三年、三好が阪神電鉄に入社すると、吉田も中退してタイガースに入団したので、親しい関係でもあった。三好はさっそく吉田に連絡を取った。

吉田は関西テレビの解説者をしており、二一日の日曜日は日本シリーズの解説で広島に行くという。この年の日本シリーズは阪急と広島の対戦だった。そこで、試合後、広島と大阪の間の岡山で会うことにした。三好は念のために家族旅行を装って妻も同行させるという周到さだ。吉田についてくる記者はいなかったようで、二人は岡山の駅前のホテルで密会した。三好は必死で説得し、全面的にバックアップするからと約束した。吉田は監督就任を受諾した。しかし、まだどこにも漏れてはならなかった。

一方、球団社長の小津もまた、一六日に西本を訪ねて正式に監督就任を依頼していた。西本はこの時も即答せず話を預かり、二〇日になって、自分から球団の事務所に出向いて正式に断った。これを受けて、久万は三好に吉田に要請するよう指示したわけだ。

西本は小津に対し、六五歳なので体力的に監督は難しいと言って断わり、その代わり、「次期監督像」「タイガース再建への提言」をアドバイスした。西本が挙げた次期監督の条件は、「タイガースOB」「球団に対する愛情の強固な人」「野球に情熱を持っている人」「選手と一緒に動ける人」だった。

この条件はマスコミにも示され、スポーツ新聞各紙は、この条件にあてはまるのは村山実（一九三六〜九八）しかいないと書き立てた。まだ何も打診されていないのに、村山はすっかりその気になっていた。

二一日夜には、吉田の監督就任が久万・三好ラインで決まっている。それなのに、一〇月二二日午後に開かれた球団の取締役会では、村山の名しか出なかった。要請されれば村山が受諾するのは確実だ。

しかし田中隆造オーナーが「一晩だけ考えさせてくれ」と言い、決定を先延ばしした。小津は、一抹の不安を抱えながらも、記者たちに「九九％、村山さんで決まりや」と言った。小津とマスコミの一部は村山を監督にしようとしていたのだ。

だが、翌二三日午後に記者会見場に現れたのは吉田義男だった。

†吉田監督就任

吉田が一九七七シーズンが終わると辞任に追い込まれた時、オーナー代行だった田中は、辞意を固めた吉田に思い留まるように説得した経緯があった。田中としては、何とかして吉田にもう一度監督をやらせたい。その機会は、いまを逃すともうなかった。田中は取締役会で「これは私のわがままだ」とまで言って、吉田を監督にするよう求め、同時にオーナーを辞任した。自分の首を差し出しても、吉田を監督に復帰させたかったのである。

では、田中と久万とは打ち合わせていたのだろうか。このへんははっきりしない。三好の証言、回想には田中の名は出てこない。

田中が辞任し、後任のオーナー（球団会長）に電鉄本社社長の久万が就くと、田中は自分と一緒に小津も辞任させた。久万と小津の二人が、うまくいくはずがないからだったし、村山招聘で動いていた小津がいたのでは、吉田もやりにくいとの判断だ。

かくして――一九七八年オフから始まった、魔法使い・小津の時代は、あっけなく終わった。

新オーナーの久万は田中とは異なり野球への関心が薄い。彼にとってタイガースはグループ企業のひとつでしかない。だが皮肉にも、この野球に関心のないオーナーは、就任一年目に優勝を経験し、その後の長い「暗黒時代」もずっとオーナーだった。その間に球団社長と監督の首を何度もすげ替え、ついには二〇〇三年の優勝をオーナーとして見届ける。

タイガースの歴史に「暗黒時代」と刻まれる日日は、久万オーナー時代と重なるのだ。

小津に代わる球団社長に就任したのは、久万の腹心で野球に詳しい三好ではなく、電鉄専務だった中埜肇《なかのはじむ》（一九二二〜八五）だった。

中埜は京都大学工学部土木工学科を出た技術者だが、野球も好きで詳しい。その意味では適任だった。球団社長のほか、阪神電鉄本社の専務取締役鉄道事業本部長と、阪神土木工業社長も兼務する。電鉄本社専務が球団社長になるという小津の前例を踏襲しての人事でもあった。

だが球団では、一九七六年から球団取締役になっている岡崎義人が実権を握っている。岡崎は小津とともに村山招聘で動いていたこともあり、吉田とは折り合いがよくない。

久万直系の三好は電鉄本社取締役のまま、裏で吉田を支えることになった。三好と吉田は毎週月曜日に電話で話し、チーム状況を確認し合うことにした。吉田からオーナーへの要望も、このルートで伝わる。

こうして、中埜・岡崎・吉田という公式の指揮系統とは別に、久万・三好・吉田という裏ルートも生まれた。組織マネージメントとして最もあってはならないケースである。

吉田は二系列ではかえって混乱し、何も進まないと気付き、一本化を要請するのだが、実現しない。

†期待されない出発

タイガースには選手・OBだけでなく、フロントと阪神電鉄本社を含めて、さまざまな派閥があり、複雑に絡み、コーチ人事にも影響を及ぼしていた。監督就任が決まると、吉田のもとにはOB連中から自薦他薦の売り込みがあった。しかし吉田はOBにこだわらないコーチ人事を貫いた。その結果、土井淳《きよし》（一九三三〜）、米田哲也（一九三八〜）、並木輝男（一九三八〜八八）、一枝《いちえだ》修平（一九四〇〜）、河野《こうの》旭輝《あきてる》（一九三五〜二〇一四）、石井晶《あきら》（一九三九〜二〇一三）の六人が新たにコーチとなった。タイガースOBと呼べるのは並木くらいで、ヘッドコーチとなった土井は大洋ホエールズのOBで元監督でもある。一方で、安藤体制のコーチだった高橋重行（一九四五〜二〇一〇）、竹野内雅史も留任させた。

前回の吉田体制が崩壊した要因のひとつが、監督とコーチの対立にあった。そのため、吉田はコーチ人事については、「一蓮托生」、つまり「吉田が辞める時はコーチも全員辞める」ことを条件とした。逆に言えば、球団がひとりでも吉田に無断でコーチを解任したら、吉田も辞めるという意味だった。「一蓮托生」は最善というか、当たり前のことに思えたが、これが後のチーム崩壊の一因にもなる。

ドラフト会議は一一月一〇日で、すでに吉田体制が固まった後だ。タイガースが指名して獲得したのは一位から順に、嶋田章弘投手（一九六六〜、箕島高校）、佐藤秀明投手（一九六〇〜、東洋大、日立製作所）、和田豊内野手（一九六二〜、日本大学）、嶋田宗彦捕手（一九六二〜、箕島高校、住友金属）、大野久外野手（一九六〇〜、東洋大学、日産自動車）、山口重幸投手（一九六六〜、岩倉高校）の六人だった。彼らはプロ入りして一年目で優勝を経験するが、このなかでタイガースで二度目の優勝を選手として経験する者はひとりもいない。

前回の監督時代の吉田は江夏をトレードで出したように、「血の入れ替え」によってチームの体質を変えようとし、結果として失敗した。吉田は二度目の監督就任にあたり、まずは土台作りと考えていたので、ドラフト以外では目立った補強は少ない。大洋ホエールズとのトレードで長崎啓二（慶一、一九五〇〜）を獲得し、外国人ではリチャード・ゲイルを獲ったくらいだった。

吉田新体制に対する開幕前の評論家の予想は、ほとんどがBクラスだった。ファンも一度失敗した吉田には何の期待もしていなかった。村山のほうが熱血漢であり、悲壮感も漂わせていたので、人気はあったのだ。吉田は江夏を追い出した監督でもあり、ケチだという風評もあり、イメージは悪い。期待されないスタートだった。

吉田自身も「優勝を狙えるチームの土台作り」が自分の仕事であり、一年目に優勝しようなどとは考えていない。トレードや外国人で補強しても、一時的な力に過ぎない。若手、中堅を育てることで真に強いチームになる。その土台を作るのが、一九八五年のタイガースのはずだった。吉田はスローガンとして、フレッシュ・マインド、ファイティング・スピリッツ、フォア・ザ・チームの三つを掲げ、「3F」と称した。

ファンも評論家も、選手もコーチも監督も、球団首脳も電鉄本社首脳も、優勝できるとは、誰も考えていなかった。そんな雰囲気での門出だった。

いや――ひとりだけ、本気で「優勝できるのではないか」と思っていた選手がいた。真弓明信である。前シーズン末期、真弓はルーキーで好投していた池田に、「今年はこれ以上、無理をするな。来年、優勝する」と語ったという。

†一番・ライト、真弓明信

真弓明信はこの年、三二歳。前シーズンはセカンドを守っていたが、ライトにまわった。

真弓は一九五三年七月に熊本県に生まれ、小学三年生の年に父の転勤で福岡県大牟田市に引っ越した。父は三井グループの東洋高圧工業(現・三井化学)に勤めており、その人事異動での引っ越しだ。

大牟田は三井三池炭鉱のある町として知られる。一九五九年から六〇年にかけて炭鉱では大きな労働争議があり大混乱し、六三年には炭塵爆発が起こり、死者四五八名、重傷者六七五名という惨事となった。真弓家が引っ越してきたのは六二年なので、大事故を目の当たりにしたはずだ。

一九六五年、真弓が小学六年生の夏、暗い話題しかない大牟田が歓喜に沸いた。地元の県立三池工業高校の野球部が甲子園に初めて出場すると、優勝したのだ。

三池工業高校は一九〇八年（明治四一）に三井家が創立した三井工業学校が前身で、戦後の一九五〇年に福岡県に移管され県立高校となった。生徒には炭鉱労働者の子が多い。野球部があったが、甲子園には一度も出ていなかった。

真弓の父が勤務する東洋高圧工業大牟田工業所には社会人野球のチームがあり、強豪として知られていた。その元部員が一九五九年から三池工業高校野球部の監督となり、七年目にようやく甲子園に出て、初出場・初優勝の快挙を成し遂げたのだ。

その三池工業高校の監督は、原貢《みつぐ》（一九三六〜二〇一四）という。後にジャイアンツで選手・監督として名を残す原辰徳（一九五八〜）の父である。原辰徳は真弓の五歳下で、三池工業高校が優勝した年は小学一年生だった。優勝パレードを見ようと集まった群衆のなかに、父の雄姿を見つめる小学一年生の原辰徳と、六年生になっていた真弓明信がいた。二人とも、この時、将来は野球選手になろうと決意した。

三池工業高校優勝の快挙は監督の手腕によると知った東海大学総長・松前重義は、系列の東海大相模高校野球部監督に原貢を招聘した。これを受けて、翌一九六六年、原一家は大牟田を出て行った。したがって、野球少年となってからの真弓と原の間に交流はない。東海大相模が夏の甲子園で優勝するのは、原が監督となり五年目の一九七〇年、辰徳との「父子鷹」が話題となるのは七四年のことだ。

真弓は一九六六年に地元の大牟田市立歴木《くぬぎ》中学校に進学し、野球部で本格的に野球を始めた。六九年に柳川商業高校（現・柳川高校）に進学すると、野球部では一年からベンチ入りし、二年で遊撃・三塁でレギュラーとなった。同学年で捕手をしていたのが若菜嘉晴である。後にプロ野球選手となる二人がいながらも、真弓たちが在学中、柳川商業は甲子園へは行けなかった。同校にはプロのスカウトもよく見に来ていたが、真弓は身長一七五センチだったので「小柄」と判断され声がかからなかった。

若菜は一九七二年春に高校を卒業すると、地元の西鉄ライオンズにドラフト四位で指名されて入団した。真弓は社会人野球の電電九州に入社した。

電電九州時代の真弓は一年目からショートのスターティングメンバーとなった。七二年の都市対抗野球大会ではベスト8まで進み、真弓の活躍も評価された。七二年秋のドラフトで、真弓は地元の西鉄ライオンズに三位で指名され、入団した（当時は社会人野球の選手は一年目でもプロに入れた）。

西鉄ライオンズ黄金時代は遠い昔の話で、一九七〇年から七二年まで三年連続最下位に沈んでいた。観客動員もふるわない暗黒時代にあった。一九七三年から「太平洋クラブライオンズ」となったので、真弓は西鉄ライオンズに指名されたが「西鉄」のユニフォームは着ることがなかった。

一九七三年、一年目の真弓は一軍の公式戦には守備固めで二回出ただけで終わった。打席はゼロ。その後もなかなか一軍のレギュラーになれず、五年目の一九七七年になってようやく一一六試合に出場し、打率・二六一、打点一四、本塁打六の成績を残せた。七八年は一一八試合に出て、打率・二八〇、打点三八、本塁打八の成績だった。

この間、ライオンズは七五年に三位になったのが最高で、Bクラスに低迷していた。監督も毎年のように替わった。提携先も太平洋クラブからクラウンライターに替わり、七七年からは「クラウンライターライオンズ」となった。

一九七八年のライオンズは、真弓や立花義家ら若手の活躍もあったが、五位。シーズンオフには西武グループに買収され、西武ライオンズとなり、福岡から埼玉県所沢市への移転も決まった。

この一九七八年、阪神タイガースは球団史上初の最下位に沈んだ。ライオンズ、タイガースとも、抜本的なチーム再編が急務で、両チームの間でトレードが成立し、真弓はタイガースに入ったのである。

真弓はタイガース移籍一年目から一番・遊撃手として活躍した。八二年は全試合（一三〇）に出場し、打率・二九三、打点五五、本塁打一五、八三年は二塁にまわって一一二試合に出て打率・三五三で首位打者、八四年も二塁手として一一七試合に出た。

八三年に遊撃から二塁に転向したのは、二塁を守っていた岡田が故障し外野へまわったためだった。だが、吉田監督は岡田をセカンドに定着させ、真弓をライトへコンバートさせようと考え、まず、真弓に打診した。ライオンズ時代に外野を守った経験もあるので、真弓に異存はなかった。これで吉田構想の要が決まった。

†二番・センター、弘田澄男

この年のセンターは、開幕試合は弘田澄男《すみお》だったが、北村照文、吉竹春樹の三人が競う。

弘田澄男（一九四九〜）は高知県出身で高知高校へ進学し、甲子園には二年と三年の春の選抜に二年連続して出場したが、夏は行けなかった。社会人野球の四国銀行で活躍した後、一九七一年のドラフト会議でロッテオリオンズに三位で指名されてプロ入りし、ダイヤモンドグラブ賞（現・ゴールデングラブ賞）を五回受賞するなど好守で知られた。一九八四年に藤倉一雅とのトレードでタイガースに入り、一一〇試合に出場、打率・三一三、打点三四、本塁打七という成績だった。一九八五年は三六歳。

北村照文（一九五七〜）は神奈川県出身で、武相高校に進学した。同時期の神奈川県は原辰徳のいる東海大相模が強く、甲子園には行けなかった。キャタピラー三菱を経て三菱名古屋に入社し、社会人野球で活躍した。一九七九年秋のドラフト会議でタイガースに三位で指名され、一年目の八〇年から一軍に入り、六五試合に出場、八一年にセンターの定位置を確保し、八二・八三年はダイヤモンドグラブ賞を獲得した。八四年は弘田の加入で九四試合の出場となり、打率・二二八、打点一七、本塁打五という成績だった。一九八五年は二八歳。

吉竹春樹（一九六一〜）は福岡県出身で、九州産業高校へ進学し、二年生の夏の甲子園に出場した。一九七八年にドラフト外でタイガースに投手として入団し、一年目の一九七九年は一軍での出番はなく打撃投手をしていた。八〇年には内野手に転向するも一軍に上がれず、外野手に転向した三年目の一九八一年から、一軍で活躍した。八四年の成績は、一一九試合に出て、打率・二六〇、打点二七、本塁打六だった。一九八五年は二四歳。

†三番・ファースト、ランディ・バース

三番はファーストを守るランディ・バース（一九五四〜）である。

アメリカ合衆国オクラホマ州出身で、一九七七年からメジャーリーグにいた。しかし長打力

は評価されていたものの、守れない、走れないという欠点があり、レギュラーを獲得できず、五球団を渡り歩いていた。そのため長打力があるとはいえ、六シーズンで通算本塁打は九本に留まっていた。

バースがタイガースに入団したのは一九八二年一二月。一年目の八三シーズンはライトを守っていたが、一塁を守る藤田平《たいら》の衰えが出てきたため、それに替わり、一一三試合に出場して、打率・二八八、打点八三、本塁打三五本の成績を残した。

だが一九八四年は、打率は・三二六と上げたものの本塁打は二七本に減り、打点も七三だったことから、安藤監督はバースを来季の構想から外し、球団には戦力外と伝えていた。

安藤体制がそのまま続いていたら、バースはタイガースからいなくなっていた可能性が高い。しかし新監督の吉田はバースの長打力を評価しており、球団に残留を求めた。

バースはこの年、三一歳。

†四番・サード、掛布雅之

一九八〇年代のタイガースの四番は掛布雅之（一九五五〜）である。

掛布の生地は新潟だが、千葉県で育った。父は戦前に千葉商業学校の野球部の部長兼監督として甲子園を目指していたが果たせず、戦後は千葉市で料理店を経営しながら、千葉市立新宿中学の野球部の監督もしていた。掛布は同校に入学すると、父が監督の野球部でサードとして活躍した。市立習志野高校へ進学すると、二年生の一九七二年に夏の甲子園に出場した。しかし、高校三年の一九七三年の秋、掛布は早くからプロ入りを希望していたがスカウトは来ない。父の人脈で、ヤクルトスワローズの二軍監督小川善治《よしはる》に話すが断られた。叔父がタイガースの安藤統男と知り合いだったこと、父がいた千葉商業高校の監督経験者にタイガースのトレーニングコーチ経験者がいたことなど、複数のルートでタイガースの入団テストを受けた。

一九七三年は、タイガースがあと一勝で優勝を逃した年で、監督は金田正泰だ。掛布は一週間にわたり二軍の秋季練習に参加し、その才能を認められた。

タイガースはドラフト会議で掛布を六位で指名した。それほど期待されていなかったのは、六位という順位と、契約金五〇〇万円、年俸八四万円（推定）という数字が物語る。それでも掛布は入団した。「テスト生として入団」と紹介されることもあるが、これは間違いで、ドラフト会議を通っての入団だ。この年のドラフトで一位に指名されたのは中央大学の佐野仙好《のりよし》（一九五一〜）で、掛布と三塁のポジションを競うことになる。

掛布をタイガースに仲介した安藤は前年で現役を引退し、一軍の内野守備コーチとなった。これも掛布に幸いした。一九七四年春のキャンプが始まると、往年のミスター・タイガース藤村富美男《ふみお》が掛布を見て絶賛し、金田監督も気にかけるようになった。オープン戦が始まると、藤田平が結婚式で休んだため、掛布はスタメンで出て、ライオンズのエース東尾修から四打数で二安打の好成績を残した。三日後にはサードの野田征稔《ゆきとし》の母が亡くなり帰京したため、掛布は三塁手で出場し四打数四安打と大当たりした。「無名の新人」は「期待の新人」に昇格し、開幕を一軍で迎えた。この年は八三試合に出場し、打率・二〇四、打点一六、本塁打三。

一九七五年から吉田が監督になると、掛布は右投手の先発が予想される（当時は予告先発ではなかった）試合のみ、スターティングメンバーとなった。吉田監督は、やがて佐野を外野にまわし、掛布を三塁に定着させた。この年の掛布は一〇六試合に出て、一一本の本塁打、打率も・二四六。打者として開花したのは翌七六年で、打率・三二五、打点八三、本塁打二七という数字を残した。以後、三割を維持し、七九年には四八本の本塁打を放ち、ホームラン王に輝いた。

一九八〇年、早稲田大学の岡田彰布がタイガースに入団した。高卒の叩き上げがスターになったところで大学野球のスターが入団し、微妙な関係になる――小山と村山、江夏と田淵と、これも阪神タイガースの伝統のひとつだった。岡田は早稲田では三塁を守っていたので、掛布のレギュラーの座が危ういのではないかと、取り沙汰された。

だがこの年の掛布の最大の敵は岡田ではなく、左膝の故障だった。七〇試合にしか出られず成績もダウン、シーズンオフにはトレードの噂まで出た。それでも快復し、八一年は一三〇試合全試合に出場して打率・三四一、打点八六、本塁打二三と完全復活、以後八五年まで一三〇試合全試合出場を続け、八二年は打点王（九五）とホームラン王（三五）になった。そして八四年、宇野との敬遠合戦という後味の悪いかたちではあったが、三度目のホームラン王となり、八五年を迎えたのだった。

一九八五年、掛布は三〇歳になる。

†五番・セカンド、岡田彰布

岡田彰布は一九五七年一一月に、大阪市で町工場経営者の子として生まれた。父はタイガースの「タニマチ」のひとりで、当然、岡田もタイガースファンとして育った。父が有名選手と親交があったので、幼稚園時代に名三塁手・三宅秀史《みやけひでし》とキャッチボールをしたという。小学五年生の年から少年野球チームに入り、本格的に野球を始めた。

岡田が阪神タイガースの歴史に登場するのは一九七三年三月のことだ。前年で現役を引退した村山実の引退試合が二一日に甲子園で行なわれることになった。しかし村山はシーズン終了後はボールを握ったこともない。そこで数日前から肩慣らしのキャッチボールをすることになり、その相手に選ばれたのが、岡田少年だったのだ。中学三年、高校に入る直前である。

一九七三年四月、岡田は北陽高校へ進学すると、一年の夏から甲子園に出場した。準々決勝まで進んだが敗退、岡田は二試合しか出られなかった。北陽は岡田が二年の春の選抜にも選ばれたが、不祥事があり出場辞退、結局、甲子園に出たのは一年の夏のみだった。

一九七六年、岡田は早稲田大学に入学した。東京六大学に一年の秋季リーグからレギュラーとして出て、通算で八八試合に出場し打率・三七九、打点八一、本塁打二〇の成績を残し、打点と打率は当時の東京六大学リーグ記録となった。いわゆる「六大学のスター」のひとりである。一年生ではレフトを守っていたが、二年生から三塁を守るようになった。

岡田が一・二年生だった一九七六・七七年の東京六大学には、法政大学に江川卓がいた。江川は七七年のドラフトでライオンズに指名されたが入団を拒み、一年浪人し、七八年のドラフト前日、「空白の一日」でジャイアンツと契約、大騒動となった。

その翌年のドラフト会議で岡田は注目の選手となっていた。生まれた時からタイガースのファンだったが、ドラフトの前には、「阪神なら最高」と言いながらも、前年の江川とは対照的に、「絶対に阪神でなければイヤだ」とは言わず、「優勝を狙える球団」として巨人と西武でもいいし、できれば関西の球団として、阪急、南海、近鉄でもいいと語っていた。ドラフトでは在阪四球団と西武、ヤクルトが岡田を一位指名し、抽選でタイガースが獲得した。前年の「江川事件」の際も、タイガースはドラフトで江川の交渉権を引き当てたので、二年続けてクジ運がよかったのだ。岡田と同期でタイガースに入ったなかに北村照文がいる。

岡田はタイガースに入るまでは順調だったが、一九八〇シーズンが開幕すると、いきなり騒動に巻き込まれた。

一九八〇年はブレイザー監督の二年目で、この外国人監督は、ルーキーを開幕から起用しないとの方針で、岡田にもそれは伝えていた。メジャーリーグではそういうものらしい。岡田としては内心では反発していたが、監督の方針には従うしかない。岡田はキャンプでは二塁と外野の守備の練習をしていた。

ブレイザー監督はヤクルトにいたヒルトンを獲得し、開幕から起用した。ファンは開幕から岡田を出さないことに不満を抱いていた。ヒルトンが打っていれば事情は変わっていたが、不調でまったく打てなかった。ヒルトンへの批判もさることながら、ファンとマスコミからのブレイザー批判が高まると、球団は黙っていられず、まず五月一〇日にヒルトンが解雇され、続いて一五日にブレイザーも解任された。コーチだった中西が監督になる。

こうして岡田は一年目から一軍で活躍し、一〇八試合に出場、打率・二九〇、打点五四、本塁打一八の記録で新人王となった。ポジションは一定しなかったが、一塁、二塁、三塁と内野を守っていた。二年目の一九八一年の岡田は二塁に定着し全試合に出場、八二年は打率三割に達し、八三年は七月まではホームラン王争いにも加わっていた。しかし、そこまでだった。脚の肉離れで戦線離脱、七九試合にしか出られなかった。そのため、ショートだった真弓が二塁を守り、平田勝男がショートを守るようになる。

一九八四年の岡田は、開幕には間に合わなかったが、五月からスタメンに復帰し、当初は二塁を守っていたが後半はライトにまわっていた。

そして一九八五年、吉田監督は二塁に定着していた真弓を外野にまわし、岡田を二塁に固定しようと決めたのだった。守備では真弓のほうがうまいかもしれないが、タイガースの中心選手となる岡田には、内野手で大成してほしいとの思いもあった。ピッチャーが危機を迎えた際にマウンドに集まるのは内野手である。外野手はどうしても、試合への参加意識が薄くなってしまう。将来、指導者になるためにも内野手のほうがいい。そんな判断もあった。

岡田はセカンドにコンバートされ、さらに選手会長の重責も担う。この年、二八歳。

†六番・レフト、佐野仙好

佐野仙好《のりよし》は一九五一年八月に群馬県高崎市に生まれた。前橋工業高校へ進み、二年生の一九六八年に夏の甲子園に出場した。ポジションはサードだった。中央大学へ進学し、東都大学リーグで三度の優勝を経験した。一年生にして首位打者となり、通算で九九試合に出場、打率・二八三、打点三九、本塁打七という成績で、七三年にドラフト一位で指名された。六位だったのが掛布である。

同じ内野手でドラフト一位と六位――しかしキャンプが始まると、六位の掛布が注目されるようになっていた。佐野は当初は掛布とサードを競っていたが、七七年からは外野にまわった。この年の四月、川崎球場でのホエールズ戦での守備で、フライを追いかけてフェンスに頭部を強打し、頭蓋骨陥没骨折、その場で気を失った。

それでも佐野は復帰し、いったんはレフトに定着した。だが、七九年は一塁を守っていた藤田平が故障したので一塁にまわり、八〇年はまた外野に戻る。八二年、八三年は全試合に出場、八四年は打率が三割を超えた。

こうして一九八五年、佐野は六番レフトとして開幕を迎えるのだった。この年、三四歳。

†七番・ショート、平田勝男

平田勝男は一九五九年七月に長崎県松浦市に生まれた。海星高校へ進学し、二年生の七六年、ショートのレギュラーとして夏の甲子園に出て準決勝でPL学園に負けた。七七年春の甲子園にも出たが二回戦で敗退した。卒業後は明治大学へ進学し、東京六大学リーグで在学中に四度の優勝を経験した。通算八三試合に出場し、打率・三一三、打点三九、本塁打二、ベストナイン四回という成績である。長打力はないが、守備は高く評価されていた。一年と二年の時は、岡田がいた早稲田と対戦していたことになる。

一九八一年のドラフト会議で、平田は阪神タイガースに二位で指名された。明治大学野球部の島岡吉郎《しまおかきちろう》監督は平田のプロ入りに反対したが、タイガースの監督に就任したばかりの安藤が島岡を説得し、入団した。

一年目の一九八二年は、ショートには真弓がいたこともあって、平田は二三試合にしか出場できなかったが、八三年の後半から岡田が肉離れで離脱し、真弓がショートから二塁へまわったことで、ショートに定着した。八四年から八七年までダイヤモンドグラブ賞（ゴールデングラブ賞）を受賞し、名ショートとなる。八四年の成績は一二八試合に出て、打率・二六八、打点四一。本塁打六。

かつての名ショート吉田義男は監督になると、平田と岡田の二遊間を守備の要として、一九八五年の開幕を迎える。平田はこの年、二六歳。プロ四年目である。

†八番・キャッチャー、木戸克彦

木戸克彦《かつひこ》は大阪府堺市で一九六一年二月に生まれた。学年は一九六〇年度となる。堺のリトルリーグ出身で、中学時代からすでに有名だった。強豪のPL学園へ進学し、一年の秋から正捕手となり、カープに入団する西田真二とバッテリーを組んだ。三年生になる七八年春と、同年夏に連続して甲子園に出て、春はベスト8までだったが、夏は優勝した。西田とともに法政大学へ進学し、東京六大学ではリーグ戦で三回、優勝を経験した。通算七六試合に出て、打率・三〇七、打点三三、本塁打五の成績を残す。

一九八二年秋のドラフトで、木戸はタイガースに一位指名されて入団、かつて田淵幸一がつけていた背番号22をもらった。田淵と同じ法政で捕手ということで、期待されていたのである。

タイガースの正捕手は、一九七九年からは、ライオンズから田淵らとのトレードで入団した若菜が担っていた。八〇年のオフにはブレーブスとのトレードで笠間雄二（一九五三〜）を獲得したが、正捕手の座は若菜が守りきった。八二年は笠間も六六試合に先発、合計八八試合でマスクを被り、若菜と競った。八二年オフ、若菜を自由契約にしたタイガースは、ライオンズとのトレードで山川猛《たけし》（一九五五〜）を得た。

こうして八三年は、新人の木戸を含めて三人の捕手が競うことになったが、笠間が正捕手の座を守り一二七試合に出た。しかし八四年は山川が長打力も買われて正捕手となり、一一四試合に出て、打率こそ・一九三と低いが、本塁打一〇本を打った。

田淵を出してからタイガースには「生え抜きの正捕手」がいない。期待された木戸は一年目のキャンプで腰を痛め出遅れ、二軍と一軍をいったりきたりしており、八三年は八試合、八四年は二六試合しか出場していなかった。

その木戸を、吉田監督は正捕手に指名したのだ。ＰＬと法政でキャプテンをしていたと知り、打力は期待しないとしても、チームの要としてまとめる力があるのではないかと考えた。チームの将来を考えても、山川よりも若い木戸を育てるほうがいいと考え、前年のうちから本人に「来年はレギュラーで使う」と伝えていた。

八四年のドラフトで、タイガースは箕島高校のピッチャー、嶋田章弘を一位で指名し、さらに四位で、その兄で社会人野球の住友金属にいたキャッチャーの嶋田宗彦も指名し、二人とも入団した。そのため、吉田は笠間と話し合い、現役を引退させバッテリー・コーチに就任させていた。

一九八五年のタイガースの捕手は、木戸が正捕手で、山川とルーキーの嶋田の三人体制となる。木戸は二四歳、山川は三〇歳、嶋田は二三歳である。

†開幕投手

小山・村山、村山・江夏の時代のタイガースは、投手陣は強かったが打線が弱く、それが原因で優勝できないシーズンが多い、「投高打低」の時代だった。

だが、それは過去の話で、一九八五年は打線こそ期待できる要素があったが、投手陣の弱体ぶりは、誰の目にも明らかだった。

先発は池田親興、リチャード・ゲイル、伊藤宏光、工藤一彦、中田良弘、仲田幸司、中継ぎが野村収、山内新一、そして抑えが山本和行、中西清起《きよおき》、福間納《ふくまおさむ》という顔ぶれである。

一九八五年の開幕投手は池田親興だった。一九五九年生まれ、この年、二六歳である。宮崎県宮崎市出身で高鍋高校へ進学し、一九七六年、二年生の夏にエースとなり、夏の県予選で準決勝まで進んだが敗退し、甲子園へは行けなかった。七七年のドラフト会議でタイガースに四位で指名されたが、法政大学へ進んだ。しかし他に好投手がいたため、東京六大学のリーグ戦では出場機会に恵まれず、四年生の秋に二勝したのみだった。卒業後は社会人野球の日産自動車に入社、一九八三年秋のドラフト会議で、再びタイガースから、今度は二位で指名されて入団した。

池田は一年目の一九八四年、二九試合に登板し九勝八敗、防御率三・九〇だった。前述したが、一〇勝目に挑んだドラゴンズ戦では掛布にホームラン王をとらせるために宇野を敬遠し、勝ち越していたが降板し、その後、リリーフが打たれたため、勝利投手にはなれず、九勝に留まった。

一九八五年、吉田監督はプロ二年目の池田を開幕投手に指名した。

開幕カードは四月一三日からの前年の優勝チーム、カープとの広島市民球場での二連戦だ。タイガースは予定通り池田が先発した。三回表には一死二塁で、池田がライト前へのタイムリーを放ち、自らのバットで先制した。続いて一番の真弓がホームランを打ち、池田も生還、タイガースは三点を勝ち越した。だが、タイガースの打線が得点できたのはこの回だけだった。バース、掛布、岡田のクリーンアップは三人で一一打数一安打、六つの三振と、カープ先発の大野豊に封じ込められた。池田は好投し、三回まではひとりの走者も出さなかったが、四回に岡田のエラーで一失点、六回にはツーランホームランを浴びて同点とされた。

試合は三対三のまま延長戦となり、一〇回表、タイガースはヒットとバントで一死二塁としたところで、カープのセカンド・木下の「隠し玉」にひっかかり、二塁ランナーの北村がアウトとなってチャンスを逸した。一〇回裏、タイガースは前年のセーブ王である山本和行がマウンドに立つ。

山本和行は一九四九年生まれ、この年、三六歳のベテランである。広島県出身で広島商業高校へ進学、二年生の一九六六年はエースとして夏の甲子園に出場した。亜細亜大学へ進み、二年生からエースとなり、東都大学リーグでは一九七一年春季に優勝を経験した。通算して六三試合に登板し、三三勝二六敗、防御率一・八三。広島出身なのでカープ入団を希望していたが、一九七一年のドラフト会議ではタイガースに一位指名され、入団した。

山本は一九七二年の一年目から一軍で活躍し、二八試合に登板、うち一二試合が先発で、三勝五敗だった。一九七六年からリリーフに転向し、六七試合に登板して六勝三敗一八セーブの成績だった。七八年から八一年は先発に戻ったが、八二年から再びリリーフにまわり、一五勝八敗二六セーブ、セーブポイント四〇で最優秀救援投手賞、八四年も一〇勝二四セーブで同賞を獲得した。この好成績から八四年のオフにはメジャーリーグに行こうとしたが、球団の許可が出ず、断念。こうして八五年の開幕を迎えた。

一〇回裏にマウンドに立つ山本は、先頭打者に四球を与えると、送りバントで一死二塁とされた。そして代打の福嶋久晃《ひさあき》にライト線に打たれ、三対四のサヨナラ負け。

打てないクリーンアップ、岡田のエラー、山本の救援失敗——最悪のスタートとなった。吉田は報道陣に囲まれると、「この悔しさを一年間、忘れたらあきまへんのや」と言うのが精一杯だった。

翌一四日のカープ戦はリチャード・ゲイルが先発した。このシーズンのタイガースは、ほとんど補強をしないで開幕を迎えたが、数少ない例外がゲイルだった。一九五四年生まれなので、この年、三一歳になるメジャーリーガーである。

ゲイルは一九七五年にカンザスシティ・ロイヤルズに入り、七八年にメジャー昇格、一九八〇年にはワールドシリーズでも投げた。たまたまその試合を、視察に来ていた吉田が見ていた。吉田は監督就任にあたり、先発を任せられる外国人投手を求めており、候補のなかにゲイルがいた。ワールドシリーズでの投球が印象に残っていたので、吉田はゲイルを選んだ。

しかしゲイルが一〇勝以上したのは、ロイヤルズ時代の七八年と八〇年しかなく、八四シーズンは一三試合に出て二勝三敗でしかない。日本で通用するかどうかも未知数だった。

第二戦は真弓の先頭打者ホームランで始まった。ゲイルは立ち上がりは調子が悪く、すぐに逆転されたが、三回に弘田がツーランを放ち再逆転、その裏に同点にされたが、四回以降はカープ打線を抑えていた。三対三の八回表、二死一・二塁から、カープのエラーが続いて三点が入り六対三、さらに九回には真弓の二点タイムリーで八対三とした。

九回裏のマウンドにも、完投を目指してゲイルが立った。すでに一三〇球を超えていた。カープの山中潔にツーランホームランを打たれて八対五。二死一・二塁になったところで、吉田監督は、前日、リリーフに失敗した山本をマウンドへ送った。

代打で出たのは前日にサヨナラヒットを打った福嶋で、この日もレフト前に打って、八対六、衣笠祥雄の内野安打で八対七となり、さらに四球で満塁となったが、最後の打者を三振させて、どうにか逃げ切った。

吉田は以後も、投手陣、とくにリリーフに対しては、失敗するとその数日以内に同じシチュエーションで登板させる方針を取っていく。それを乗り越えれば自信がつくという指導方針だ。

第2章

伝説のバックスクリーン三連発

こうしてタイガースは前年の優勝チームであるカープとの開幕二連戦を一勝一敗で乗り切った。翌一五日は試合がなく、一六日から甲子園に読売ジャイアンツを迎える。

†ジャイアンツ第一戦快勝

ジャイアンツは前年、一九八四シーズンから王貞治が監督だった。王は八〇年で現役を引退し、藤田元司《もとし》監督のもと、八一年から八三年までは助監督をしていた。王のために設けられたポストだ。ジャイアンツ球団としては長嶋を選手からいきなり監督にしたものの、うまくいかなかったので、王には三年間、修業させたのだ。こうして満を持して、王は八四シーズンを監督として迎えたが、首位カープに八・五ゲーム差の三位に終わっていた。王としては、なんとしてもこの年に優勝したい。

ジャイアンツの投手陣は、江川卓、西本聖《たかし》、斎藤雅樹、槙原寛己、加藤初らが中軸を担っていた。クリーンアップはクロマティ、原辰徳、中畑清である。

第一戦はジャイアンツが加藤初、タイガースが伊藤宏光（一九八六年以降は文隆）の先発で始まった。

伊藤は一九五四年生まれで、この年、三一歳。名古屋出身で、大同工業高校へ進学して、エースとして投げていたが、甲子園には行けなかった。一九七二年のドラフト会議でドラゴンズから五位で指名されたが、社会人野球の三協精機（現・日本電産サンキョー）に入り、七七年のドラフトでタイガースの一位指名を受けて入団した。一年目の七八年と七九年は四試合のみの先発で、それぞれ一勝しかできなかったが、八〇年からローテーション入りし、八二年には一〇勝を挙げた。

一九八四シーズンの伊藤の成績は、三二試合に登板（先発は二五試合）して、四勝一一敗二セーブ、防御率四・八四だった。

一回表、ジャイアンツは原の犠牲フライで一点を先制、四回には中畑のホームランで二点とした。その裏のタイガースの攻撃で、掛布が一号ホームランを打ち、まずは一点を返す。続く岡田は四球で出塁、六番・佐野の平凡な内野フライを、ジャイアンツのショート河埜《こうの》和正が落球、さらに一塁への悪送球の間に岡田が生還し、同点とした。これで二死二塁となり、七番・平田がセンター前にタイムリーを打って、三対二と逆転。予想もしないことがさらに起きた。

八番・キャッチャーの木戸が一号ホームランを放ち、二点を入れたのだ。これで五点。

ジャイアンツはピッチャー交代となって、斎藤雅樹がマウンドへ向かった。最初の九番・伊藤が四球を選ぶと、一番・真弓は早くも三号となるホームランを打って、この回に一挙七点を取った。さらに五回にも一点、八回にも二点を追加して一〇対二で勝った。伊藤は完投、木戸はこの日、二本のホームランを打った。

†バックスクリーン三連発

タイガースは初戦を快勝して、一七日の第二戦を迎えた。

第二戦の先発は、タイガースは工藤、ジャイアンツは槙原である。

工藤一彦は一九五六年五月生まれで、この年、二九歳。生地は青森県だが茨城県で育ち、土浦日大高校へ進学、野球部のエースとなり、三年生の一九七四年に、春と夏の甲子園に連続して出場した。春は二回戦で敗退、夏も二回戦で敗退したが、この試合の相手が原辰徳のいる東海大相模で延長一六回という熱戦の末、サヨナラ負けした。

一九七四年のドラフト会議で、工藤はタイガースに二位で指名されて入団した。しかし、なかなか一軍へは上がれず、五年目の一九七九年から先発陣のひとりとして三〇試合前後に登板するようになった。一九八四年の成績は、二五試合に登板（先発は二〇）、七勝五敗、防御率五・一〇だった。

一七日もジャイアンツが先制した。一回表、クロマティのツーランで二点。その裏、タイガースも二死からバース、掛布が連続四球で歩き、岡田がセンター前にタイムリーを打って一点を返す。だが、その後は両チームとも得点できず、七回を迎えた。

七回表、ジャイアンツは原が三塁打、続く中畑の犠牲フライで一点を追加し、三対一とした。工藤はこの回まで投げ切った。そして七回裏――奇跡が起きる。

先頭は八番・木戸。前夜は二本のホームランを打っており、打撃好調だった。木戸の打球はセンター前へのヒットとなり、代走として北村が送られた。九番はピッチャーの工藤だが、ここで吉田監督は代打で長崎を送るも、凡退。これで一死一塁。

長崎は前年オフにトレードでタイガースに入っていた。一九五〇年に高知県で生まれ、大阪で育った。高校は北陽高校で、一九六六年、一年生で夏の甲子園に出た。高三の秋のドラフト会議では阪神タイガースに八位で指名されたが、母の反対で法政大学へ進学し、東京六大学では一年の秋季リーグから出場した。在学中、法政大学は四季連続優勝し、長崎も二季連続首位打者となった。通算七九試合に出て、打率・三四一、打点五三、本塁打八。一九七二年のドラフト会議では大洋ホエールズに一位指名されて入団した。

ホエールズ時代の長崎は一年目から一番・センターで活躍した。一九八二年には打率・三五一で首位打者にもなった。しかし八四年は八四試合に出場し、打率も・二四四、打点二九、本塁打五で終わっていた。本人が球団に移籍を希望し、タイガースの投手、池内豊(一九五二〜)とのトレードが決まった。

一九八五年の長崎は三五歳。この日は結果を出せなかったが、「ベテランの力」がいつか必要になると期待されていた。

打順は一番に戻って、真弓。北村が盗塁を成功させ、真弓は四球を選ぶ。二番・弘田は凡退し、これで二死一・二塁となって、バースが打席に立った。

このゲームが四試合目となるが、バースは開幕から不調で、直前まで一五打数二安打、打率・一三三、ホームランもゼロである。ところが、槙原の投げた初球をセンター方向に打ち返すと、バックスクリーンに入るスリーランとなり、タイガースは逆転した。

続いて、四番・掛布。前夜に一号ホームランを打っていたが、この日は四球が二、三振がひとつと、当たっていない。しかし、一ボール・一ストライクの後、槙原の三球目を打つと、これもセンターに飛び、バックスクリーンのすぐ近くに入った。

槙原は四球で四点を失った。

五番・岡田が打席に入る時には、甲子園は興奮の坩堝《るつぼ》となっていた。岡田にもホームランを求める声が飛ぶ。しかし、狙って打てるものでもない。景気づけに騒いでいるだけで、観客の誰ひとりとして、岡田のホームランまでは期待していなかった。

しかしクリーンアップ三人の中では、岡田がいちばん好調だった。打率・三三三で、この日もすでに二安打していた。岡田が二球目のスライダーを打つと、バックスクリーンに向かってライナーが飛んだ。

「バックスクリーン三連発伝説」は、わずか六球のドラマでしかないが、永遠に語り継がれる伝説となった。

槙原は降板、鹿取が火消しとして登板し、どうにか三連発で留めた。

ゲームはまだ七回が終わったところだ。工藤に代打を出したので、八回表、吉田監督は福間をマウンドへ送った。

福間納は一九五一年七月生まれで、この年、三四歳。島根県大田市出身で、大田高校に進学し、二年生からエースとなった。甲子園に出たのは春の一回だけだった。高校卒業後は社会人野球の松下電器に入社し、一九七〇年の都市対抗で活躍し、それが認められて、七〇年のドラフト会議では阪急ブレーブスから七位で指名されたが、プロには入らなかった。

そのまま福間は社会人野球で活躍していたが、一九七八年のドラフトで、今度はロッテオリオンズから一位で指名され、プロに入った。二七歳のルーキーである。しかし七九年は一九回の登板（先発は二回）、八〇年も登板は八回（先発は一回）と、ほとんど活躍できず、八一シーズン中に、タイガースにトレードされた。相手は深沢恵雄《ふかざわよしお》（一九五五〜）だった。

タイガースに入ると、福間は中継ぎとして起用され、甦った。八三年には六九試合に登板して（先発は二回）、六勝四敗六セーブ、防御率二・六二で、登板数、防御率ともリーグ最高だった。八四年も七七試合とリーグ最多登板を記録し、四勝二敗一セーブ、防御率三・六二の成績を残した。シーズン七七試合の登板数は、西鉄ライオンズの稲尾和久の七八に迫るもので、その記録を抜くかどうかが注目された。しかし、稲尾は七八試合のうち三〇試合が先発で、長いリリーフもしたので四〇四イニング以上を投げたのに対し、福間は一一九イニング三分の一でしかない。記録として同列にしていいのかという声もあり、安藤監督はそれを考慮したのか、七七回の登板で終わった。

一九八四年のタイガースは、掛布のホームラン王のために宇野を敬遠させて批判されたが、福間の記録では稲尾へのリスペクトなのか、無理をして記録を作ることはしなかったのだ。

さて——福間は八回は無得点に抑えたが、九回表、先頭のクロマティに、この日二本目のホームランを打たれ、二点差に迫られた。さらに続く原にもホームランを浴びてしまった。結果としてタイガースが勝ったので忘れられているが、この試合、ジャイアンツも二者連続ホームランだったのである。

こうなると福間を諦めるしかない。いまならば、八回を福間が抑えたのであれば、九回は最初からクローザーが登板するだろうが、一九八五年当時は、どのチームもリリーフはいけるところまでいき、危なくなったら次に交代する。

タイガースの抑えは、山本和行である。しかし、カープとの第一戦はサヨナラ負けとなり、第二戦も、逃げ切ったとは言え、四球と二安打で満塁にしており、好調とは言えない。

ここで吉田監督は賭けに出た。山本ではなく、中西をマウンドへ送ったのである。

中西清起《きよおき》は一九六二年四月生まれで、この年、二三歳。高知県出身で、高知商業高校へ進学し、一年の夏、二年と三年の春、三年の夏と三年間に四回、甲子園に出た。一年生だった一九七八年の夏の大会ではPL学園に負けて準優勝、三年生の八〇年の春はエースで四番として出て優勝した。社会人野球のリッカーへ進み、八一年から八三年まで活躍、通算で公式戦で三八勝の成績を残し、一九八三年のドラフト会議で、中西はタイガースに一位で指名されて入団した。引退した小林繁の背番号19をもらっている。この年のドラフトで二位で指名されたのが池田だった。

中西の一年目の一九八四年は二位で指名された池田のほうが先に開花し、九勝を挙げる活躍をしたが、中西は三三試合に出て、うち九試合は先発したが、一勝六敗、防御率五・三五に終わった。

吉田が九回表も福間を続投させたのは、山本のカープ戦の様子を見て、このゲームでは使えないと決めていたからだった。吉田は福間が逃げ切ってくれると期待していた。ところが、クロマティと原に打たれてしまった。吉田は消去法で中西をマウンドに送ったが、後にこの時の心境を「清水の舞台から飛び降りる気持ち」だったと語っている。

中西は二年目、しかも一年目はたいした成績は残していない。それなのに吉田が中西をベンチ入りのメンバーに入れたのは、キャンプとオープン戦を通じて、「気が強い」と感じたからだった。ピッチャーに必要な資質を持っていたのだ。

中西は吉田の期待に応え、ジャイアンツの後続を三者凡退に討ち取り、チームには勝利をもたらし、自身は初セーブを得た。結果として、このシーズンのタイガースは山本と中西のダブルストッパーで勝ち進む。だが、この時点の中西は山本が調子を取り戻すまでの代役にすぎなかった。

†巨人を三タテ

一八日のジャイアンツとの三試合目、開幕から五試合目は、ローテーションが一巡して、開幕戦に投げた池田が先発した。ジャイアンツはカムストックが先発だったが、三回までに三点取られて降板した。しかし四回表、池田もジャイアンツ打線に捕まり、同点にされてしまい、二死まで取ったが降板、中田がリリーフした。

中田良弘は一九五九年生まれ、この年、二六歳である。神奈川県横浜市出身で、横浜高校へ進学した。エースとして投げていたが、当時の神奈川県は東海大相模が強く、甲子園へは行けなかった。亜細亜大学へ入学したが一年で中退して、社会人野球の日産自動車に入社して、活躍した。一九八〇年のドラフト会議でタイガースに一位指名されて入団、一年目から、おもに中継ぎとして活躍し、八一年は三八試合に登板した（先発は四回）。二年目からは先発はなく、中継ぎ専門となり、八四年は三〇試合に登板して四勝〇敗〇セーブ、防御率四・七二の成績を残していた。

中田の一九八五年最初の登板も中継ぎで、四回二死の場面に出た。後続を絶つと、五回は無得点に抑えたが、六回に中畑の三塁打のあとに暴投で一点入れられ、三対四と逆転された。

しかし、この年のタイガースは違った。六回裏、平田がライト前ヒットで出塁すると、木戸がバントで送り、ピッチャーの打順で代打に出た長崎が四球を選んで一死一・二塁とした。打順は一番に戻って真弓。開幕戦から当たっている真弓は、ジャイアンツ二人目の定岡からスリーランを打って、あっさりと逆転した。七回のタイガースのマウンドには福間が立ち、無得点に抑えると、八回からは中西が連夜の登板となったが、三者凡退に討ち取った。

その八回裏、真弓と二番に入っていた中西が連続ヒット、続く三番・バースが二号スリーラン、掛布は死球で出塁し、五番・岡田がツーランを放ち、この回、一挙五点を入れた。

中西は九回も投げて、三者凡退に仕留め、これで二セーブとなり、中継ぎで出た中田が勝利投手となった。一一対四の快勝である。

甲子園でジャイアンツ戦三連勝は六年ぶりだったので、ファンは狂喜した。

タイガースは開幕から五試合で四勝一敗。広島と同率で並ぶ首位だった。

ジャイアンツとの三連戦を通して、真弓、バース、掛布、岡田が打ち、中西が抑えるという必勝パターンが確立された。さらに、吉田が狙った、岡田、木戸によるセンターラインの強化も形になりつつあった。たいした補強はしなかった代わりに、現有戦力を適材適所に配置替えすることで、チームは再生したのだ。

しかしファンは、それも長く応援している者ほど、この好調がいつまでも続かないと思っていた。だからこそ、それが続いている間は悔いのないように、喜び、楽しみ、騒ぐのだ。

†五月——六連敗するも立ち直る

ジャイアンツに連勝すると、それで満足してしまうのか、力を使い果たすのか、その後は連敗するのが、それまでのタイガースだったが、この年は違った。

一日おいて二〇日、福井でのドラゴンズ戦は負けたが、ナゴヤ球場に移っての二一日と二二日はどちらも打撃戦を制して連勝、さらに甲子園に戻っての二三日から二五日のスワローズ三連戦はすべて勝ち五連勝。その後のホエールズ戦は一分一敗となったが、四月は九勝三敗一分で首位のまま駆け抜けた。

しかし、やはり反動は来た。五月一日からの後楽園球場でのジャイアンツ戦を三連敗、四日と五日の甲子園でのドラゴンズ戦も連敗してしまう。

五日の先発は仲田幸司だった。これがプロとしての初先発でもある。

仲田は一九六四年六月生まれの二一歳で、この年がプロ二年目だった（試合当日はまだ二〇歳）。アメリカ人の父と日本人の母との間に、アメリカ合衆国ネバダ州で生まれ、三歳の年に沖縄へ移住した。アメリカでの名は「マイク」で、これが選手としても愛称となる。興南高校へ進学して野球部に入ると、二年の夏と三年の春と夏と、三季連続して甲子園に出た。

一九八三年のドラフト会議で、仲田はタイガースに三位で指名されて入団した。一年目の八四年は一軍での登板はなかったので実績はゼロだ。しかし吉田は「仲田を一軍で育てる」と決めて、五月五日にプロ初先発させたのだった。

仲田は五回までに四失点してマウンドを降りた。ゲームは五対三でドラゴンズが勝ったので、仲田のデビューは黒星となった。

五連敗となり、タイガースは三位に転落した。しかし四月に六つ勝ち越していたので、まだ五割は維持していた。結果として、このシーズンのタイガースは一度も勝率五割を割る、いわゆる「借金」の状態にはならない。

五連敗は、「今年もやはり春先だけだったか」とファンを落胆させた。

ところが、六日のドラゴンズ戦は打線が爆発して一八対六で勝ち、これでまた調子に乗った。このシーズンのタイガースは打撃部門では多くの新記録を打ち立てるが、この試合では、四〇打数二三安打、打率五割七分六厘で、プロ野球新記録となった。バースは九号と一〇号の二本の本塁打を含めて四安打。

吉田監督は五日に負け投手となった仲田に、再びチャンスを与えようと、一二日の神宮球場でのスワローズ戦に先発させた。その期待に応えて、仲田は三安打完封で、プロ入りして初勝利を得た。

五月のタイガースは五連敗で始まりながらも、一二勝一〇敗と、どうにか勝ち越し、二位ジャイアンツとは〇・五ゲーム差で首位を死守した。前月末からの六連敗の後は一回も連敗はしなかった。何かが変わった。

五月最後のゲームは二九日、福岡の平和台球場でのスワローズ戦で、乱打戦となり、一一対一〇で勝った。

五月末の時点で、真弓は一二号、バースは一五号、掛布は一三号、岡田は一一号とホームランを量産していた。

†六月――川藤の役割

六月のタイガースは一日からのドラゴンズ戦に三連勝、四日からのジャイアンツ戦は二勝一敗と幸先のよいスタートを切った。

ドラゴンズとの三戦目では、満塁で代打に出た川藤《かわとう》が走者一掃の二塁打を打った。

川藤幸三は一九四九年生まれで、この年、三六歳。タイガースに入り、一八年目である。福井県出身で若狭高校に進学し、最初は投手で、三年生の一九六七年には春と夏の甲子園に出た。しかし春の大会の試合中にピッチャーライナーを受けて三角筋断裂の重傷を負い、ピッチャーは断念。打撃はよかったため、夏の大会には四番レフトとして出場した。

ドラフト会議で九位でタイガースに指名されて入団し、俊足・強肩の外野手として期待されたが、レギュラーには定着できず、代走、守備固めとして一軍の試合に出ていた。しかし七四年のアキレス腱断裂の大怪我以降は、代打として生きることになった。

一九八四年の川藤の成績は六二試合に出て、打率・二四一、打点二〇、本塁打二だった。

このシーズンの川藤はまだヒットは一本しか打っていなかった。すでに開幕から二か月が過ぎていたが、この試合の二塁打が二本目だったのだ。

名古屋での三連戦を勝つと、甲子園でジャイアンツ戦だった。

四日の初戦は負けたが、あと一歩だった。タイガースの先発は仲田で、弘田の五号ホームランで先行し、掛布の一四号ツーランなどが出たが、ジャイアンツも打ち、九回表までで八対六とリードされていた。二点を追う九回裏、タイガースは二つの四球と佐野の内野安打で二死満塁とした。ヒットが出れば、二点は入り同点。ホームランだと逆転サヨナラである。この場面で吉田監督は前夜のヒーローである川藤を代打に送った。しかし、三振に終わる。だが、ファンも選手も誰も、川藤を責めることはなかった。

五日はベテランの山内新一が先発し、一回に三点を奪われたが、木戸のツーランなどで追いついて、六回にはジャイアンツの西本から一挙に四点を奪って逆転した。

六日のジャイアンツ戦ではゲイルが完封、バースは一七号と一八号を打ち、貯金を一二とした。この三連戦の入場者数は一七万人を超えた。もっとも当時の「入場者数」はいまのように正確な数ではないので、水増しされているが、一五万人前後はやって来ただろう。

しかし八日のホエールズ戦に負けると、翌日は引き分けた。五対一だったのが追いつかれての引き分けだった。それだけでも惜しいが、八回の攻撃で、真弓が本塁に突入した際に、ホエールズのキャッチャー、かつての同僚である若菜と激突して、負傷してしまった。

一一日のカープ戦はゲイルが五回までに五点を取られ、リリーフ陣も打たれて五対一一で大敗、一二日は雨天中止、一三日も先発した伊藤が五回までに五点を取られ、バースの一九号ツーランも出たが負けた。これで引き分けをはさんで三連敗で、二位広島とのゲーム差は一になった。

一四日は岡山でのホエールズ戦で、バースは二〇号を打ったが、四対八とリードされていた。九回裏、ホエールズから移籍した長崎がこの日は六番・レフトで出ていたが、スリーランとなる第一号を放って一点差とした。しかし、代打川藤が三振して、ゲームセット、四連敗となった。

川藤が一枝コーチから話があると呼ばれたのが、この頃だった。監督・コーチと選手の「間に入ってほしい、緩衝材になってくれ」と言われた。さらに「選手の気持ちをひとつにする役割を果たしてくれないか」とも。

一枝は、「優勝しようや」と言う。そのためには、選手と監督・コーチの間に立つ者が必要だ、選手が何を考えているのかをコーチに伝え、監督やコーチの意図を解釈して、選手に伝える——そんな役割をしろという。川藤としては、まだまだ代打として活躍できると思っていたが、監督・コーチが求めているのは、打撃ではなかった。

川藤は吉田監督とも話し、ひとつだけ条件をつけて、この役割を引き受けた。それは、「もし首脳陣の考えがおかしかったら、ベンチの中でもどこででも文句を言います」だった。吉田はこれを了承し、「おおいにやってくれ」と言った。

吉田は周囲が「優勝できるかもしれない」と騒ぎだしても、選手や記者の前では最後まで「優勝」の二文字を口にしなかったと言われているが、この頃からすでに優勝を意識していたのである。

川藤がこの役割を引き受けたのは、本気で優勝したかったからだ。その背景には、一九八三年をもって引退した小林繁の言葉があった。小林はジャイアンツで優勝を経験していた。タイガースには不本意な形で入団したが、入った以上は全力を尽くし、優勝を目指していた。しかし他の選手たちは、最初から優勝を諦めている様子だった。無理もない。小林が入ったのは、最下位になったチームなのだ。しかし小林は、選手たちの実力を知ると、勝てないのが不思議になり、川藤と語り合った。

ハンサムでスマート、エースとして活躍する小林と、美男子とは言えず代打要員でしかない川藤――川藤自ら「月とスッポン」と言うほど二人はかけ離れているのだが、ロッカーが隣同士だったことがきっかけで、親しい。

ある日、小林は「このチームなら巨人に負けるはずがない。巨人はチームで戦っているのに阪神は違う。個々の力はすごい。勝つために何をすべきかを考えないといけない」と言い、川藤に、「チームをまとめる大将になれ」とけしかけた。

小林は引退してしまったが、この言葉は川藤の脳裡に残っていた。いまこそ、自分が「大将」になる時だ。それしか、自分がこのチームのためにできることはない。

川藤は覚悟を決めた。

以後、川藤はベンチにどっかと座り、ヤジ将軍、ムードメーカーとなる。打席に立つ回数は減ったが、存在感は抜群だった。ファンはこの男を愛していたし、選手からも愛されていた。選手たちは知っていた。この男が何よりも優勝したがっていることを。

川藤のプロ一年目は一九七三年。あの、あと一勝すれば優勝だったのに逃してしまった年だ。それが最も優勝に近かった年で、以後、タイガースは長い低迷期にあった。川藤としては自分の年齢を考えれば、この年を逃せば優勝はないと思っていた。誰よりも、優勝への思いが熱く、強かった。

川藤はこのシーズン、三一試合に出てヒットは五本、打率・一七九で終わる。しかし、この数字には現れない貢献度があったと、誰もが認める。

一四日に負けて四連敗となったが、カープの試合がなかったので、かろうじて首位は守っていた。一五日はキャッチャーの木戸が打撃大爆発で、三本のホームランを放ち（六、七、八号）、岡田の一二号も出て、七対二で勝った。

だが一六日、ゲイルの先発で六回まで三点リードしていたが、七回にホエールズ打線に捕まり、三点を入れられ同点。八回にマウンドに向かった山本和行が四点を失う大乱調で、結局、そのまま三対七で負けて、カープがジャイアンツに勝ったので、首位を明け渡すことになった。二〇日からスワローズ戦で、その初戦は四対四の引き分け、しかしタイガースは一四残塁と拙攻が目立った。

これではいけない。打線が奮起して、二一日からは横浜でのホエールズ戦だ。その第一戦では一〇点を取り、中田が勝利投手となり、前年から続く連続勝利記録を一四とした。翌二二日もバースは二一号と二二号、ゲイルが完投して一〇対二で勝った。

こうなると止まらない。二三日は九対二で快勝、掛布は一七号を打ち、これが通算三〇〇号となった。その記念を祝うかのように、バースが二三号、岡田も一四号を打った。三者連続ではなかったが、クリーンアップ全員がホームランを打ったのだ。

これで三連勝だ。次のドラゴンズとの二戦は一勝一分、だが六月最後の二八日のジャイアンツ戦は一対一四で大敗した。これで広島と同率首位となって、六月は終わった。

六月終わりまでに、真弓は一三号、バースは二四号、掛布は一八号、岡田は一四号を打っていた。

この頃になると、今年のタイガースは違うという雰囲気になってきた。甲子園はもちろんのこと、ビジターで訪れる他の球場にもタイガースファンが詰めかけるようになっていた。

†七月危機

ところが七月に入ると、三連敗、四連敗をしてしまう。

七月最初のゲームは二日、神宮でのスワローズ戦だった。負傷から復帰した真弓が、先頭打者ホームラン（一四号）で先制し、五対三でリードしていたが、六回に先発の池田が二点を取られて同点。七回にリリーフした山本がさらに六失点して、八回にバースの二五号が出たが、焼け石に水で、六対一一で負けた。カープがジャイアンツに勝ったので、タイガースは首位陥落。

三日は雨で流れ、四日は代打で出た長崎のヒットで逆転し、カープが負けたこともあり、首位を奪回した。

こうして甲子園に帰り、五日から七日まで、カープを迎えての三連戦となった。しかし首位攻防戦となると勝てない。まさかの三連敗で、カープに二・五ゲーム差を付けられた。もはやここまでか。

だが、一日おいて九日からの甲子園でのスワローズ戦を三連勝する。初戦はサヨナラ勝ち、第二戦は北村の逆転満塁ホームランと真弓の通算一五〇号が出て、先発・池田が七回途中で降板すると中西が残りを抑えた。第三戦は掛布が逆転スリーランとなる一九号で試合を決めて、カープに〇・五ゲーム差と迫る。

一一日のスワローズとの第三戦で、ルーキーの和田がデビューした。

和田豊は一九六二年九月生まれで、この年二三歳。千葉県出身で、我孫子高校に入り、三塁手として一九七八年、一年生の夏に甲子園に出た。日本大学へ進学し野球部に入る。当時の日大は東都大学リーグの二部だったが、一九八一年の二部の秋季リーグで優勝した。一部リーグでの通算成績は七八試合に出場して、打率・三二六、打点二二、本塁打四。八四年のロサンゼルス・オリンピックにも出て、金メダルを得た。同年のドラフト会議でタイガースに三位指名されて、入団した。背番号6はこのシーズンで引退した藤田平の番号で、ポスト藤田としての球団の期待を示している。

和田はキャンプでは二軍スタートだったが、後半に一軍に呼ばれた。しかし開幕は二軍で、ウエスタン・リーグの試合で三割をマークしていたことから、七月に一軍に上がった。和田のデビューは華々しいものではなかった。五回裏にピッチャー伊藤宏光に打順がまわったところで代打で出て、四球を選んだ。

甲子園や東京六大学でのスター選手ではなく、ドラフトでも一位指名ではなかったので、和田の一般的知名度は低い。だが、この地味なスタートを切った選手は、一年目で優勝を経験するという幸運に恵まれ、暗黒時代を生き抜いて、二〇〇一年までの一七シーズンにわたり、タイガースで現役生活を送り、二〇〇二年からはコーチとなって、二〇〇三年と〇五年の優勝に貢献、その後も二〇一一年まで常に一軍か二軍のコーチで、二〇一二年から一五年までの四シーズンは監督を務める。選手時代から通算三一年にわたりタイガースに在籍していたのは、新記録となる。

スワローズに三連勝すると、タイガースは休みなしで東京へ移動して、一二日から後楽園球場でのジャイアンツ戦。カープの状況によっては首位奪還である。だが力が入り過ぎたのか、後半に投手陣が崩れて、四対一三で大敗した。翌一三日はもっとひどかった。一回から三回まで毎回二点ずつ取られ、四回には三失点、掛布の二〇号や岡田の通算一五〇号が出たものの、四対一〇で負けた。

バースのバットからは、二日の二五号以後、快音が出なかったが、一六日の広島でのカープ戦でようやく、二六号、二七号が出た。掛布の二一号も出たのだが、投手陣が崩れて、六対九で負けた。一七日も五対六で負け、これで五月二三日からカープに八連敗。

首位カープとのゲーム差は四となり、しかも、三位だったジャイアンツが同率二位で並んだ。一八日はオールスター前最後のゲームだった。カープの主催ゲームだが、広島市民球場ではなく、岡山球場で行なわれた。

この試合では和田が二塁手で初先発出場した。岡田の代役だった。岡田は九日のスワローズ戦で、一塁へ送球した際に左太腿を痛めていたが登録抹消にはならず、チームに帯同していた。岡田は一六日のカープ戦では先発出場したものの、七回の守備で痛みが出て、途中交代となった。チームも連敗していたので、吉田監督は一か八かでルーキーを起用することにして、和田を七番・セカンドで先発メンバーに入れたのだ。

初回、先頭の真弓が二塁打で出て、北村が送ると、バースが二八号ツーラン、続く掛布も二二号を打って、初回に三点を取った。その後も先発全員安打、毎回安打で、二〇安打一一点をもぎ取って、一一対四で快勝した。和田も五打数四安打だった。一方、平田は一試合四犠打というプロ野球記録に並んだ。この年のタイガースはホームランの多さでも記録的だったが、犠打も多かった。その象徴が平田で、二五のバントを決めた。

カープに勝ったので、ゲーム差は三となった。

オールスターまで五割を維持し、首位とのゲーム差が三以内というのが、逆転優勝のための最低条件と言われるが、タイガースはどうにかクリアして、後半戦へ向かうのだった。

第3章　リーグ優勝、そして日本一へ

死のロードの悲劇

オールスターゲームは、七月二〇日が神宮球場、二一日が川崎球場、二三日が藤井寺球場だった。チームが好調だったので、タイガースからは六人が選ばれた。ピッチャーでは山本和行、内野手は、バース、岡田、掛布、平田、そして外野手の真弓である。野手五人全員がファン投票での選出だ。山本は第一戦と第二戦に抑えで出て、連続セーブを記録した。

後半戦は二六日からだった。最初のカードは甲子園でのホエールズ戦で、これを三連勝した。さらに三〇日のドラゴンズ戦も勝ち、これで対ドラゴンズ戦は八連勝だった。バースは三一号と三二号を打ち、掛布も二四号を放った。

これで一八日のカープ戦から、オールスターをはさんで五連勝でもある。首位カープには二ゲーム差。しかし翌三一日のドラゴンズ戦は打線が沈黙して、一対四で負けた。カープも負けたので、ゲーム差は二のままで、七月は終わった。この月は九勝九敗。

八月一日は甲子園でのドラゴンズ戦である。三一日も打線が湿り、真弓の一八号が出たが、二点しか取れなかった。しかし、投手陣が踏ん張り、先発の中田、中西、山本と完封リレーに成功した。だがバースが自打球を右足甲に当て剝離骨折で全治二週間というアクシデントもあった。

二日から甲子園でのジャイアンツとの三連戦。第一戦は岡田の一八号などがあり、五対二で勝った。だが翌三日は江川の前に打線は沈黙、一安打しか打てず、〇対四で負けた。明るい話題としては、ドラフト一位で獲得したルーキーの嶋田章弘が七回から投げて、三回を内野安打一本に抑えたことだった。

四日の第三戦は四対四で引き分けた。カープとの差は依然として二だった。五日はタイガースはゲームがなかったが、カープが負けたので、ゲーム差一・五となった。

この後はいわゆる「死のロード」である。高校野球のため甲子園が使えなくなり、ビジターでの試合が続く。この夏の高等学校野球選手権大会は八月八日から二一日まで開催された。優勝するのはPL学園で、清原和博と桑田真澄がいた年だ。甲子園が沸いたのはタイガース戦だけではなかったのだ。

六日からは神宮でのスワローズ戦だ。骨折していたバースが全治二週間のはずが、一週間で復帰した。バースにホームランは出なかったが、岡田と真弓がそれぞれ一九号を打って、七対四で勝った。カープが負けたので、ゲーム差は〇・五になった。

七日は三回二死から八連打の猛攻撃で八点を取り、掛布が二五号を打って一二対五で快勝。カープが引き分けたので、ついに首位に並んだ。

八日はバースの三三号と岡田の二〇号スリーランが出て、一〇対五で勝ち、勝率を六割、貯金を一五とした。広島も勝ったので、同率首位のままだ。

一日おいて、一〇日から福岡の平和台球場でドラゴンズ戦となった。バースが三四号ツーラン、掛布が二六号スリーランとまたもアベックホームランで、六対三で勝った。ロード四連勝は二二年ぶりだった。広島が負けたので、ゲーム差一の単独首位。

翌一一日は、真弓が二一号と二二号、バースが三五号、掛布が二七号と、四本のホームランが出て、六対四で勝った。中田はこれで前年から一八連勝となる。広島が負けたので、ゲーム差は二となり、独走体制に入れると、誰もが信じた。

ところが、悲劇が起きた。

一〇日、一一日と福岡で連勝すると、タイガースは一二日午後の便で東京へ向かった。一三日から後楽園でジャイアンツ戦が予定されていたのだ。後楽園球場近くのホテルに着いたのは午後四時過ぎで、若手と投手陣は神宮の室内練習場で軽い練習をした。

午後六時一二分、日本航空一二三便は羽田空港を離陸し、大阪へ向かった。二四分にコントロールがきかなくなり、五六分、群馬の御巣鷹山に墜落した。

歌手の坂本九ら著名人も犠牲となったが、乗客のなかに、阪神タイガース球団社長の中埜肇《なかのはじむ》もいた。

中埜は野球が好きで、球団社長に就任する前から、「阪神電鉄の役員のなかでいちばん試合を見ている男」と言われていた。甲子園での試合の後は、選手たちのロッカーにつながる階段のところに立ち、ひとりひとりに声をかけていたという。前任の小津社長はそんなことはしなかったので、選手たちは最初は戸惑い、やがて中埜を慕うようになっていた。

その中埜社長が、亡くなった。

実は、久万オーナーも同じ便に乗る予定だった。この日、運輸省での民鉄協の会議に出席する予定だったが、大阪で外せない会議があったので欠席していた。もし東京へ行っていたら、中埜と同じ一二三便で帰阪する予定だったのだ。

一三日は朝から事故のニュースばかりが報じられていた。奇跡的に生存者もいたが、犠牲者は五〇〇名以上に達する見込みだった。タイガースの球団社長が乗客のひとりだということも報じられていた。試合前、吉田監督は選手たちを集めると、「動揺するのは分かる。しかし、こういう日だからこそ、試合に集中して、今日は何がなんでも勝とう」と言った。

しかし、タイガースは「勝とう」とする意識が強すぎたのか、五対八で負けた。この日だけではない。翌一四日も、一五日も負けて、ジャイアンツに三連敗してしまったのだ。二位広島とのゲーム差は〇・五、ジャイアンツも二・五差まで追い上げていた。

一七日からは広島での首位攻防戦だった。第一戦を落として、ついに首位陥落、中田の不敗神話も崩れた。一八日も負けて五連敗、一・五ゲーム差とされた。

一九日はゲームがなく、二〇日からは横浜でのホエールズ戦だった。その初戦も一対四で落とし、六連敗。ジャイアンツにも抜かれてしまい、三位に転落した。

例年ならこのままズルズルと後退していくところだが、この年は違った。選手会長・岡田の呼びかけで選手たちは決起集会を開いた。このままでは終われない。選手たちは優勝しようと意思を確認した。しかし精神論だけでは勝てない。どうしたらいいのか。

岡田は翌日、吉田に面会を求め、「投手が最悪の状態なので、福間、中西、山本を三回ずつ投げさせてはどうか」と提案した。オールスター方式である。投手のなかでは先発陣よりもリーフの三人のほうが安定していたのだ。吉田は、「そんなことをしたら、次の試合はどうなるんだ」と一蹴したが、岡田が提案してきたことは嬉しかったようだ。選手も真剣に考えている。その意気込みは伝わった。

翌二一日のホエールズとの第二戦、先発は仲田で三回まで無失点だったが、吉田は四回に福《ふく》家《や》雅明（一九五九〜）を送り、五回から七回は福間、八回と九回は中西とつないだ。岡田案を一部採用したのか、偶然なのか。ともかくこの投手リレーでホエールズ打線を二点に抑えると、打線はバースの三六号が出て、一一対二で大勝した。この日は昼間、高校野球の決勝戦で、桑田、清原のいるＰＬ学園が優勝した。

タイガースは生き返った。二二日のホエールズ戦も、バースの三七号と真弓の二五号・二六号などで一六対六で勝った。

二三日はゲームがなく、二四日は岡山でスワローズと戦った。これがロードの最後の試合となる。バースが来日通算一〇〇号となる三八号を打ったが、九回に山本が打たれて三対四で負けた。

カープがジャイアンツに負けたので、ジャイアンツが首位となり、カープは二位、タイガースは三位だった。

二五日は甲子園である。前夜に続いてのスワローズ戦で、五万五〇〇〇人の観客が声援を送り、バースが三九号を打って三対二で勝ち、五〇勝に達し、二位に浮上した。首位はジャイアンツだ。

二六日は二対三でリードされての九回裏、二死満塁で掛布の打順となったが、一塁へのフライに終わり、首位を逃した。カープがジャイアンツに勝ったので、この二チームが同率首位で、タイガースは三位だ。

二七日からは、その首位のカープを甲子園に迎えた。岡田が二三号と二四号、真弓も負けじと二七号を打ち、一〇対二で勝って、一一日ぶりに首位に返り咲いた。二八日の甲子園には五万六〇〇〇人が入り、真弓の二八号、岡田の二五号満塁弾が出て、六対〇で勝って首位を維持。

しかし二九日は一一残塁で一対三で負けて、首位は維持したものの、二位ジャイアンツ、三位カープまでが〇・五ゲーム差という混戦となった。三〇日はホエールズ戦で、岡田がまたも二六号・二七号と二本放ち、バースも四〇号・四一号の二本。一二対二で快勝した。

三一日のホエールズ戦は雨で流れた。八月は一三勝一〇敗一分けだった。

九月の快進撃

例年ならとっくに優勝争いから脱落している九月になっても、タイガースは首位だった。この頃からマスコミは阪神が二一年ぶりに優勝しそうだということと、ファンの喧騒ぶりを報じるようになってきた。

ファンとすれば「優勝争い」をしていること、「九月に首位にいる」ことだけでも奇跡に近い。

吉田は意識的に「優勝」の二文字を口にしないようにしていたが、選手たちは意識していた。

優勝に向かって戦っていたのだ。

九月最初のゲームは一日のホエールズ戦。前日が雨天中止となったので、中一日空いた。仲田が先発したが初回に三点を取られ、二回で降板。佐藤、野村、工藤、福間、中西、山本と小刻みにつないだが、合計七点を取られた。しかし打線がそれを上回り、七対七として、八回裏にはバースの四二号が出て、一挙五点を取って、一二対七で総力戦をものにした。これで二位広島に一・五ゲーム差。このゲームにも五万六〇〇〇人が入り、タイガースは年間観客動員の新記録を打ち立てた。まだ二か月弱あるので、どこまで記録が伸びるだろう。

二日は試合がなく、三日は名古屋でのドラゴンズ戦だった。中田が先発したが、四回までに二本のホームランで四点を入れられて降板、八回に登板したルーキーの嶋田章弘が五点を失い、打線は沈黙して、〇対一〇で完敗、ジャイアンツと戦っていたカープが勝ったので、ゲーム差は〇・五に縮まった。

翌四日、試合前に衝撃が走った。練習中に山本が左アキレス腱断裂で、今季絶望となったのだ。抑えの切り札が二枚あったのでここまでやってこられた。中西だけで大丈夫なのか。

だが逆に言えば、四月の段階で、中西を抑えにまわし、山本との二枚看板でやってきたことが、ここにきて生きたとも言える。

四日の試合は掛布の三一号が出たが、打線は湿っており、二点しか取れなかった。タイガースの先発ゲイルは、八回まで無失点と好投したが、九回に一点入れられた。吉田は迷わず、二死から中西を送り、逃げ切った。カープも勝ったので、ゲーム差は〇・五のままだ。

五日と六日は試合がなく、七日土曜日、広島へ乗り込んでの首位攻防戦が始まった。タイガースは池田、カープは川口和久の先発で始まり、掛布の三二号とバースの四三号が出れば、カープも山本浩二の二一号、衣笠祥雄の一九号が出る打撃戦となった。しかし、打撃戦なら、負けない。一五安打を放ち、九対六で勝ち、ゲーム差は二となった。

八日は仲田が先発したが三回に二点取られると、四回から先発ローテーション投手の池田を七回までロングリリーフさせた。八、九回は中西というリレーで、カープ打線を三点に抑え、打ってはバースが四四号と四五号を放って、五対三で勝つ。これでゲーム差は三となり、スポーツニッポンは一面に「優勝やで」と掲げた。

この時点では、ジャイアンツの優勝はもはや絶望的だった。残り二五試合を全勝しても、カープが二七勝二敗、タイガースが二三勝五敗なら、勝率で及ばない。タイガースの敵はカープに絞られていた。

九日は試合がなく、一〇日から横浜でのホエールズ戦。第一戦は中田が先発して六回まで、七回と八回は福間、九回は仲田が登板し、三人で四点に抑えた。打線はホームランこそ出なかったが、二〇安打（そのうち、一〇が二塁打）を放ち、一二対四で快勝した。カープが負けたので、ゲーム差は四。タイガースは四連勝、カープは四連敗である。
これで一一日に勝てばマジックナンバー22が点灯というところまで来た。

†マジック点灯

一一日、芸能マスコミは大混乱となる。当時、世間を騒がせていた「ロス疑惑」の三浦和義が逮捕され、女優・夏目雅子が白血病で二七歳で亡くなったのだ。

タイガースはゲイルの先発で七回まで二点に抑えて、野村、嶋田とつないだ。打線はこの日も爆発して、岡田の二八号を含み一二安打で、一〇点を取って五連勝。カープはまたも負けて五連敗で、ゲーム差は五。

これにより阪神タイガースにマジックナンバー22が出た。残り二六試合のうち二二試合勝てば、カープが残り二七試合、ジャイアンツが残り二二試合を全勝してもタイガースの勝率が上回る。

しかし吉田監督は「関係ない」と平静を装っていた。

ホエールズとはもう一試合あった。マジックが出て固くなるかと思いきや、この日も打線は大爆発して、一五安打で七点を奪い取った。投手陣は仲田が先発して三回まで、四回から六回は工藤、七回から九回は中西と、オールスターゲームのようなリレーで、三点に抑えた。勝っているからいいが、先発ローテーションも崩壊しつつある、かなり無理な投手起用となっていた。

カープがまた負けて六連敗したので、マジックは二減って、20となった。

六連勝で気分良く甲子園へ帰り、一四日からドラゴンズ戦。初戦はバースの四六号が出たものの四対七で負けたが、カープが七連敗したのでマジックは19となった。

タイガースはもう連敗しなくなった。一五日は嶋田章弘が先発し、七回までノーヒット、八回まで無失点、九回表は中西が投げて完封リレー。しかしドラゴンズ先発の郭源治も好投して、タイガース打線は沈黙、〇対〇のまま九回裏となった。だが一死一塁から、岡田の二九号が出て、サヨナラツーランとなった。マジックは18。

この試合は日曜日のデーゲームだったこともあり、観客は五万八〇〇〇人。これでタイガースの今季の主催試合の観客数は二〇〇万人を突破し、二〇四万八〇〇〇人、うち甲子園が一九五万二〇〇〇人だった。

一六日は振替休日で、観客は四万八〇〇〇人。中田が先発して六回を投げ、福間、中西のリレーで三点に抑え、同点での九回裏、二死満塁から岡田が打って連夜のサヨナラ勝ちとなった。これでマジックは17。

一七日からは甲子園でのホエールズ戦。真弓の二九号と三〇号、岡田の三〇号が出たが、七対七の引き分け。カープが負けたのでマジックは15となった。

一八日は岡田の三一号ソロしか得点できず、一対五で負け、マジックも15のまま。

だが、一九日は木戸の一二号などで四点を取り、工藤、池田、福間、中西のリレーで一点に抑えたので、四対一で勝って、マジックは14とした。

二〇日は試合がなく、二一日は神宮でのスワローズ戦だった。客席は三万二〇〇〇しかないのに、入場者数は五万二〇〇〇人と発表された。その大半がタイガースファンだった。マスコミは「トラ・フィーバー」と呼んで、タイガースファンが狂喜乱舞する姿を報じていく。

試合はバースの四七号と掛布の三三号が出た。BKのアベックホームランは今季一四回目で、これで一九六八年のジャイアンツの王・長嶋に並んだ。試合は七対三でタイガースが勝って、マジックは12。

雨もあって、二二日から二四日まで三日間、試合がなかった。その間にマジックは11となり、二五日から名古屋でドラゴンズとの二連戦となった。これで一気にマジックを一桁にしたいところだった。しかし真弓の三一号と掛布の三四号が出たのに、四対七で負けた。

二六日はドラゴンズ小松の前に八回まで無得点で、〇対一で迎えた九回表に二点を入れて逆転。しかし九回裏に同点にされ、延長となって一〇回裏に中西が打たれてサヨナラ負け。久しぶりの連敗で、マジックも11のまま。

だが二七日、甲子園へ戻ってのジャイアンツ戦は、五万人の観客が応援するなか、四対一で勝った。掛布に三五号、真弓に三二号が出て、投げては池田が完投した。これでマジックは10。二八日は雨で流れて二九日、日曜日の甲子園には五万八〇〇〇人が押し寄せた。これに応えて、岡田が三二号、木戸が一三号を打って、七対五で勝ち、マジックを9とした。

翌日、まだシーズン中だったが、カープの古葉監督の辞任が報じられた。

こうして九月は、六連勝を含めて一三勝五敗一分。

いよいよ優勝へのラストスパートである。一〇月九日の甲子園でのスワローズ戦が、最短での優勝だ。

粘るカープ

一〇月一日のカープ戦、甲子園は四万四〇〇〇人が入った。古葉監督の辞任が決定、優勝もほぼ絶望的ではあったが、カープは意地を見せる。先発した北別府学《きたべっぷまなぶ》が完封し、タイガースは〇対四で負けた。

二日は前日よりさらに多い四万八〇〇〇人が甲子園にやって来たが、この日も三安打に抑えられて、三対六で負け、一〇月は連敗スタートとなってしまった。甲子園での胴上げが難しくなる。

次の相手はジャイアンツだ。五日、後楽園球場も五万人の大観衆となった。ジャイアンツ先発のカムストックから、掛布が三六号・三七号を放ち、先発・池田が二回までに三点を取られて降板するも三回から佐藤、工藤、福間、中西と無失点リレーで、四対三で逃げ切った。これでマジックは7。

六日と七日はゲームがなく、八日から甲子園でのスワローズ三連戦。当初、最短ならこのスワローズ戦で胴上げと言われていたが、それはもう不可能だ。

八日はスワローズの荒木大輔、尾花高夫のリレーの前に二点に抑えられ、二対三で負けた。

翌九日は、当初最短での優勝の日だったので前売りが売れに売れたため、平日だったが、五万五〇〇〇人が押し寄せた。それに応えて、バースは四八号を放った。だがスワローズも広沢の一七号を含めて一二安打で八点、タイガースは一〇安打で九点で、どうにか勝った。これでマジックは6。

同じ日、パ・リーグでは広岡達朗率いる西武ライオンズが優勝を決めた。しかし広岡は痛風のため休養しており、胴上げのシーンはなかった。広岡は一九八二年にライオンズの監督に就任して四シーズン目である。八二年と八三年に優勝、日本一となり、これで三度目の優勝だ。ヤクルト時代を含めればリーグ優勝は四回目で、日本シリーズ不敗神話を持つ。タイガースの選手も監督・コーチもセ・リーグ優勝のことだけしか考えられず、日本シリーズ対策など、何もしていない。しかし、広岡は日本一になることしか考えていないはずだった。

タイガースとライオンズのユニフォームを着た田淵幸一は、一〇日の「スポーツニッポン」紙に、西武ライオンズ優勝を祝しながらも、日本シリーズでは「ボクは半分ずつ応援する」と語っている。追い出されるようにしてトレードされながらも、田淵にとって、タイガースは愛すべきチームだったのだ。そして、それは同じように追い出された江夏豊も同じだった。

一〇日は体育の日で休日だったこともあり、前日からの徹夜組約五〇〇〇人を含めて五万八〇〇〇人が甲子園にやって来た。タイガースの観客動員は二五〇万人を突破、もはや社会現象と化していた。試合は掛布の三八号、平田の七号となる満塁ホームランが出て、投げては池田が完封して、七対〇で完勝した。これでマジックは5となった。

一一日は試合がなく、一二日は広島でのカープ戦。まだ首位攻防戦ではあるのだが、観客は一万二〇〇〇人と少ない。バースの四九号が出て、五対四で勝った。マジックは3。

一日おいて、一四日も広島で、バースに五〇号と五一号、岡田に三三号が出て、投手陣は先発・仲田が一回二点を取られると、工藤、佐藤、池田、福間とリレーして、七対三で勝った。

これでマジックは1。

一五日は試合がない。

† 一〇・一六

二・二六事件、五・一五事件、あるいは敗戦の八・一五、大震災と原発事故の三・一一のように、「一〇・一六」は、阪神ファンならば数字だけで、すぐに何の日か分かる、特別な日だ。

一〇月一五日、タイガースは試合がなかったが、神宮球場ではスワローズ対ドラゴンズ戦がナイターで行なわれていた。優勝の可能性のない両チームにとって消化試合だったので観客は三〇〇〇人だったが、球場の外には、すでに翌日の試合のチケットを求めて徹夜組が並び始めていた。その数は午後六時の段階で二〇〇〇人前後。東京のタイガースファンだけでなく、関西からも大挙、押し寄せてくる。

一六日の朝になると、タイガースが宿泊しているサテライトホテルの周辺には報道陣が押し寄せ、さらに勇士たちをひとめ見ようとファンも押しかけた。

神宮球場では昼間、東都大学野球の秋季リーグの試合が予定されていたが、球場周辺は阪神ファンでごった返し、混乱を避けるため、大学野球の試合は中止になった。行列を作っているファンを取材していた記者たちに「いつから待っているんですか」と質問されたあるファンは答えた。

「二一年前からや」

予定を大幅に早めて午後三時に開門された。試合開始の三時間半前である。またたく間に客席は埋まり、入場者数は五万人と発表される。ヤクルトファンは数えるほどしかいない。神宮球場は祝祭的雰囲気に満ちていた。

タイガースはこの日が一二五試合目で、これまで七一勝四七敗六分、勝率・六〇二、カープとのゲーム差六・五で迎えた。この日を入れて残り試合六、カープは八。

先発はタイガースがゲイル、スワローズは荒木大輔。先に点を取ったのはスワローズで、二回裏、四番・杉浦亨が三四号ソロホームランで一点。しかし四回表、真弓の三三号ソロで同点とした。さらに六回表、一死三塁からバースが五二号を打って、三対一。ところがその裏、ゲイルがスワローズ打線に捕まり、四点を取られ、三対五とされる。

この頃からタイガースのベンチでは、「引き分けでも優勝らしい」との声が出て、それを確認するなどの一幕があった。確認した結果、勝てばもちろん優勝だが、引き分けて、さらに残り五試合を全敗したとしても七一勝五二敗七分で勝率・五七七、カープが残り試合をすべて勝っても七二勝五三敗五分なので勝率は・五七六となり、わずか一厘差ではあるがタイガースが上回ると分かった。

タイガースとしては、とにかく二点入れて同点にすればいい。この打線なら、二点は不可能ではない。だが、七回と八回、打線はスワローズ二人目の尾花に抑えられていた。ゲイルは六回途中で降板し、福間、工藤、佐藤、野村とつないでいた。

こうして迎えた九回表、先頭の掛布が三九号ソロで一点差とし、岡田が二塁打で続いた。六番は長崎だったが代打・北村がバントで送り、一死三塁。ベンチは七番・平田に代えて佐野をバッターボックスへ送る。最低でも犠牲フライ――佐野は自分の仕事が何か分かっていた。佐野の打球はセンターへ飛び、岡田はタッチアップして本塁へ突入した。セーフ。

五対五の同点である。

九回裏、タイガースは中西をマウンドへ送り、三人を討ち取る。これで延長戦だ。当時は延長の場合、三時間二〇分を過ぎたら新しいイニングには入らないというルールだった。すでに試合は三時間を超えており、一〇回までで終わるのが確実だった。一〇回表に追加点を入れられればいいが、たとえ〇点でも、一〇回裏を守りきればいいのだ。

一〇回表、タイガースは無得点に終わり、その裏のマウンドには二イニング目となる中西が向かった。抑えれば、優勝だ。

スワローズは九番からで代打・杉浦繁の打った打球はセカンドへのゴロ。一番にかえって、水谷新太郎は空振りの三振。あとひとり。二番・角富士夫に対して中西はツーボール、ツーストライク。「あと一球」コールが神宮を包み込む。中西が投げたカーブを角は打ったが、ピッチャー前のゴロ。中西がしっかり摑み、一塁へ投げる。一塁はバースの代走で出た渡真利《とまり》克則《かつのり》

（一九六二〜）がそのまま守っていた。渡真利は中西からの送球を受け、アウトを確認すると、両手を挙げた。

中西はガッツポーズをしてマウンドからホームベースへ向かう。ホームから木戸が走り寄り、中西と抱き合い、そこへ岡田、平田、掛布も加わった。

ベンチから真っ先に飛び出したのは、川藤だ。スタンドは大歓声。テープがグラウンドに投げ込まれる。泣いている者も多かった。川藤に続いて、選手、監督、コーチもマウンド周辺に集まり、吉田監督の胴上げが始まった。続いて、掛布、バース、岡田が宙に舞った。これを指示したのは川藤だった。

神宮にいる五万人だけが狂気乱舞していたのではない。ヤクルト対阪神という、普段はテレビ放映されないカードなのに、この夜は生中継され、全国の阪神ファン、野球ファンが、その瞬間を共有した。地元・大阪では大騒ぎとなり、道頓堀川に飛び込む者も多かった。これまでの人生で体験したことのない喜びを表すには、これまでにしたことのない行為に及ぶしかなかったのだ。

二一年も優勝していないチームが、突然、ホームランを量産し、一試合に四人も五人ものピッチャーが必死でつないで勝っていることが、ファンではない人びとの心まで捉えていた。

†ホームラン王と首位打者

球団によるオフィシャルな祝賀会の後、選手たちは東京の夜の街へ消えた。祝賀会にはマスコミが殺到して取材をしていたが、そのなかにスポーツ・キャスターとなっていた小林繁もいた。小林はかつての同僚の川藤にもっともらしくインタビューをし、優勝を喜んだ。川藤は二次会に小林も誘う。

二日酔い集団は、翌一七日のスワローズ戦は、バースの五三号、掛布の四〇号が出たものの四対六で負けた。観客も前夜がウソのように一万八〇〇〇人しか入らなかった。一八日は岡田の三四号が出て四対二で勝ち、タイガースは西への帰路についた。

一九日は試合がなく、二〇日は名古屋でのドラゴンズとの最終戦で、三万三〇〇〇人が入った。ドラゴンズの小松に完投され、二対四で負けた。

試合には負けたが、バースが五四号を打った。ホームランのシーズン最多記録はジャイアンツの王貞治の五五本(一九六四年)である。タイガースの残り試合は二。王に並ぶか抜ける可能性は高かった。

しかし、その残り二試合の相手はほかならぬ、王が監督のジャイアンツだった。監督の記録を守ろうとして、ジャイアンツのピッチャーがバースを敬遠する可能性が高かった。

タイガースはもうひとつの問題を抱えていた。ホームラン王と打点王はバースが確実としていたが、首位打者はバースと岡田の競り合いとなっていたのだ。バースと岡田の差は一時は一厘だったが、優勝決定後、六厘差になっていた。それでも逆転は可能だ。

二二日の甲子園は五万八〇〇〇人の超満員となった。消化試合としては史上最多であろう。甲子園での最終戦で、相手がジャイアンツというのも満員の理由だろうが、優勝したタイガースナインを見ようとファンは押し寄せたのだ。

このシーズンのタイガース主催試合の入場者数は二六〇万二〇〇〇人と発表された。前年は一九三万四〇〇〇人だったので、一・三四倍であり、球団新記録、球団史上初の二〇〇万人突破だった。

さらに、バースが王の記録を抜くかもしれないという期待もあった。

ジャイアンツは江川が先発。このエースはバースと勝負して、二打数一安打、一つの四球。リリーフした橋本は四球を出し、バースのホームランは出なかった。岡田は四打数二安打で三五号も打った。この日は真弓も江川から三四号を打つ。試合は五対二でタイガースが勝った。

二三日は移動日で、東京へ向かった。翌二四日、後楽園でのジャイアンツ戦が今季最終戦だ。バースの打率は・三四九、岡田は・三四四と五厘差での最終戦である。

問題はジャイアンツの投手陣がどう出るか。王監督の記録を守るためにバースを敬遠すると、バースの打率はそのままで、岡田がそれを抜くには四打数四安打が必要だった。

前年のホームラン王競争は掛布と宇野の敬遠合戦をもたらし、後味の悪いものとなった。ジャイアンツは似たようなことをするのだろうか。

後楽園球場には三万人の観客が入った。タイガースは藤原仁《まさし》（一九五六〜）、ジャイアンツは斎藤雅樹の先発だ。斎藤はプロ三年目だが、一軍では二シーズン目。この試合が今季四一試合目、先発では二〇試合目の登板だ。一回のバースの打席、斎藤はストレートの四球を出した。キャッチャーの山倉は立ってはいないので、敬遠ではないようだ。しかし第二打席も同じだった。観客席からはブーイングが飛んだ。勝負を避けているのは明白だった。王監督は敬遠を指示していないと語る。そうなのかもしれない。だとしたら、コーチと斎藤・山倉のバッテリーの「忖度」であろう。結局、バースは勝負してもらえなかった。

ジャイアンツ・バッテリーは岡田とは勝負した。岡田は二打席目にセンターフライに倒れ、首位打者の可能性が潰えると、四回の守備からは和田が交代した。

岡田の首位打者とバースの三冠王。タイガースとしては、どちらがいいとも言えない。欲を言えば、バースと岡田が同率で首位打者になってくれればよかったが、そこまで世の中、甘くない。

バースが打率・三五〇、打点一三四、ホームラン五四本で三冠王に輝き、さらに、最多安打

順位	チーム	試合数	勝	負	引分	勝率	ゲーム差	本塁打	打率	防御率	得点	失点
1	阪神タイガース	130	74	49	7	.602	−	219	.285	4.16	731	593
2	広島東洋カープ	130	68	57	5	.544	7.0	160	.271	4.13	615	570
3	読売ジャイアンツ	130	61	60	9	.504	12.0	157	.279	3.96	616	562
4	横浜大洋ホエールズ	130	57	61	12	.483	14.5	132	.267	4.59	589	653
5	中日ドラゴンズ	130	56	61	13	.479	15.0	136	.265	4.08	537	596
6	ヤクルトスワローズ	130	46	74	10	.383	26.5	143	.264	4.75	550	664

1985年　セ・リーグ順位表

（一七四）、最多出塁率（・四二八）で、最優秀選手賞（MVP）も受賞した。

岡田は、打率・三四二、打点一〇一、ホームラン三五。無冠に終わる。

掛布は、打率・三〇〇、打点一〇八、ホームラン四〇。このほか、一三〇試合全部に出場、最多四球九四がこのシーズンのリーグ最多記録だった。バースが敬遠されなかったのは次に掛布がいたからとされ、ホームラン王の陰の功労者でもある。

真弓は、打率・三二二、打点八四、ホームラン三四で、「最強の一番打者」と称された。

チーム打率は・二八五、得点は七三一で、ジャイアンツの六一六を一〇〇点以上上回った。さらにすさまじいのがホームランで、二一九本。二位のカープが一六〇本なので、五九本も多い。

タイガースナインは守備でも評価され、ダイヤモンドグラブ賞を、木戸、岡田、掛布、平田の四人が受賞、ベストナインにはバース、岡田、掛布、真弓が選ばれた。

投手陣で規定投球回数（一三〇イニング）に達したのは、ゲイルと池田だけで、ゲイルは三三試合登板（全て先発）して、一九〇回と三分の二を投げて、一三勝八敗、防御率四・三〇。池田は先発が二三回、リリーフが九回の合計三二試合に登板して、九勝六敗、防御率四・四五の成績だった。

救援投手では中西がリーグ最多の六三試合に投げて、一一勝三敗一九セーブで、防御率二・六七。リリーフなのに一一勝もしているのは、いかに逆転勝ちが多かったかを示す。中西のセーブポイントは三〇となり、最優秀救援投手賞を受賞した。

チーム防御率は四・一六でリーグ四位。トップはジャイアンツで江川・西本を柱とする投手陣がしっかりしていた。完投数は一五でリーク最下位。

野手たちが打ちまくり、投手たちが投げては打たれ、つなぎ、しのぎ、抑えた——そんな野球だった。それは、先頭打者が四球を選び盗塁して、二番がバントで三塁へ送り、三番が犠牲フライで一点という、ノーヒットで点を取る管理野球の対極だった。

その管理野球の権化が、ペナントレース一三〇試合を終えたタイガースを、埼玉県所沢市で待ち受けていた。

†広岡達朗とタイガースの因縁

後楽園での最終戦が二四日。日本シリーズは二日後の二六日からだった。第一戦と第二戦は西武ライオンズの本拠地・所沢の西武ライオンズ球場である。

タイガースは後楽園での二四日の試合が終わると、大阪へは帰らず、立川へ移動し、二五日は練習というスケジュールだ。

西武ライオンズの監督、広岡達朗（一九三二〜）は広島県呉市出身、高校時代は予選の決勝で負けて甲子園には行けなかった。早稲田大学に進学して、東京六大学リーグで活躍し、ショートの華麗な守備とその容姿から「神宮の貴公子」と称された。ジャイアンツに入団し、一年目の一九五四年は新人王を受賞する活躍をした。打率が最もよかったのは一年目で、以後は打撃面では目立った成績はないが、守備で鳴らした選手だった。しかし川上監督と対立し、一九六六年に引退した。ジャイアンツの九連覇は一九六五年からなので、いわゆるV9戦士として語られることはない。

引退後の広岡は渡米してメジャーリーグを視察、その後は野球評論家として活躍していたが、一九七〇年から広島東洋カープのコーチとなった。広岡を起用したのは、当時カープの監督だった根本陸夫である。広岡は七一年まで二シーズンカープのコーチを務めた。一九七四年からはヤクルトスワローズのコーチとなり、七六年に荒川監督がシーズン途中で休養すると監督に昇格した。七七年はキャンプから選手を鍛え上げ、七八年にスワローズを初優勝に導いた。

この一九七八年はタイガースが最下位に沈んでいた年で、再建のために広岡を招聘する案もあり、打診もなされ、好感触を得ていたという。しかしスワローズが優勝しそうになり、さすがに優勝監督を引き抜くのは無理と判断し、この話はなくなった。

一九七八年にヤクルトは日本シリーズでも勝ち日本一になった。広岡はそれでも辞任しようとしたが、強く慰留された。だが、七九シーズン、開幕から八連敗するなど成績も不振で球団と対立して八月に辞任し、再び評論家生活となっていた。

一九八一年のオフ、広岡は三球団から監督になってくれとの要請を受けた。最初が西本幸雄が退任した近鉄バファローズで、西本自身から後任になってくれと声がかかった。心は動いたが、なじみのないパ・リーグ、さらに関西の球団であることから、断った。

同時期に広岡招聘で動いていたのが、阪神タイガースである。このオフは中西監督が辞任したので、その後任を探していたのだ。関西の球団という点ではバファローズと同じなのだが、セ・リーグでしかもジャイアンツのライバルということで、広岡はかなり乗り気になった。しかし、この球団が監督を使い捨てにしてきた歴史を熟知していたので、広岡は当時の小津社長に対し、「五年契約」を求めた。しかし球団は「三年」を譲らず、破談となった。タイガースはこの後、安藤と五年契約を結んで監督にする。ということは、球団は「五年契約」そのものにはそんなにこだわっていなかったのではないか。広岡がフロントの人事やチーム編成での権限についてまで、細かな条項を定めた契約書を要求し、阪神球団が怖気づいたとの説もある。

タイガースは広岡に七八年と八一年のオフの二回、監督にと招聘しながら、結局は縁がなかった。しかしこの後、広岡は早稲田人脈を通じてタイガースに少なからず影響を与える。

広岡はバファローズから要請された際にはパ・リーグであることに難色を示したが、西武ライオンズの根本監督から後任を要請されると、これを受諾した。広岡の望む五年契約だった。一年目の一九八二年にパ・リーグ優勝、日本シリーズでも中日ドラゴンズを制して日本一、八三年も優勝し、日本シリーズではジャイアンツを倒した。八四年は早くから優勝の可能性がなくなったので若手を起用し、選手の新旧交代を図った。長期契約だから可能なことだった。その新旧交代がうまくいき、八五年は独走状態で優勝したのだ。

吉田と広岡は現役時代、名ショートとして競い合った関係にある。守備の力では「牛若丸」と称された吉田のほうに軍配は上がるとされるが、監督としては、吉田はタイガースで通算四年目にして初めて優勝したが、広岡はスワローズで四シーズン、西武で四シーズンの通算八シーズンでリーグ優勝四回、日本一も三回なので、広岡のほうが好成績だ。

事前の予想でも、短期決戦に長けているライオンズのほうが有利とされていた。

しかし、一〇月二六日、ライオンズ球場での第一戦はバースのスリーランが決め手となり、先発の池田が完封して、タイガースが三対〇で勝った。第二戦もバースのツーランが出て、ゲイル、福間、中西とつないで、二対一でタイガースが勝った。

甲子園に舞台を移した第三戦は、五万一三五五人の観客を集めた。当時は日本シリーズだけは正確な数字が発表されていた。第四戦、第五戦とも五万人を超えた。

第三戦の試合前、両チームの練習が終わり、審判団と両監督との間でグラウンドルールなどの確認をした後、吉田と広岡は二人だけになった。どちらからともなく、二人はグラウンドを歩き出し、レフトの芝生の上に達した頃、広岡は吉田に「俺は、ずいぶんと西武のためにやってきた。十分に貢献したよなあ」と愚痴るように言ったという。球団との関係がうまくいっていない様子だった。二人だけの会話で、吉田が、広岡がこう言ったと語っているだけなので、真偽の確認はできない。

†日本一へ

第三戦のタイガースの先発は中田。二回に捕まり石毛のツーランなどで四点を入れられ降板、バースのシリーズ新記録の三試合連続ホームランも出たが、四回と八回にもリリーフ陣が追加点を入れられた。ライオンズは工藤が先発し、松沼雅之、永射《ながい》とつないで、抑えに先発ローテーション投手の東尾を投入、六対四で逃げ切った。

第四戦のタイガースの先発は伊藤、ライオンズは松沼博久で始まった。六回にライオンズがスティーブのツーランで先制、その裏にタイガースも真弓のソロで追い上げた。八回表、ライオンズは無死満塁のチャンスを迎えたが、福間が抑えきり、その裏、相手のエラーで一死三塁のチャンスに弘田が犠牲フライで同点とした。

だが九回表、二死二塁で、ライオンズの打者は左投げの投手に強い西岡良洋《よしひろ》となった。吉田は左の福間から右の中西に代えるか、一塁が空いているので敬遠させることも考えたが、勝負を選択し、わざわざマウンドに自ら行って、福間に伝えた。しかしこれが裏目に出る。西岡の打球はホームランとなり、これで試合が決まり、四対二でライオンズの勝ち、これで二勝二敗となった。

さすがに第四戦ともなると、ライオンズはバースの封じ込めに成功し、打たれなくなっていた。

第五戦、タイガースは第一戦で完封した池田が先発した。ライオンズの先発は、小野和幸だった。このシーズン一〇試合しか登板せず、三勝二敗という投手だ。日本シリーズの大舞台で先発するとは、予想されていなかった。

小野は一回、真弓に内野安打を打たれると、弘田がバント、バースを四球で歩かせ一死一・二塁のところで、掛布にスリーランを打たれた。ライオンズも大田のホームランなどで追い上げるが、タイガースは五回に長崎のホームランも出て、池田から福間、中西の必勝リレーで、七対二で勝った。これで三勝二敗である。

タイガースが王手をかけ、優位のはずだった。しかし、第五戦の「先発・小野」という不可解な采配は、広岡が得意とする「捨てゲーム」だと解釈され、まだまだ西武優位だと予測する声も多かった。それだけ広岡の不敗神話は人びとを洗脳していたのだ。

二年前のジャイアンツとの日本シリーズも、ライオンズは第五戦を落として二勝三敗となっていた。八三年の広岡は、ミーティングで第六戦と第七戦でのジャイアンツの投手起用を予測し、絶対にこちらが勝てると選手に解説し、その気にさせたと伝わっている。選手は広岡がそこまで読んでいるのかと感心し、勝った気分になり、実際に勝ったわけだが、八五年の広岡が、そういうミーティングをした様子はない。それどころか、広岡はコーチたち首脳陣と大阪の夜の街に繰り出して、カラオケで「六甲おろし」を歌っていたとの伝説まである。

広岡は球団首脳、とくに根本管理部長と監督の権限強化をめぐって対立し、やる気を喪っていたと、後に説明される。しかし、不敗神話を守るために、負けたから「勝つ気がなかった」という伝説が作られたとも言える。広岡の胸中は分からない。打倒ジャイアンツに燃えていた二年前ほどの熱さが感じられなかったようではあるのだが。

一日おいて、所沢に戻っての第六戦は一一月二日土曜日。第五戦が捨てゲームであるなら、この試合、ライオンズは必勝態勢でくるはずだ。シリーズでリリーフにまわっていた東尾を先発させるとの予測もあった。しかし先発は、高橋直樹だった。シーズン一六試合に先発して七勝六敗、先発ローテーションのひとりではあるが、最も信頼できるピッチャーであったかどうか。

一回表、二死からバースが四球を選び、掛布がレフト前ヒット、岡田のピッチャー強襲のヒットで満塁にすると、六番に入っていた長崎が満塁ホームランを放ち、早くも試合は決まってしまったかに見えた。その裏、ライオンズは石毛のソロで反撃するが、二回に真弓がホームランで再び引き離し、その後、掛布にもホームランが出るなど、ライオンズが繰り出す五人の投手から九点を奪った。投げてはゲイルが完投。

タイガースは九対三で勝ち、ついに日本一となった。

「猛打爆発」という戦術とは呼べない勝ち方で一九八五年のセ・リーグを制した阪神タイガースは、日本シリーズでも、川上哲治が作り上げたジャイアンツ流管理野球の後継者である広岡のライオンズを打ち砕いた。その勝ち方は、熱狂的なファンの存在を含めて、この年最大の話題となった。日本人全体がタイガースという球団とそれに熱狂するファンを認識した年だった。

管理野球はビジネス雑誌ではもてはやされたが、見ていて楽しいものではない。豪快に撃ちまくる打撃陣、一〇試合に一試合くらいは完全に抑えるが、あとはその日の調子次第というあてにならない投手陣による、何が起きるか分からない野球は、これが本来の野球だと、人びとを覚醒させた。日本人はこれまで、「石橋を叩いても渡らない確実性のある野球が強く正しい」というジャイアンツ管理野球に洗脳されていたのだ。

これからは管理野球の時代ではない。タイガースの時代だ——と、人びとは錯覚した。いちばん錯覚したのが、吉田義男監督だった。勝った時こそ、全体を見直し、弱いところは補強しなければならないのに、このままでいいと勘違いした。

一九八五年のオフ、吉田もコーチも選手たちも、そしてファンたちも、浮かれまくり、天国の日日を過ごしていた。

この先に地獄が待ち受けているとは、誰も知らなかった。

Ⅱ 暗黒への転落

1988年2月、安芸キャンプで遠山の投球を熱いまなざしでみつめる村山監督（毎日新聞）

第4章 天国から地獄へ——一九八六、八七年

†一九八五年オフ

優勝が決まったのが一〇月一六日で、最後の甲子園でのジャイアンツ戦が二二日だったが、その前日、二一日に阪神球団の役員会が開かれ、中埜の死で空席になっていた社長に岡崎義人が就任、同時に電鉄本社から三好一彦が取締役として経営陣に加わった。

吉田としてはこれで指示系統が一元化されるかと期待したが、久万・三好ラインが強化されることで、岡崎の立場が微妙になる。

日本シリーズが終わると、各チームは来季に向けて本格的な補強に乗り出す。監督が交代するチームは、すでに新監督も決まっている。

西武ライオンズは優勝監督の広岡が契約を一年残して辞任し、森祇晶（一九三七〜）が後任として就任した。広岡と森はジャイアンツOBで、広岡のスワローズとライオンズの監督時代、

森は名参謀として仕えていたが、八四年オフに決裂した。したがってタイガースと闘った八五年の日本シリーズに森は出ていない。ライオンズの監督交代劇は広岡から森への禅譲ではなく、広岡は以後、ライオンズとは関係を持たない。

パ・リーグでは最下位の南海ホークスも、穴吹義雄（一九三三〜二〇一八）監督が辞めて、杉浦忠（一九三五〜二〇〇一）が新監督となった。優勝を逃した広島東洋カープも古葉監督が辞任して、阿南準郎（一九三七〜）が新監督となった。

ドラフト会議は一一月二〇日。最大の話題はPL学園の清原和博と桑田真澄だった。清原はプロ入りを表明しジャイアンツを希望し、ジャイアンツも清原を一位で指名すると報じられていた。一方、桑田は早くから早稲田大学に進学すると表明し、プロには行かないと思われていた。

各球団の一位指名が発表されると、会場はどよめいた。タイガースを含めて六球団が清原を一位指名したのもさることながら、ジャイアンツが早稲田に進学するはずの桑田を指名したのだ。他に桑田を指名した球団はなかったので、巨人はあっさりと交渉権を得た。清原はくじ引きの結果、西武ライオンズが交渉権を得る。結局、桑田が巨人に入団したことから、桑田と巨人の間に密約があったという説を誰もが信じた。

タイガースの一位指名はピッチャーの遠山昭治（のち「奬志」、一九六七〜）だった。熊本県出身で、八代第一高校に入り、甲子園へは行けなかったが、ノーヒットノーランを一一回、打者としても打率・四四〇、三五本塁打の成績を残し、他球団からも誘われていたが、タイガースを強く希望し、他球団に指名されたら社会人野球へ行くと宣言していた。

二位は中野佐資《さとる》（一九六三〜）。栃木県出身で、国学院栃木高校を卒業し社会人野球の三菱重工横浜に入社した。

優勝した年の補強について吉田は、『監督がみた天国と地獄』でこう振り返っている。

〈明暗とりまぜ、いろいろとあった日本一のシーズンだったが、今もって私が後悔しているのは、非情に徹しきれなかった事だ。日本一の喜びを分かち合った仲間を、どうしても切れなかった。土台づくり、阪神の将来という事を考えたら、この年限りで退いてもらうべき選手は何人かいた。〉

具体的には、投手では野村、野手では川藤、弘田、永尾の名を挙げる。彼らに退いてもらい、若手に切り替えるべきと思っていながら、球団に意見具申ができなかった。

理由として、ベテランを切ったとしても、それに代わる若手がまだ育っていない。それならば、トレードで補強すべきだったが、日本ハムファイターズから金銭トレードで柏原純一を獲得しただけだった。

柏原は一九五二年生まれ、八六年は三四歳になる。熊本県出身で、県立八代東高校時代は、一九七〇年の春の甲子園に出場し、七〇年秋のドラフト会議で南海ホークスに八位に指名されて入団した。ホークスには七七年までいて、七八年からはファイターズにいたが、八五年のオフ、監督の高田繁の構想から外れ、タイガースに入ったのだ。外野も内野も守れる選手で、チーム事情にもよるが、ポジションが不動のものとして定着しなかったとも言える。

切るべき筆頭の川藤は、一九八五年も選手としては戦力にはならなかった。しかしベンチでの存在感は大きく、吉田も、監督・コーチと選手の間に立つ緩衝材的存在としての役割は評価していた。そのため、本人の「給料はいくらでもいいから、ボロボロになるまでやりたい」との強い希望に、押し切られた。川藤がベンチに入らなければ、若手がひとり入れるのだが、そういう計算よりも、情を優先させてしまうのが、「非情になれなかった」吉田の弱点である。しかし、人気者の川藤を、本人がまだやりたがっているのに解雇すれば、ファンから大きな不満が出たのも間違いない。タイガースのファンは、まさに浪花節的なところがあり、それがよさであり、弱さでもあった。

もうひとり、吉田が決断できなかったのは、意外にもゲイルだった。一三勝八敗はチームトップの勝ち数だ。しかし防御率は四・三〇で、いいとは言えない。シーズン前半はよかったが、相手チームが慣れてきた後半は打たれることが多く、本人から、先発ローテーションから外してリリーフにまわしてほしいと言ってきた。

吉田はいい投手が見つかったら、ゲイルと取り替えようと考えたこともあったが、他の外国人投手を探してくれと球団に強く頼んだわけでもなく、ゲイルの続投が決まった。

球団人事では、久万オーナー直属で、吉田の後ろ楯となっていた三好一彦が、球団取締役として乗り込んできた。吉田にとっては、ありがたい人事ではあったが、岡崎球団社長と三好とは電鉄本社内で別の派閥にいるようだった。岡崎としては、自分が社長なのに、オーナーと吉田と親しい三好が球団取締役になったのは、煩わしい。

吉田は、岡崎と三好のどちらに言えば要望が通るのか、分からない。

†開幕四連敗でスタート——一九八六シーズン

亀裂は開幕時にすでに入っていた。

前年優勝したので、タイガースは開幕試合の主催権を持っていたが、その時期は春の高校野球と重なるので、甲子園では試合ができない。横浜での大洋ホエールズ戦で開幕を迎える。

吉田は開幕三連戦のローテーションを、池田、工藤、ゲイルの順と決め、それぞれの投手に伝えた。これにゲイルが文句をつけた。「前年に最も多く勝った自分が開幕投手であるべきだ」という、アメリカ人らしい自己主張ではある。だが吉田としては、前年の後半は勝てなくなっていたこと、キャンプでの調整具合がそれほどよくないことなど、総合的に判断して、池田を開幕投手にしている。ゲイルの要望は却下された。メジャーリーガー、チームでの最多勝利投手というプライドが傷つけられた。

開幕は四月四日。先発の池田は三回に捕まり四点取られて降板、七対八で負けた。五日の先発、工藤は八回まで〇点に抑えていたが、九回にリリーフした中西が打たれてサヨナラ負け。六日の第三戦のゲイルも六回までに五点取られて、負けた。開幕三連敗である。この三試合のホームランは、佐野が二本、吉竹が一本で、バース、掛布、岡田、真弓は打っていない。

一日休み、八日から神宮球場でのスワローズ戦だったが、第一戦も負けて四連敗でのスタートとなった。

初勝利は九日で、池田が完封して三対〇。しかし翌一〇日は真弓の一号、岡田の一号と二号が出たものの、七対一五で大敗した。

甲子園での第一戦は一二日のジャイアンツ戦。優勝の余韻があるので、五万七〇〇〇人の観客が押し寄せるなか、ゲイルと江川の先発で始まった。ゲイルは一回に三点、二回にも三点取られ、佐野の三号と真弓の二号が出たものの三対六で負けた。ゲイルは早くも二敗である。

結局、このシーズンのゲイルは五勝一〇敗に終わった。前年の一三勝八敗がウソのようだが、防御率は前年が四・三〇だったのに対し、四・五六なので、そう悪くなったわけではない。つまり、前年の一三勝は、ゲイルの力というよりも、打ってくれたから勝てた試合が多かったのだ。当然のように、ゲイルは今シーズン限りでタイガースを去る。

翌日は先発の伊藤文隆が完投し、四対一で勝った。しかしこのゲームは不調のバースは休み、一塁はトレードで入った柏原が守った。

一六日と一七日のホエールズ戦は一勝一敗。一八日からのドラゴンズ戦で、ようやく三連勝した。一九日のドラゴンズとの第二戦はバースに待望の一号が出て、掛布の二号、岡田の四号と五号、さらには代打で出た川藤にも一号が飛び出した。これで波に乗れるかと思ったが、二〇日の第三戦、掛布は三号を打ったものの、死球を受けて左親指を骨折、全治一か月となった。三塁には真弓がまわる。

二三日の広島でのカープ戦は引き分け、二四日と二五日は連敗、二六日からの甲子園でのドラゴンズ戦も一勝二敗と負け越した。二九日から五月一日の甲子園でのスワローズ戦は三連勝。これで開幕から一〇勝一〇敗一分の五分とした。

四月の成績にこのシーズンは凝縮されている。最終的に、六〇勝六〇敗一〇分、勝率五割、セ・リーグ第三位で終わるのだ。

†怪我に泣く掛布

四月二〇日に死球を受けて戦線離脱した掛布は、五月一六日の甲子園でのドラゴンズ戦で復帰した。ところが五月二七日の甲子園でのジャイアンツ戦で、今度は守っている間に打球を受けて右肩関節挫傷で、またも一か月近く戦線離脱した。

このシーズンの掛布は何かに憑かれていたとしか思えない。この後、八月二六日には打球を処理しそこねて左中指を剝離骨折し、代打で復帰したのは一〇月一〇日で、ペナントレース最後から二試合目だった。一四日の最終戦にようやく先発出場できた。

掛布のいない間、三塁は前半は真弓、後半は柏原が守った。柏原をトレードで獲得したのが功を奏したのである。

とはいえ、強力打線の要である四番・掛布の離脱は大きい。このシーズンの低迷の大きな要因となった。

五月も一一勝九敗二分と四月と似たような成績だった。九敗のなかには五連敗もある。

二年目の吉田は人事面でミスを犯した。コーチ陣も前年と顔ぶれはほぼ同じだった。「一蓮托生」を守ったのである。それでも少しは入れ替えた。投手を担当していた高橋重行が二軍のコーチとなり、代わりに阪急でコーチをしていた新山隆史を入れ、阪神から日本ハムに移籍して引退した榊原良行が守備と走塁担当で加わった。

二人いた投手コーチは米田哲也がベンチに座り、新山はブルペンを見ていた。格としてはベンチにいる米田のほうが上である。五月半ば、吉田は、投手陣に気分的なテコ入れをしようと、米田をブルペンに行かせ、新山はネット裏に行かせて相手チームの情報収集と分析を任せた。そしてベンチでの投手担当とマウンドに交代を告げる役割はヘッドコーチの土井に任せた。

吉田は気分転換のつもりだったらしいが、説明不足なのか誤解なのか、米田は降格処分と受け取り、吉田との関係が微妙になる。結局、米田はこのシーズンで退任する。

六月は一一勝八敗一分で、四連勝もあった。さらに六月二六日から七月六日まで九連勝して貯金も九にまで増やした。

この頃、ドラフト一位ルーキーの遠山が新たなヒーローとなった。六月二〇日にドラゴンズ戦で完封し、三勝目を挙げたのだ。高卒ルーキーの完封勝利はタイガースでは江夏以来だったので、遠山は「江夏二世」と呼ばれた。

遠山はこのシーズン、二七試合に登板、うち先発は二四回で、二つの完封を含めて八勝五敗、防御率四・二二の成績を残す。先発ローテーションの投手での八勝は伊藤文隆と並んでトップだった。

投手陣の強化が必要だったはずだが、ルーキーの遠山以外、補強されず、全体に落ちている。これで勝つためには、打撃陣が前年以上に打ってくれなければならないが、掛布を欠いた打線にはそれは不可能だった。

六月、久万オーナーは電鉄本社の電鉄事業本部にいた古谷《ふるや》真吾《しんご》を球団に常務取締役として送り込んだ。

古谷は一九八一年に球団取締役に就任していたが、八三年のオフに退任し、本社の電鉄事業部に異動、そして八六年六月に球団に常務取締役として戻ったのである。後に大きな悲劇が待ち受けているとは、誰も知らない。

†広がる亀裂

本来の四番を欠きながらも、タイガースがどうにか五割を維持できたのは、開幕時は不調だったバースが、この年も打ちまくったからだった。打率は一時は四割を超え、最終的には・三八九、打点は一〇九、ホームランは四七本で、二年連続して三冠王に輝く。

バースは六月一八日に一六号を打つと、二六日までに七試合連続ホームランを打ち、王貞治の持つ記録と並んだ。

しかし吉田監督はこの「史上最強の助っ人外人」にも手を焼く。

八月にバースは雑誌「プレイボーイ」のインタビューに応じ、吉田の采配を批判した。吉田の『監督がみた天国と地獄』によれば、吉田はその記事を読まなかったが、フロントが問題とし、罰金を取り、謝罪もさせた。バースは吉田に、「取材とは思わず、友人との酒飲み話で語ったことが記事になってしまった」と説明し、「あなた（吉田）に対し、悪い感情は抱いていないし、阪神は働きづらいところではない」と謝罪した。吉田もこれを受け入れ、「こんなことで、信頼感が失われるわけではない。これからも打ってくれ」と励ましたそうだ。

また吉田によると、バースやゲイルとのコミュニケーションがうまくいかなくなったのは、通訳に問題があったらしい。伝達事項を正確に伝えないだけでなく、外人をけしかけるような言動もあったという。

オールスター前、最後の試合は七月一七日の名古屋でのドラゴンズ戦で、これも負けた。ここまでで三七勝三〇敗六分で三位、首位はカープで四・五ゲーム差、二位はジャイアンツで一ゲーム差だった。逆転優勝が不可能ではない数字だ。

オールスターでは前年の優勝監督である吉田がセ・リーグを指揮することになっていた。ファン投票では、バース、岡田、真弓の三人が選ばれ、吉田は監督推薦枠で、川藤を選んだ。吉田としては、引退の花道のつもりだったのだろう。川藤もそれは分かっていた。オールスターでも川藤はベンチを盛り上げた。初出場とは思えない態度だった。大阪スタヂアムでの第二戦に代打で出ると、長打を放ち、一塁ベースコーチの王の指示で二塁へ向かったが、ベースのはるか手前でアウトになり、球場じゅうが大爆笑。本人も笑い、審判まで笑っていた。これが男・川藤、最初で最後のオールスターだった。

吉田はコミュニケーション面では、外国人選手だけでなく、掛布ともうまくいっていない。

吉田は掛布を〈他人のいうことを謙虚に聞くという耳を持っていなかった〉と著書『監督がみた天国と地獄』で評す。吉田が最初に監督になったときの一九七五年の掛布は、何をするにもひた向きさがあったのに、人気選手、「ミスター・タイガース」になったことで、人間的に微妙に変化したと、吉田は感じた。

怪我は仕方がないとしても、力が落ちているのに、練習を怠っているように見えたのだ。オールスターが終わり、後半戦が始まる前、吉田は掛布を呼び、話し合った。「内野手はちゃんと守れてこそだ」というようなことを話した。もっとも一方的に吉田が話すだけで、掛布は黙って聞いていたらしい。

それ以降、掛布は吉田を避けるようになった。勝ったゲームのあと、選手たちがベンチへ帰ってくるのを監督が出迎え、握手をするものだが、掛布は吉田と握手をせず、避けるようにベンチに戻り、消えてしまう。知人からそれを指摘された吉田は、あえて自分のほうから掛布に右手を差し出してみた。掛布は吉田の顔を見ず、手だけ出して、形だけの握手をした。

こういうことは、他の選手も気づいていただろう。スター選手と監督が冷戦状態にある。かつての江夏と金田正泰、江夏と吉田がそうだった。歴史は繰り返す。そして、繰り返されるごとに、より悪くなる。優勝から一年も経たずして、チームには亀裂が入っていた。

三位と四位をいったりきたりしている割には、甲子園球場は満員だった。夏休みに入ったこともあり、七月二九日からのジャイアンツ戦も、八月一日からのドラゴンズ戦も、試合によっては五万七〇〇〇人の超満員となっていた。

八月五日から二四日まで、「死のロード」となる。神宮、平和台（ホエールズ戦）、後楽園、名古屋、横浜、広島とまわり、五勝九敗二分と負け越した。

負けの中には、ジャイアンツへの三連敗を含めた六連敗もある。これで、優勝は絶望的となった。

目標を喪ったチームは脆い。九月は九勝一〇敗、一〇月は二勝五敗。前述のように六〇勝六〇敗一〇分、勝率五割ちょうどで、三位という成績に終わった。

優勝は阿南新監督の広島東洋カープで、七三勝四六敗一一分、ゲーム差なしの僅差の二位が読売ジャイアンツで、七五勝四八敗七分、タイガースは三位とはいえ、一三・五ゲームも離されていた。勝ち数ではジャイアンツのほうが上なのに、カープは引き分けが多かったので勝率で上になった。

パ・リーグは森新監督が率いる西武ライオンズが二年連続して優勝した。日本シリーズは新人監督同士の対決となり、西武が勝った。

個人成績では、バースが二年連続の三冠王で、ベストナインにも選ばれた。他にタイトルを獲った選手はいない。

順位	チーム	試合数	勝	負	引分	勝率	ゲーム差	本塁打	打率	防御率	得点	失点
1	広島東洋カープ	130	73	46	11	.613	−	137	.254	2.89	511	420
2	読売ジャイアンツ	130	75	48	7	.610	0	155	.270	3.12	600	437
3	阪神タイガース	130	60	60	10	.500	13.5	184	.271	3.69	574	536
4	横浜大洋ホエールズ	130	56	69	5	.448	20.0	84	.264	3.81	482	547
5	中日ドラゴンズ	130	54	67	9	.446	20.0	131	.242	3.70	432	519
6	ヤクルトスワローズ	130	49	77	4	.389	27.5	119	.252	4.27	480	620

1986年　セ・リーグ順位表

掛布は六七試合にしか出られず、打率は・二五二、打点三四、本塁打九という不本意な成績に終わる。打点は前年が一〇八、本塁打は四〇だったのだから、別人のようだ。

前年は首位打者まであと僅かだった岡田も打率・二六八とふるわず、打点七〇、本塁打二六と前年から下げた。

真弓は一二三試合に出て、打率・三〇七、打点六〇、本塁打二八と、前年よりは下げたが、合格点だろう。

チーム打率・二七一、得点五七四、ホームラン一八四本はリーグ一位だった。投手成績は防御率三・六九は三位で、失点五三六は四位、完投数一八は最下位。チーム防御率は前年の四・一六よりよくなっていた。それなのに、五割しか勝てなかった。

投手陣で最多勝利は山本和行の一一勝三敗一五セーブ。中西も八勝九敗五セーブとリリーフ陣が勝ち数の上位に立ち、同じく八勝が伊藤、遠山、七勝が仲田、五勝がゲイルと工藤だった。

†一九八六年オフ

優勝チームに大差での三位だったが、前年の優勝監督吉田を更迭せよとの声は、どこからも出なかった。掛布の怪我に泣いたシーズン、つまり運が悪かったということで総括されたのだ。

主催試合の入場者数は二三六万〇〇〇〇人で、前年の二六〇万二〇〇〇人から約一割のマイナスで留まった。

しかし、久万オーナーの指示で、取締役の古谷は組織化を推進するため球団本部を設立し、自ら本部長を兼務した。球団の中に球団本部があるのもおかしな話だが、逆にいうと、それまでは組織らしい組織が社内になかったのだ。

オールスターにも出た川藤は今季で引退した。このシーズンの川藤は、好成績を残している。四九試合に代打で出て、一三安打、打率・二六五。すごいのは、打点とホームランだ。通算の打点は一〇八だが、このシーズンだけで一四、ホームランも自己最多の五本を放ち、通算一六本の三分の一近くを最後の一年に打った。通算成績は七七一試合に出て、九九四打席、八九五打数で、二一一安打、打率・二三六。

前年の補強失敗に懲りて、吉田はこのオフは強気に出た。まずゲイルは解雇し、代わりの外国人投手を求め、キーオを獲得した。トレードでは西武ライオンズの田尾安志（一九五四〜）を獲得、代わりに吉竹春樹とピッチャーの前田耕司を出した。

吉竹はライオンズで一九九五年まで活躍、引退後はタイガースのコーチとして、九七年から二〇〇八年と、二〇一一年から一四年まで務める。

田尾は、大阪出身なのでもともと阪神への入団を希望していたが、ドラフト会議で中日に指名され、一九七六年から八四年まで在籍、スター選手のひとりとなっていた。しかし八四年オフに西武ライオンズへトレードされた。西武は二年だけで田尾を出してしまい、田尾としては念願のタイガースに入れた。

ドラフト会議では六名を指名。全員が入団した。一位指名の法政大学の猪俣隆《いのまたたかし》と、三位指名の三菱自動車水島の八木裕《ひろし》が活躍する。

投手の野村収が現役を引退し、コーチに就任した。米田が退団したので、入れ替わるかたちになった。コーチの入れ替えはこれだけで、「一蓮托生」はまだ続く。

†掛布、バースの不祥事

一九八七シーズンのセ・リーグは、三チームが新人監督になった。八二年に引退していた星野仙一が四〇歳で中日ドラゴンズの監督となり、横浜大洋ホエールズはカープの監督だった古葉竹識、ヤクルトスワローズは関根潤三が監督になった。

パ・リーグはロッテオリオンズの監督に、四一歳の有藤通世が就任した。

一九八七シーズンも、タイガースは戦力的には八五年と大きな増減はない。真弓、バース、掛布、岡田が揃って打てば勝てるはずだと楽観的に見ていたファンは多い。それくらい「八五年の奇跡」は強烈な印象を残していた。しかし「奇跡」は滅多にないから奇跡なのだ。ファンが奇跡に喜ぶのはいいとして、監督・コーチや球団首脳までもが、当分はこのままでいいと思い込んでいた。

だが開幕前に、早くも暗雲がたちこめた。

オープン戦の最中の三月二二日未明、掛布が飲酒運転で現行犯逮捕されたのだ。数時間後に釈放されるものの、「逮捕」の二文字を、マスコミは容赦なく報じた。ミスター・タイガースと持ち上げていたメディアまでが掛布バッシングに興じた。

トレードの噂まで出て、その真偽を問われた久万オーナーは、「欠陥商品である掛布をトレードに出しては、相手球団に失礼である」「野球選手である前に人間失格」と答えた。トレード説を否定したつもりなのだろうが、メディアが飛びついたのは「欠陥商品」という単語だった。

当時は飲酒運転に世間も厳しくなく、すぐに釈放されたが、掛布への久万オーナーの怒りはすさまじかった。阪神電鉄は交通機関なので、そのチームの選手が交通違反をすることは許しがたい出来事だったのだ。掛布は引退後、久万がいる限りは、タイガースの監督どころかコーチにもなれなかったが、これは球団首脳が久万の怒りを忖度していたからとされる。

吉田によると、四月四日の南海ホークスとのオープン戦の前に、掛布が話があると申し入れてきたという。そしてオーナーの「欠陥商品」発言について、「十分に反省して、頑張ろうと思っていたのに、これでは嫌がらせとしか思えません。マスコミを介してではなく、なぜ直接言ってくれなかったのでしょう。こんなことが続くなら、自分はダメになります」というような趣旨のことを言った。

吉田も久万発言については〈総帥としての発言が及ぼす影響力を考慮してほしかった〉と『監督がみた天国と地獄』に記している。さらには、〈社内で話す調子で、マスコミに向けて話したのでは、現場を預かる私としても困る〉と、トップの発言をチェックする機能はどうなっているのかと、電鉄本社の広報体制に疑問を呈している。

この後のタイガース暗黒時代においても、久万オーナーの不用意な発言は、事態をより混迷させることがある。

吉田はこの時から〈掛布から燃えるものが感じられなかった〉と振り返っている。

掛布の飲酒運転の衝撃から五日後の三月二七日、またもタイガースは世間から糾弾された。

バースがスピード違反で検挙されたのだ。主砲二人の相次ぐ不祥事に、球団の管理体制が非難された。

バースはこのシーズンは来日も約束した日より一週間も遅く、どこか緩んでいた。二年連続三冠王で日本を甘く見るようになっていたのかもしれない。

打撃陣の中軸二人がスキャンダルに見舞われる一方、投手陣では、仲田幸司の指導法をめぐって、新任コーチの野村と前年からの新山との間で意見が相違するという事件も起きていた。仲田も困惑するが、チームはコーチ間の対立という新たな火種を抱えることになる。

†四月に八連敗してスタート

一九八七シーズンの開幕は四月一〇日、高校野球も終わっていたので、タイガースは甲子園で開幕を迎えた。相手はヤクルトスワローズ。開幕投手に選ばれたのは、来日したばかりのキーオだった。外国人投手が来日一年目で開幕投手というのは日本プロ野球史上初めてだった。逆にいうと、他の日本人投手が吉田に信頼されていなかった。

マット・キーオは一九五五年生まれで、この年、三二歳。父もメジャーリーガーで一九六八年、南海ホークスで一年だけプレーしたこともある。父子二代の「外人選手」である。一九七七年にメジャーリーガーとなり、低迷していた時期もあったが、八六年まで五球団で活躍した。

通算で五八勝八四敗、防御率四・一七と決していい数字ではないが、来日すると、オープン戦で好調だったので、吉田は開幕投手とした。

開幕試合は、一回にスワローズに一点先制され、四回にも一点、そして七回には三点入れられ、キーオは降板。九回は御子柴進《みこしばすすむ》が二点取られ、打線は一点しか取れず一対七で負けた。

御子柴進は一九六四年生まれで、この年、二三歳。長野県出身で松本工業高校から、八二年のドラフト四位でタイガースに入団した。一年目の八三年と八四年は一軍には二試合しか出られず、八五年も四試合にリリーフしただけだったが、八六年は一四試合に出て、この八七年から、本格的にリリーフ陣の一角をなすようになる。

二試合目は仲田が先発して五対二で負けた。八回と九回にはドラフト一位のルーキー、猪俣が投げて、〇点に抑えた。

猪俣隆も御子柴と同じ一九六四年生まれだった。新潟県出身だが、野球留学で東京の堀越学園に入るも、甲子園大会には出ていない。法政大学に進学し、在籍中、四度の優勝を経験、通算二〇勝七敗、防御率一・八七の成績を残し、八六年のドラフトでタイガースに一位指名された。

一九八七年はタイガースにとって最悪のシーズンとなるが、御子柴と猪俣という新戦力は数少ない光明だった。

第三戦は池田が完投して四対一で勝った。三試合でホームランは田尾の一号だけだった。パースにも掛布にも岡田にも真弓にもホームランは出ていない。

タイガースらしい勝ち方ができたのは、横浜に移っての一四日のホエールズ戦で、ホームランは嶋田宗彦の一本だけだったが、田尾が四安打、バースと岡田が三安打と打線がつながり、投げては先発の中田は四回まで、工藤が二回、中西が二回を投げて、九対二で勝った。ホエールズとの二戦目はキーオーが完投して初勝利。

しかし第三戦は負けて、これで開幕から三勝三敗の五分とした。まだバース、掛布、岡田、真弓からホームランは出ていないが、大砲なしで五分なのだから、彼らに当たりが出れば、今年はいけるのではないかと、この頃はまだ夢と希望があった。

トレードで新加入の田尾は開幕当初は調子がよかったが、やがて不振に陥る。

勝ち越しを狙って、一七日からは名古屋へ乗り込み、ドラゴンズ戦。初戦はルーキー猪俣が先発し六回途中まで二点に抑え、工藤、中西、山本とつないだ。バースにようやく一号ソロが出て、三対二で勝った。これで貯金一。

しかし、このシーズンのタイガースが貯金を持っていたのはこの一日だけだった。翌一八日から五月二日まで二つの引き分けをはさみ、ドラゴンズに二敗、カープに一敗一分、ジャイアンツに二敗、カープに二敗一分、ホエールズに一敗と八連敗した。

打撃陣の不振が敗因である。なかでも深刻なのが掛布だった。コーチ会議では掛布を四番から外してはという意見が出された。二八日は三番・岡田、四番・バース、五番・掛布としてみたが、効果はなかった。コーチ陣のなかでは、一枝が掛布擁護、並木が掛布に批判的になっていた。

好調でも不調でも、タイガースは注目される。並木コーチは不調の掛布について質問され、「顔だけでは打てない」と答え、大きく報じられた。オーナーの「欠陥商品」発言に次いでの掛布叩きとなる。それだけではなかった。吉田が並木発言に対して「失言だ」と言ったため、今度は「監督とコーチが対立」と煽られた。

顔だけでは打てないのは、吉田も同意見だ。四番打者とはチームの不振を一身に背負う立場でもある。それだけの重責であることは掛布も分かっているだろう。だが、オーナーもそうだったが、何もマスコミに言うことはない――と吉田は思い、「そんなことを言うな」という意味で「失言」と言った。

吉田は前回の監督時代を思い出した。あの時も、田淵の守備についてコーチの辻佳紀が記者に向かって批判し、吉田が辻に「外部に向かって言うな」と注意したことで辻との関係が悪化した。歴史は繰り返すのか。

四月は四勝一〇敗二分。二五日に最下位に沈み、二度と浮上できない。

†コーチの職場放棄

五月も最初の試合は落としたが、次の二試合に連勝し、反転攻勢なるかと思われた。しかし、五日の神宮でのスワローズ戦で、この試合で日本にデビューしたホーナーに来日一号を打たれ、六日はホーナーに三連発を食らう。三試合目も落として三連敗。次のドラゴンズ戦も一勝二敗で、ジャイアンツには二連敗、スワローズに一勝一敗として、一九日にカープ戦で勝ったが、二〇日から二九日まで八連敗した。

連敗の最初の試合、二〇日のカープ戦は衝撃の敗戦だった。キーオの先発で初回に一点入れられたが、以後は無失点で八回が終わった時点で、三対一。真弓の二号とバースの六号も出て、九回表にさらに二点を追加して、五対一で快勝かと思われた。しかし完投するかと思われたキーオが九回に崩れて無死満塁とされて降板、緊急事態で準備不足だったのか、中西が打たれ五対四、山本で逃げ切ろうとしたが、二点タイムリーを打たれてサヨナラ負けを喫した。以後、八連敗するのだ。

八敗目は二九日のジャイアンツ戦で、今季、これまでジャイアンツには一試合も勝てず六連敗。二九日も負けて、二〇年ぶりの対ジャイアンツ開幕七連敗という記録になる。

掛布は二九日は三番で出場していたが、打率・一九〇、ホームランは三本と低迷していた。

三〇日はベンチ入りしたものの、六番だと告げられると、「腰痛なのでファームで調整したい」と自ら申し出た。この日は試合には出ず、翌三一日は試合前のウォームアップに出ただけで、帰阪してしまった。掛布が復帰するのは七月三日だった。

五月は七勝一七敗。これで底を打ったかと思われたが、それはあまりにも甘かった。

五月末のジャイアンツ戦は第一戦は落としたが、二連勝して六月を迎えた。だが、いきなり五連敗した。そのさなかの六日、札幌の円山球場でのホエールズ戦が三対六の敗戦に終わると、竹之内コーチが吉田に「選手起用で納得できない」と言ってきた。八回表、無死満塁のチャンスでルーキーの八木と嶋田宗彦にそのまま打たせたことが気に入らない。二人とも凡退していた。竹之内は「ベテランの柏原や田尾を代打で出すべきだった」と言う。

八木裕は一九六五年生まれの二二歳。岡山県出身で県立岡山東商業高校では甲子園へは行けず、社会人野球の三菱自動車水島で活躍し、八六年のドラフトでタイガースに三位で指名されて入団した。打撃よりも守備が評価されており、不調の掛布に代わって三塁手として出場していた。当初は「掛布二世」と呼ばれたが、後に「代打の神様」となる。

竹之内に対し吉田は、「若手の起用は並木コーチとも話して決めたことなので、並木と一緒に改めて来てくれ」と言った。だが、その夜、並木は外出先から宿舎に戻るのが遅く、竹之内と並木、吉田が三人で話すことができなかった。このとき、竹之内ととことん話せばよかったと、吉田は後悔する。

翌日、竹之内は試合開始直前になって、「辞めます」と言って、帰阪してしまった。コーチの「職場放棄」である。

竹之内はライオンズから一九七八年オフの大型トレードでタイガースに入団し、選手としては八二年までの四シーズンで引退したが、その後、八三年と八四年は二軍コーチとしてタイガースに残っていた。吉田体制一年目から一軍コーチになっていたが、これは吉田が抜擢したというより、球団が決めた人事だったようだ。竹之内は岡崎社長との関係がよく、岡崎は冷却期間を置いて、竹之内を復帰させるか二軍コーチに配転しようと考え、吉田にも打診した。しかし吉田はこれを突っぱねた。

これで吉田と岡崎の関係が悪化していく。

竹之内が去った後もチームの負けは続いた。一六日から二一日まで七連敗して、六月は六勝一五敗と大きく負け越した。

七月は三日のジャイアンツ戦から掛布が復帰し、四号を打った。岡田も五号を打ったが、先発のキーオが一回も持たず、六人のピッチャーを投入したが三対六で負けた。この試合を含めて、六月三〇日から七月七日まで六連敗、三連敗が二つあって、一九勝五二敗二分で前半戦を終えて、オールスターを迎えた。

前年三位だったので、吉田はオール・セントラルのコーチとしてベンチに入った。ファン投票ではタイガースの選手はひとりも選ばれず、バース、真弓、中西の三人が監督推薦で選ばれた。

タイガースの勝率は二割六分と打率みたいだった。オールスターのセ・リーグのベンチでは、吉田がいる前で、落合が「このなかに阪神の勝率より低い打率のやつ、いるの」と言って、今季で引退するカープの衣笠が、「おれ」と手を挙げると、大笑いになった。吉田はそんな屈辱にも耐えなければならない。

†ワースト記録

七月のタイガースは三勝一二敗で終わった。

八月は引き分けをはさんでの三連勝があったが三連敗、四連敗、三連敗があり、八勝一三敗三分。

優勝どころかワースト記録を塗り替えるかもしれない事態だったが、死のロードが始まる前、吉田は三好から「土台作りのめどがたつまで監督を続けてほしい」と言われていた。三好の言葉は久万オーナーの言葉だと吉田は解釈した。もともと、土台作りを要請されての五年契約である。むしろ、これだけ負けたことでベテランを整理して、若手の育成に切り替える好機となったとも言える。吉田は三好の言葉を信じ、指揮を執っていく。

だが、あちこちにほころびが生じた。

三好からは来季も頼むと言われているのに、八月下旬、吉田は古谷本部長から「監督の来季は白紙」と言われた。それでいて古谷は、来季の構想はどうなっているのかとも吉田に聞いた。白紙の監督に来季の構想を聞いてどうするのかと、吉田のなかに不信感が芽生える。

一四日からの横浜でのホエールズ三連戦は一分二敗なのだが、そのときに、並木コーチが「もう、やってられないよ」とぼやいたのが、記者によって拡大解釈されて「辞意」と報じられた。タイガースのお家騒動を、マスコミは煽り立て、ちょっとした火種でも大炎上させていく。マスコミの前での言動に気をつけなければならないと分かっているはずなのに、失言が続く。吉田までが記者に向かって、「お前らは、勝手に想像して書いている」とつい言ってしまい、「お前ら」と暴言したと報じられた。

もともと在阪スポーツメディアの中には、村山びいきが多く、この頃には吉田追い落としの機運が高まっていた。といって、村山が指示しているわけではもちろんないし、吉田を退任させた後の展望も誰も持っていない。メディアは無責任に煽っていった。

吉田は死のロードの終わった時点で、覚悟を決めていた。契約は五年で、「土台作り」をするのが本来の任務とはいえ、阪神タイガースという人気球団で、この成績で監督を続けることは難しい。久万・三好ラインがどこまで自分を支えてくれるかも怪しい。吉田としては、自分が辞めれば一蓮托生で他のコーチも辞めることになるので、自分ひとりでは決められないとの思いもあった。美談のようだが、吉田も「一蓮托生」にこだわりすぎていた。米田が辞め、竹之内が職場放棄して去り、並木コーチともギクシャクとなっているのだが、それでも一蓮托生にこだわる。

†密会

九月は前半は三連勝が二回あって、一〇勝一一敗一分としたが、「吉田辞任」とメディアが報じるようになっていく。吉田は一度も辞意は漏らしていないので、吉田に辞めてほしい勢力が捏造してリークしていたのだろう。「日本一監督」は「最下位にした監督」として批判、攻撃、揶揄されるようになっていく。

九月二五日午前一時、吉田と三好は密会した。三好は「本社とフロントの一体化」と「コーチ陣の再検討」を提示した。吉田は一本化は歓迎するが、コーチについては「一蓮托生」にこだわった。

吉田と三好の密会後の九月二六日から一〇月六日まで、タイガースは今季三度目の八連敗をしていた。

三好との密会とは別に、東京遠征中の二六日と二七日に、吉田と岡崎社長、吉田と古谷本部長との個別の会談もなされた。「コーチの指導力と掌握力が問題になっている」と二人はそれぞれ同じことを言い、吉田は「監督を続けさせていただけるなら、現体制で」と、コーチの刷新を拒んだ。

三好とはその後、一〇月一日にも密会したが、話は進まない。二日から四日は神宮でのヤクルト戦だったが、その宿舎では岡崎と古谷と吉田の会談がなされ、岡崎から、吉田が監督を続けるのが前提ではあるが、「反省と対策を聞いた上で、オーナーが判断する」と通告された。

九日が、吉田と三好との最後の密談となった。吉田は「続投の意欲はあるが、コーチを代えるという条件であれば、コーチとともに一蓮托生で辞めたい」と言い、三好は「大事な問題が議論されず、コーチ問題だけがいやにクローズアップされた感があるが、今までの経緯からいって仕方がないと思う。オーナーに報告するので、追ってのお沙汰を待ってほしい」と告げた。

三好は、吉田があまりにもコーチとの「一蓮托生」にこだわるのに、当惑している。最下位なのだから、誰かが首を差し出さなければファンもマスコミも納得しない。吉田を守るためにはコーチの刷新しかない。吉田もそれは分かっているが、意地になっているとしか思えない。

翌一〇月一〇日が今季最終戦だった。甲子園でのホエールズ戦は、最下位チームだというの

順位	チーム	試合数	勝	負	引分	勝率	ゲーム差	本塁打	打率	防御率	得点	失点
1	読売ジャイアンツ	130	76	43	11	.679	–	159	.281	3.06	608	447
2	中日ドラゴンズ	130	68	51	11	.571	8.0	168	.265	3.64	571	492
3	広島東洋カープ	130	65	55	10	.542	11.5	143	.268	3.14	549	450
4	ヤクルトスワローズ	130	58	64	8	.475	19.5	159	.260	4.51	553	637
5	横浜大洋ホエールズ	130	56	68	6	.452	22.5	113	.259	4.26	516	601
6	阪神タイガース	130	41	83	6	.331	37.5	140	.242	4.36	437	607

1987年　セ・リーグ順位表

に、三万人の観客が来てくれた。この試合はどうにか勝ったが、吉田が球団首脳と会談を繰り返していた一〇月は、二勝五敗だった。

結局、一九八七シーズンの阪神タイガースは四一勝八三敗六分、勝率・三三一で終わり、一九七八年以来の最下位となった。優勝したのは、王監督になって四年目のジャイアンツで七六勝四三敗一一分で、タイガースとのゲーム差は三七・五。

初の最下位となった一九七八年は四一勝八〇敗九分で、勝率・三三九、首位とのゲーム差三〇・五だったので、一九八七年は勝ち数こそ同じだったが、それ以上に低い、球団ワースト記録となった。

入場者数も下がり、二一二万九〇〇〇人だった。

掛布は二軍に落ちたこともあり、一〇六試合の出場で、打率・二二七、打点四五、本塁打一二。最悪だった前年よりはましだが、四番として誇れる数字ではない。

岡田は一三〇試合に出て、打率・二五五、打点五八、本塁打一四。

バースは不振だったとはいえ、一二三試合に出て、打率・三二〇、打点七九、本塁打三七と、掛布や岡田ほどは数字は落としていない。

真弓は一一九試合に出て、打率・二七〇、打点五三、本塁打二三だった。チーム打率は・二四二、得点は四三七とリーグ最下位、かろうじてホームランは一四〇本でリーグ五位だった。

四一勝八三敗なので、投手陣は負け数の方が多い。キーオが一一勝一四敗で最多勝利、仲田が八勝一一敗、池田が五勝一三敗、工藤が三勝九敗と、先発陣は負けのほうが多くなり、中西も六勝八敗一四セーブ、山本も二勝一敗九セーブに終わった。

チーム防御率は四・三六、失点六〇七はともにリーグ五位で、完投数一五は最下位だ。打ち勝っていたチームが打てなくなった。これでは勝てない。

奇跡の優勝からの天国二年にして、吉田義男は地獄を味わう。

†一九八七年オフ

一〇日の最終戦が終わり、一日置いた一二日、梅田の阪神電鉄本社で、朝九時から阪神球団の緊急役員会が開かれた。議題は監督をどうするかだった。吉田は自宅で待機するよう指示されていた。当初、昼頃には結論が出るとのことだったが、夕方五時半頃までかかった。吉田続投を主張するのは、前オーナーの田中隆造と、現オーナーの久万だった。吉田解任派は岡崎社長である。結局、現場を預かる岡崎の主張が通った。

球団の古谷本部長からの電話で、吉田は球団事務所へ来るよう指示された。その電話での会話は事務的なものだったので、続投しろという結論なのか辞めろという結論なのかは、分からなかった。

球団事務所は甲子園球場内にある。外野スタンドの左中間の下あたりだ。多くのマスコミが出迎えた。吉田は社長室に通され、岡崎社長と二人だけで会った。

岡崎は「今シーズンの不振は現場だけが背負うべきものではない。フロントを含めての責任だ。来年は何としても、この汚名をそそがなければならない」と言った。この文脈からすると、続投しろということかなと、吉田は思った。

岡崎は続けた。「いろいろ考えた結果、君には身を引いてもらうことにした」

さらに、「世間体もあるし、将来のこともあるから、辞任ということにしてはどうか」と切り出した。しかし吉田は「解任でけっこうです」と辞任を拒んだ。

岡崎としては、辞任を拒まれては、解任するしかない。功労を称えるつもりなのか、吉田の現役時代の背番号23を永久欠番とすることも決まった。吉田は追われるように現役を引退したので、引退時は永久欠番の話は出なかった。もし23を永久欠番にするのなら、現役引退時にするべきだし、もし日本一監督としての功労に報いるためならば、監督時代の81を永久欠番にすべきだろう。唐突な申し出には吉田も苦笑するしかなかった。

記者会見となり、吉田の解任が発表されたが、この時も岡崎の説明は前置きが長く、留任なのか解任なのか、記者たちにはなかなか分からなかった。

記者会見が終わり、吉田が自宅へ帰ると、コーチたちが集まってきた。みな事情は分かっており、一緒に辞めることになった。実際、一枝は球団から新監督の下でコーチを続けてくれと言われたが、断る。

これはこれで美談であるし、筋が通っている。しかし、チーム事情をよく知っているコーチがいなくなってしまうので、後任の監督は苦労する。

さて、その後任は誰か。最下位チームを引き受けてくれるような酔狂な男はいるのだろうか。いるとしたら、よほど阪神タイガースに愛着がある者である。

岡崎が白羽の矢を立てたのは、村山実だった。間に使者も立てず、打診もせず、岡崎は村山に電話をかけると、いきなり、「ムラ、頼むわ」と言った。

村山にはそれで十分だった。報酬の条件も、任期も、方針も何も確認せず、まさに二つ返事で監督を引き受けてしまった。

吉田解任から四日後の一六日、村山の監督就任が発表された。村山は、タイガース再建のため、江夏、田淵、藤田平をコーチとして呼びたいと、球団の内諾も取らず、当人たちへの打診もせずに、いきなりぶち上げた。タイガース愛があれば必ず彼らは戻ってくる。村山はそう信じていた。

この年の日本シリーズは二五日からで、王のジャイアンツと森のライオンズの対戦となり、ライオンズが勝った。二人とも川上哲治の育てた選手である。とくに森はその管理野球の申し子だった。広岡が海軍的な開明な管理野球だったとしたら、森のは内務省的な陰湿な管理野球だった。広岡は管理もするが田淵を使いこなしたように、放任すべきところは放任した。だが、森は徹底的に管理し、その野球は「強いが、つまらない」。

強くて面白い、一九八五年のタイガースは、過去のものとなりつつあった。

第5章

泥だらけの11番——一九八八、八九年

†帰ってきた背番号11

史上、「ミスター・タイガース」の称号で呼ばれたのは、四人しかいない。藤村富美男（一九一六〜九二）、村山実（一九三六〜九八）、田淵幸一（一九四六〜）、掛布雅之（一九五五〜）である。「ミスター・ジャイアンツ」が長嶋茂雄だけなのは、それだけ長嶋の存在が大きいとも言えるが、ジャイアンツに人材がいないからでもある。

「ミスター・タイガース」は阪神球団がオフィシャルに定めたものではなく、ファンが「この選手はミスター・タイガースだ」と認めることで決まる。そのため、田淵、掛布には異を唱える人もいるし、四人以外にも、「ミスター・タイガース」だと一時的に呼ばれた選手は何人もいる。

一方、阪神球団が、その背番号を永久欠番と定めたのは、藤村の10、村山の11、吉田の23し

かない。つまり、誰もが認めるミスター・タイガースは藤村と村山の二人となる。
その背番号11が復活した。吉田は現役時代は23、最初の監督時代は1、八五年から八七年は81と、それぞれ異なる番号だったが、村山は最初の監督時代は選手兼任だったので11のままだった。そして二度目の監督でも、11を選ぶのだ。永久欠番のはずだが、当人が付けるのだから問題はないとされた。

歴代四人のミスター・タイガースのなかで、村山は唯一の投手である。一九三六年生まれ、兵庫県出身で関西六大学リーグの関西大学で活躍し、一九五九年からタイガースで投げ、その一年目に、歴史に残るジャイアンツとの天覧試合があり、長嶋にサヨナラホームランを打たれた。一九六二年と六四年の優勝では投手陣の柱だった。

村山が監督になった一九七〇年は、南海ホークスの野村克也（一九三五〜）、西鉄ライオンズの稲尾和久（一九三七〜二〇〇七）が選手兼任監督となった年で、三〇代の青年監督が多く誕生した。川上哲治に代表される戦前から選手だった世代が退場していく世代交代期で、村山はその先頭に立ち、最初に挫折した。

監督一年目の一九七〇年は七七勝四九敗四分で、ジャイアンツに二ゲーム差の二位だった。村山自身も投手として二五試合に登板し、一四勝三敗、防御率、なんと〇・九八という記録を残した。七一年は村山自身が血行障害などに苦しみ、江夏も不調で、五七勝六四敗九分で五位、首位ジャイアンツとは一二・五ゲーム差に終わった。村山自身も一九試合にしか登板できず、七勝五敗に終わっている。このままでは選手・村山の寿命も長くはない。

一九七二シーズンを迎えるに当たり、村山は先輩で監督経験者でもある金田正泰(一九二〇〜九二)をヘッドコーチに招聘した。ところが、シーズンが始まると、開幕から四連敗となり、村山はしばらく投手に専念することになり、金田が監督代行となった。非常時の臨時体制のはずだったが、期間も定めなかったことで、村山の苦悩が始まる。

チームの成績が上向いたため、金田監督代行のままでいいとなり、村山が監督に復帰することなくペナントレースは終わり、七一勝五六敗三分と前シーズンよりかなり上向き、来季も金田監督でいいとの雰囲気となってしまった。投手に専念したのに、村山の成績は二二試合に登板して四勝六敗、防御率三・六一に終わった。

当時のオーナーは野田誠三(一八九五〜一九七八)で、村山びいきだったが、高齢で病に倒れ体調を崩しており、影響力を喪っていた。タイガースの人事の実権は電鉄本社専務の田中隆造が握っていた。田中は吉田派だったので、村山を切ることに躊躇《ためら》いはない。村山は監督を辞任し、投手としても引退した。

ただひとりの投手のミスター・タイガース、村山実の一四年にわたる現役生活での通算成績は五〇九試合に登板、うち先発は三四八、二二二勝一四七敗、防御率二・〇九。

一九七三年春のオープン戦で、村山の引退試合が行なわれ、その直前の肩慣らしのキャッチボールの相手をしたのが少年時代の岡田彰布だったことはすでに記した。

引退後の村山は阪神球団とは関わりを持たず、スポーツ用品会社SSKのサラリーマンとなり、七六年にはスポーツ用品販売会社を設立し経営者となった。そのかたわら、野球解説者としてテレビや新聞で活躍していた。

会社は設立から一〇年が過ぎて軌道に乗っていたので、経営は他の者に任せ、村山は満を持して一五年ぶりに、タイガース監督に復帰したのだ。投手との兼任ではないので監督に専念できるはずだった。

†実現しないコーチ人事

監督就任が決まると、村山は吉田の自宅を表敬訪問した。そして吉田が掲げていた「3F」、フレッシュ・マインド、ファイティング・スピリッツ、フォア・ザ・チームを継承させてくれと言い、吉田の了承を得た。

二人の内面は分からない。現役時代から不仲説が伝えられていたが、それぞれの取り巻きができたため、距離が生じただけで、いがみ合っていたわけではなさそうだ。と言って、毎晩一緒に飲み歩くような親しい関係でもない。

村山としては、吉田邸訪問は、タイガースOBが一丸となってこの危機を乗り越えるとアピールする狙いもあっただろう。しかし就任会見で村山がぶち上げた、江夏、田淵、藤田平という往年の名選手たちをコーチとして招聘する案は、何ひとつ実現しなかった。

プロ野球の監督・コーチは「内閣」と称されることもある。しかし、内閣総理大臣には大臣の任命権があるが、監督にはコーチの任命権はない。任命し契約するのは球団で、監督としては希望を言うことしかできない。もちろん、就任に当たって、「この人をコーチに」というのを条件とすることはできる。しかし、村山は、岡崎からの就任要請を無条件で引き受け、その後の就任会見で何の根回しもなく、江夏、田淵、藤田にコーチになってもらうと言っただけなのだ。

村山としては、受諾した瞬間から考えていたことなのかもしれないが、誰もが、その場の思いつきと受け取り、新聞は飛びついて見出しにしたが、このコーチ人事が実現すると思った記者はいなかっただろう。江夏も田淵も、トレードという形ではあったが、誰の目にもタイガースが追い出した選手である。そう簡単には戻れない。

村山は東京へ行き、公開の場で田淵に就任要請までしたが、引き受けてもらえなかった。田淵は、村山の熱意は信じたが、球団が自分を求めていないと感じていたし、それは江夏も同じだった。かくして、マスコミのネタとしては注目を集めたが、江夏と田淵、藤田という元スター選手たちのコーチ就任は、ひとつも実現しなかった。

就任直後のコーチ人事の迷走から、村山の悲劇の第二幕が始まっていた。

ヘッドコーチに就任したのは、村山よりも年長のOB・田宮謙次郎（一九二八〜二〇一〇）だった。この人事については、吉田解任が決まった直後、村山の監督就任が発表される前に球団によって決まっていたという説と、村山の要望で呼んだという説があり、資料によって食い違いがある。「真相を明かす」系の資料では前者となっている。

田宮は一九四九年に入団し、当初はピッチャーとして活躍していたが、一九五二シーズン途中から、肩の故障で投げられなくなり、外野手に転じた。五四年に野手としてレギュラーの座を確保し、打率も三割を超えた。五八年のオフ、当時あった「一〇年選手制度」といういまのFAのような権利を行使して、大毎オリオンズへ移籍、六三年に引退した。

引退後、田宮は解説者、中日ドラゴンズの一軍打撃コーチ、東映フライヤーズのヘッドコーチと監督をした。また、アメリカへコーチの勉強をしに行ったこともある。

田宮はオリオンズへ移籍したが、選手としてはタイガース時代のほうが長く、八四年からはタイガースのOB会会長となっていた。そして、吉田解任騒動で揺れるなか、ヘッドコーチに就任したのである。タイガースのユニフォームを着るのは五八年以来だった。

かつて村山監督三年目の一九七二年は、村山の投手兼任での負担軽減のため、監督経験者の金田正泰をヘッドコーチに招聘し、それが二頭体制となり、金田が監督代行、村山は指揮権剝奪となったが、それが再現される危惧もあった。

さらに、村山の知らないところで決まったのが、二軍監督だった中村勝広の一軍・守備・走塁コーチ就任だった。

岡崎球団社長は、村山とは親しいのだが、村山を支える気はなかったとしか思えない。数年のつなぎ、土台作りさえしてくれればいいと考えていたようだ。球団の既定方針は、吉田には五年で土台作りをしてもらい、次は中村勝広を監督にというものだったのだ。

阪神球団は、慶應義塾大学卒業の安藤統男のように、スター選手ではないが有名大学を出たエリートを好み、指導者にしたがる傾向がある。安藤の次にそのポジションにあったのが中村だった。その次がスター性もある早稲田出身の岡田である。

中村は一九四九年生まれで、千葉県の出身。高校時代は甲子園へは行けなかったが、早稲田大学に進学し、東京六大学野球で活躍した。一塁手、あるいは二塁手として通算五二試合に出て、打率・二九七、三三打点、本塁打四という成績だった。主将も務めたことがあり、これが電鉄首脳に気に入られた理由のひとつだ。つまり、組織型人間であると、見做された。一九七一年のドラフト会議でタイガースに二位で指名されて入団した。同年に一位だったのが山本和行、三位が望月充で、ドラフト上位指名で入団した選手の活躍率が高い年だった。

中村が入団した時の二塁には安藤統男と野田征稔（一九四一〜）がいた。中村は一年目の開幕戦から出て先輩二人と競い、三年目の七四年には二塁のレギュラーの座を摑んだ。打撃よりも守備で貢献したところも、安藤に似ている。七九年に真弓が入りショートを守ったため、ショートの榊原良行が二塁に移り、中村の出場機会は減った。翌八〇年は早稲田の後輩である岡田が入団したこともあり、コーチ兼任となった。

八一年のオフ、西武ライオンズの監督に広岡が就任すると、右の代打として使えるとして、トレードの申し込みがあった。中村を将来の監督候補と考えていた球団も、広岡のもとで中村を修業させるのはいいかもしれないと一時はこのトレードに乗り気になったが、結局、実現しなかった。中村はタイガースに残り、八二年で現役を引退した。

引退しても、中村はタイガースのユニフォームは脱がなかった。一九八三年から八七年まで二軍監督を務めたのだ。次は一軍の実戦を経験させるため、球団は、村山の意向は考えずに、中村を一軍の守備・走塁コーチとした。

一方、村山は、吉田の参謀でありチーム事情に詳しい一枝に、コーチとして残ってくれと頼んでいたが、固辞された。

一九八七年オフの補強は、ドラフトでは六人を指名し獲得した。活躍するのは、一位の野田浩司と三位の山田勝彦の二人だ。

野田は一九六八年生まれ、熊本県出身で、県立多良木高校に進学した。甲子園には出ていない。卒業後は社会人野球の九州産交に進んだが、野球部が廃止されたため、入社二年目の八七年のドラフトの対象となり、タイガースが一位で指名した。

山田は一九六九年生まれで、愛知県出身。中学時代は陸上部で、ジュニアオリンピックに投擲種目で出場した経験もある。東邦高校に進学し、野球部では最初は投手だったが捕手に転じ、八六年の春の甲子園に出場した。ドラフトでは三位でタイガースに指名された。

トレードでは、藤原仁を出し日本ハムから岡部憲章投手が入った。どちらも低迷していた選手である。

最下位、監督交代という危機的状況にありながら、球団は、たとえば、七八年の田淵と真弓たちとの大型レードのような大きな補強はしなかった。フロントは村山のもとで優勝させようとは考えていない。中村がやりやすいように土台を作ってくれればいい。

†少年隊

オープン戦は調整のためのものだから、勝利至上主義で挑むものではない。とはいえ勝ったほうが選手の士気も上がる。それなのに、八八年のオープン戦、タイガースは一六試合を闘い、三勝一〇敗三分の成績に終わった。最下位である。

監督が交代し、チームが明るくなったのは、最初だけだった。村山は選手たちとも積極的に対話し、その熱意を伝えた。だが、キャンプとオープン戦が進むにつれて、選手たちの間から、村山のやり方への疑問と反感が出てきた。オープン戦第一戦に負けると、罰則として長いランニングをやらせるなど、精神主義的な練習について、バースは日記に〈ハードなランニングをしたからといって、われわれが上達するというのか。まったく、バカな話である。〉と記している。他の選手も同じ思いだったろう。

投手出身の監督というので、とくに投手陣は、自分たちの気持ちを分かってくれるだろうと期待した。しかし、村山はじっくり話し合いもせずに、先発、中継ぎ、抑えを決めてしまった。それがうまくいけばいいが、そうならないので不満が鬱積していく。

そのオープン戦の最中の三月一六日、バースの息子が病気となり、一時帰国した。この時は二三日に日本に戻り、チームと合流した。

この春、後楽園球場に代わり、東京ドームがオープンした。

開幕カードは広島でのカープ戦で、四月八日からの三連戦。タイガースの先発メンバーは、一番・センター・大野久、二番・ショート・和田豊、三番・サード・掛布雅之、四番・ファースト・ランディ・バース、五番・セカンド・岡田彰布、六番・ライト・真弓明信、七番・レフト・中野佐資、八番・キャッチャー・嶋田宗彦、九番・ピッチャー・仲田幸司という顔ぶれだった。八五年のメンバーで残っているのは、掛布、バース、岡田、真弓の四人だけで、大胆に若返らせた。

大野久（一九六〇〜）は取手第二高校、東洋大学、日産自動車を経て八四年のドラフトで入ったプロ四年目の選手だ。前年は八二試合に出て、打率・二三二、打点八、本塁打〇。

和田豊（一九六二〜）は我孫子高校、日本大学を経て八四年のドラフトで入り、四年目。前年は掛布の負傷もあって五四試合に出て、打率・二四五、打点二、本塁打一という成績。

中野佐資（一九六三〜）は国学院栃木高校、三菱重工横浜を経て、八五年のドラフトで入り、三年目。最初の二年間に一〇試合しか出ていない。

当時、ジャニーズ事務所の三人組のアイドルグループ、少年隊の人気があったので、この三人を村山はタイガースの「少年隊」と名付けてアピールした。

村山は三人のバッティング投手まで務める熱心さだった。三人ともその後も活躍するので、村山の抜擢は間違ってはいなかったことになる。ただ、若手の抜擢は、当然、中堅・ベテランの反発も買うので、チーム内はぎくしゃくする。勝っていれば、そんな不満は霧散するのだが、はたしてどうなるか。

カープとの三連戦は三連敗に終わった。第一戦は仲田が三点に抑えて完投したが、打線がカープの北別府学の前に沈黙し散発の三安打のみ。第二戦はキーオが先発し、二点に抑えて完投。

しかし五安打したものの一点も取れなかった。

第三戦は両チームとも八安打なのに、一対四で負ける。クリーンアップからは一度もホームランの快音が聞かれない。遠山が先発し五回途中に降板、中田、佐藤、野田、山本、岡部とつないで以後は無得点だったので、少し光明は見えてきた。

次は甲子園でのジャイアンツ戦だ。一二日が雨で中止となり、一三日が第一戦となった。甲子園球場には四万五〇〇〇人の観客が集まったが、タイガースは二対六で負けた。先発は仲田で、初回に二失点、六回にも一失点して降板、野田、山本、池田とつなぐが、七、八、九回に一点ずつ追加され、打線は槙原、水野のリレーに二点しか取れず、開幕四連敗となった。

†涙の初勝利

一四日はキーオが先発した。一回裏にジャイアンツ先発の桑田真澄から二点取り、同点にされたが、五回裏にも二点取って桑田を降板させた。追加点も入れて、キーオはジャイアンツ打線にホームラン二本を打たれながらも、三点に抑えて完投、七対三で勝った。打のヒーローは少年隊の中野だった。五回裏、一死満塁からタイムリー、六回にも二死満塁からタイムリーと、五打数三安打三打点。

試合後、勝利監督の村山は記者に囲まれ、質問に答えていたが、途中で感極まって号泣、インタビューが中断する一幕もあった。一勝しただけで泣く監督など前代未聞、激情家の村山ならではであった。絵になるのでマスコミは喜ぶが、はたして選手たちはどうだったか。

一四日のジャイアンツ戦はキーオが完投、一五日のホエールズ戦は伊藤文隆が完投し、真弓に一号と二号が出て連勝、一六日にも真弓の三号が出たが九回裏に逆転された。しかし一七日のホエールズ戦から二一日のドラゴンズ戦まで四連勝し六勝五敗と勝ち越した。二一日に先発した伊藤は、前回同様に調子がよく、毎回奪三振で完封、バースも第一号がようやく出た。

しかし次のカープ戦に三連敗し、カープには開幕から六連敗となる。一方、次のホエールズ戦は三連勝と、まったくダメなわけではなかった。

大敗したのが三〇日の神宮球場でのスワローズ戦で、少年隊の大野が一号を打って、チーム全体で七安打だったが三点に終わり、投手陣は先発した仲田が三回途中で降板し、合計六人を注ぎ込んだが、一七安打され一二失点。バースは日記に〈とにかく村山監督がすべてを台無しにしてしまった〉と記した。試合後、バースは真弓、岡田、掛布、そして川藤と銀座で飲み、選手の扱い方がなっていないという村山監督批判で盛り上がった。

投手陣からの不満も高まっていた。村山がすぐに投手を交代させるからだった。信用されていないと感じ、監督への不信感が高まる。

村山は自身が天才なので、そうでない選手の気持ちが分からない。スターで天才だった選手が監督に向かないパターンそのものだった。

翌日もスワローズに負け、選手会のミーティングでバースが「監督は勝つ意志がない」と言うと岡田も同意見で、監督は来年はクビだろうとみんなで盛り上がった。

反村山で一致団結したせいか、五月三日からの東京ドームでのジャイアンツ戦は三連勝した。移動日なしで、六日から甲子園でスワローズ戦だったが、その試合前の練習中に田宮ヘッドコーチが右足太腿に肉離れを起こし、しばらく治療に専念すると発表された。

六日のスワローズ戦に姿を見せなかったのは田宮だけではなかった。バースもいなかった。息子のザックが「眼がおかしい」と言うので病院へ連れて行き、頭部CT、MRIなどの検査をして脳腫瘍と診断された。脳内には水も溜まっていた。手術が必要だが、この状態でアメリカまで連れて行くのはリスクが高いと言われ、神戸大学病院へ入院した。七日に脳内の水分を取り出す手術をした。ザックは元気だった。脳腫瘍の権威がアメリカ西海岸にいるというので、バースは連れて行くことを決断した。

バースがいない間、タイガースは六日は負け、七日は雨で中止、八日は勝ち、一〇日からのドラゴンズ戦は一敗一分だった。

バースは球団に「息子を連れてアメリカへ一時帰国したい」と申し出て、一三日に岡崎社長と古谷本部長と会って、五週間後の六月一七日までに帰るという契約書にサインして、帰国した。村山も子供の病気ならばと、理解を示した。

タイガースは一三日と一四日のカープ戦は連敗した。しかし、五月二二日から二八日まででは六連勝して、五月が終わった時点では二〇勝一九敗一分と勝ち越し、首位カープとは二・五ゲーム差の三位だった。

†バース解雇

六連勝した翌日、五月二九日から六月一二日まで二週間にわたり、タイガースは勝てず、八連敗した。勝率も順位も下がっていく。

選手たちもファンもバースが帰ってくれば、と期待するしかなかった。

八連敗の最中の六月一〇日、阪神球団の定例の株主総会と取締役会が開かれた。株主総会といっても上場しているわけではないので、電鉄本社の役員が出席する会議だ。この場で、岡崎義人球団社長の退任が決議された。突然の解任劇だった。定例の株主総会が六月とはいえ、これまでの球団社長の交代はシーズン終了後だった。岡崎の後任の社長には電鉄本社副社長の見《み》掛道夫《かけみちお》（一九二一〜二〇一〇）が就任した。久万オーナーの腹心のひとりである。この突然の退任は、久万は吉田を留任させるつもりだったのに、岡崎が解任を主張した前年オフの監督交代劇の意趣返しではないかと解釈された。

後任の見掛は野球に詳しいわけではなく、また健康面での不安もあったので、古谷本部長が、岡崎が兼任していた球団代表も兼ねて、見掛を支えることになった。

岡崎退任で、村山は後ろ楯を失くす。さらに追い打ちをかけて、六月一五日、治療に専念していた田宮ヘッドコーチが辞任した。「快復が遅く、現場復帰する自信がない」というのが表向きの理由だが、村山との関係が早くも悪化していたのだ。

バースは一七日を過ぎても帰ってこない。ザックの容態が安定しないのだ。最初は子供の病気だからと理解を示していた村山だったが、チームの負けが続くと、イライラしてくる。バースが帰ってくれればとの思いは、帰ってこないことへの苛立ちになり、フロントに「まだか」「帰ってくる気がないんじゃないか」などと当たり散らした。

バースは六月二一日に、球団の通訳に電話で「七月二三日までの帰国の延長」を願い出た。しかし、「そんなに待てない」との返事なので、「七月四日に検査があるので、それを見届けて五日に帰る」とバースは回答した。通訳は、「では二五日に改めて電話をする」と答えた。バースはタイガースを辞める気はなかったし、日本で野球を続けるつもりだった。

球団でバース問題を担当するのは古谷本部長である。古谷には電鉄本社からも、早く呼び戻せとの声が届いていた。そしてついに、久万オーナーの鶴の一声が発せられた。「クビにしろ」と言う。

球団の公式史『阪神タイガース　昭和のあゆみ』にはこうある。

〈チームは低迷し早急に戦力の立て直しを迫られていた。そこでバースの戦列復帰を含めて、さまざまな角度から検討を加えた。諸般の事情を勘案するとバースは長期間戦列を離れた。したがって、たとえ復帰しても即戦力としてゲームに臨める状態ではない。さらにバースが現在おかれている状況からして、戦列の復帰を強いるに忍びないものがあると判断、球団としてはやむを得ずバースの選手契約を解除した。〉

解除したのは六月二七日、と球団史にはある。『バースの日記』によれば、アメリカ西海岸時間の二七日午前四時に、電話で解雇を通達された。日本時間の夜九時に球団は記者会見してバースの退団を伝えた。

ここから混迷していく。球団とバースの契約では、家族が病気になった場合、治療費は球団が負担することになっていた。ところが、そんな重篤な病気になるとは予想していない球団は、そのための保険に入っていなかったらしい。そこで、支払いを拒否しようとする。バースはこれに抵抗、弁護士を通しての係争になってしまう。

訴訟を避けたい球団が折れて、バースには功労金を払うことなどで和解する。このことについて球団史は〈球団はこれまでにバースが残した数々の貢献度も配慮し、解除の条件について双方が誠意をもって話しあった結果、円満に解決の運びにこぎつけたのは、九月二七日であった。〉ときれいにまとめている。それでも、三か月を要したことは隠せない。

バースのタイガースでの通算成績は、一九八三年から八八年まで六シーズンで、六一四試合に出て、打率・三三七、打点四八六、ホームラン二〇二という数字だった。

優勝に大いに貢献したこともあり、いまもなお「史上最強の助っ人外人」とされる。

バースが欠けただけではなかった。このシーズンのタイガースは故障者が続出した。野手では真弓がぎっくり腰となった。投手が壊滅的で、伊藤文隆は右膝の靱帯損傷、仲田は左肩痛、猪俣は右大腿二頭筋肉離れ、工藤は右肘痛と次々と投げられなくなる。村山は球団にトレードを頼み、五月に近鉄から久保康生《やすお》(一九五八〜)を獲得した。

久保は福岡県出身で、真弓と同じ柳川商業高校に進み、二年の春と三年の夏に甲子園に出た。七六年のドラフト会議で近鉄バファローズに指名されて入団し、四年目の八〇年から先発ローテーション入りしたが、八四年からはリリーフが多く、八七年は一二試合に出て先発は三試合、〇勝二敗一セーブだった。タイガースの交換要員は八三年に入団した中谷忠己《なかたにただみ》(一九六五〜)だった。

他にシーズン中のトレードでは、ライオンズとの間で、北村照文を出して、金森永時《えいじ》(一九五七〜)を獲得した。

金森は石川県出身だがPL学園に入り、夏の甲子園に出場、早稲田大学に進学し、社会人野球のプリンスホテルを経て、八一年のドラフト会議で西武ライオンズに入った。タイガースが優勝した八五年は金森にとっても最も成績のよかった年で、一二九試合に出て打率・三一二、打点五五、本塁打一二、日本シリーズにも出ていた。

†掛布引退

六月の成績は五勝一三敗と大きく負け越し五位に落ちていた。首位はカープに代わりジャイアンツで、六・五ゲーム差。ジャイアンツとカープは〇・五ゲーム差だったが、星野仙一が率いる中日ドラゴンズが追い上げ、ジャイアンツに一ゲーム差としていた。

バース解雇から二週間ほど過ぎた七月一四日、掛布が登録抹消となった。一二日のカープ戦には出ていたが、一三日は出ていない。この七月一二日時点で打率・二五三、本塁打五本という不本意な成績だった。

二軍で調整すると発表され、実際、そうなるのだが、掛布は村山に引退すると伝えていた。身体がボロボロだったのも事実だが、村山との関係が悪化し、一緒にやっていられないというのが本音だったとも伝えられる。

こうしてバース、掛布の二人が相次いでいなくなってしまった。

さらに衝撃がタイガースを襲う。七月一九日から東京ドームでジャイアンツとの三連戦だったので、前日の一八日にチームは上京し、サテライトホテル後楽園に泊まっていた。しかし、いつもは同行する古谷代表兼本部長は、一八日夕方からのオーナー会議に久万の代理で出席すると、近くのホテルニューオータニに宿泊していた。

そして一九日未明、古谷は非常階段から身を投げ、自殺した。

バース問題などでの心労が重なっていたためと思われたが、真実は分からない。その夜、オーナー会議でのことを見掛社長に報告したときは、いつもと変わらなかったというし、サテライトホテルに電話をして村山と翌日面談することも決めていたので、発作的なものと思われる。午前〇時に、自宅に電話し、妻に「さようなら」と言ったのが、確認できる最後の言葉だった。

古谷の球団葬は八月一日で、友人代表が球団や電鉄関係者がいるのを分かった上で、弔辞で「君は、本社と現場との板挟みになり、ついに死に追い込まれた。君は犠牲者だ」と述べた。

バース解雇と同時に、球団は新外国人獲得に動き、七月にルパート・ジョーンズが入団した。ジョーンズは一九五五年生まれで、この年三三歳。一九七六年からメジャーリーグで活躍し、一三年目だった。これまでに一四七本の本塁打を打っていた。日本でのデビューは七月二九日になる。

七月は六月よりは上向いて、七勝一一敗だったが、順位は落ちて六位に転落した。ドラゴンズが首位となり、それを一ゲーム差でジャイアンツが追い、カープもドラゴンズとは一・五ゲーム差。この三チームが優勝争いに残っていた。タイガースとドラゴンズのゲーム差は一〇。ジョーンズが加入しても、状況は大きく変わらない。八月も八勝一六敗一分、九月も七勝一〇敗、一〇月も四勝八敗と負け越しが続き、最終的には五一勝七七敗二分と、前年よりは勝ち数は増やしたが、二年連続最下位に沈んだ。

これまでも最下位はあったが、二年連続は球団史上初だった。

掛布はシーズン途中の九月一四日に現役引退を発表、甲子園での最終戦の一〇月一〇日が引退試合となった。ヤクルトとの試合で消化試合だったが、掛布を見ようと五万人もの観客が集まった。掛布は先発出場し、通算三四九となっていたホームランを三五〇にするかと期待されたが、三打数〇安打、最後の打席は四球を選ぶという、実直な掛布らしい打席となった。これで掛布が選んだ四球は敬遠七四を含めて通算八一九となった。

ミスター・タイガースと呼ばれた選手の引退だったが、本人がセレモニーを断ったので五万人の観衆に手を振り、グラウンドを一周しただけだった。

掛布は一五年間の選手生活で、通算一六二五試合、六五七四打席、五六七三打数、打率・二九二、打点一〇一九、本塁打三四九という数字を残した。本塁打王は、一九七九、八二、八四年の三回、一九八二年は打点王、八一年と八二年は最多出塁数というタイトルを取り、ベストナイン七回、ダイヤモンドグラブ賞六回、オールスターゲーム出場一〇回。

ミスター・タイガースと呼ぶにふさわしい数字を残した。

†自粛、昭和の終わりへ

九月一九日、昭和天皇が大量吐血し、重体と発表された。前年に歴代天皇として初の手術をしたが快復し、公務に復帰していたので、国民は驚いた。八月一五日の全国戦没者追悼式が最後の公式行事への出席だった。倒れた前日の一八日に、大相撲九月場所を観戦する予定だったが、高熱を理由に中止していたのが、前触れではあった。

相撲はよく見に行っていた昭和天皇だが、プロ野球は一九五九年の一回、いわゆる「天覧試合」だけだった。

九月一九日以降、日本は「自粛」ムードに包まれた。「その日」が来たら「歌舞音曲」は中止になるのではないかとささやかれたが、その法的根拠はない。

その自粛ムードのなか、セ・リーグでは監督就任二年目の星野仙一が率いる中日ドラゴンズが優勝した。パ・リーグは西武ライオンズが四連覇、森監督としては三連覇となった。

ライオンズの優勝が決まったのは一〇月一九日で、近鉄バファローズがロッテオリオンズとのダブルヘッダーで二連勝したら逆転優勝という状況になっていた。バファローズは第一戦は逆転勝ちしたが、第二戦は同点のまま延長になり、時間切れで引き分け、ライオンズの優勝が決まった。

日本シリーズはまたも西武の圧勝だった。

昭和が終わろうとしているなか、パ・リーグでは老舗の二球団が身売りした。まず九月一四日に、南海ホークスがダイエーに身売りすると発表された。続いて、近鉄とロッテの死闘が繰り広げられていた一〇月一九日、阪急ブレーブスがオリックスに身売りされた。どちらも、ホークス、ブレーブスのチーム名と監督はそのままだったが、ホークスは福岡の平和台球場を本拠地とし、ブレーブスは西宮球場が本拠地だが、グリーンスタジアム神戸も準本拠地とすることになる。

一〇月二八日、阪神タイガース球団は、幹部会議を開いて、低迷の原因究明と将来の対策を検討した。そこで出た結論は、球団史によると〈低迷の因は明確なチームの運営方式ならびに目標達成のための戦略が欠如していた。また将来、最終目標を達成するには、チーム運営の戦略を長期的な視野に立って綿密に策定することが必要である〉という、あまりにも分かりきったことだった。それができない原因をこそ究明するべきなのだが、それをしたら、オーナーをはじめとする電鉄本社批判となるので、あくまで阪神電鉄の関連会社でしかないタイガースの幹部たちには、本当の原因究明も対策案の策定もできない。いきあたりばったりの補強が続く。

村山が抜擢した少年隊の三人はそのうち二人がセ・リーグの打撃三〇傑に入った。大野が一

順位	チーム	試合数	勝	負	引分	勝率	ゲーム差	本塁打	打率	防御率	得点	失点
1	中日ドラゴンズ	130	79	46	5	.632	–	131	.258	3.20	549	483
2	読売ジャイアンツ	130	68	59	3	.535	12.0	134	.268	3.09	518	442
3	広島東洋カープ	130	65	62	3	.512	150.	105	.244	3.06	447	442
4	横浜大洋ホエールズ	130	59	67	4	.468	20.0	85	.273	3.93	514	542
5	ヤクルトスワローズ	130	58	69	3	.457	22.0	147	.246	3.79	496	534
6	阪神タイガース	130	51	77	2	.398	29.5	82	.248	3.82	444	525

1988年　セ・リーグ順位表

三〇試合に出て、打率・二五四、打点四二、本塁打七で二三位、和田が一二七試合に出て打率・二七九、打点二〇、本塁打一で一四位、中野は三〇傑には入らなかったが、一〇八試合に出て、打率・二三七、打点二五、本塁打四。

他に三〇傑に入ったのは、岡田、真弓、木戸だけなので、三人は十分に起用に応えたといえる。チーム打率は・二四八でリーグ四位、得点は四四四で最下位、ホームランも八二で最下位と長打力、得点力が低下していた。

投手陣では二桁勝利はキーオだけで、一二勝一二敗。池田が七勝一〇敗、仲田が六勝九敗、野田が三勝一三敗と続く。リリーフの中西がこの年も八勝し、九敗一五セーブ。

チーム全体の防御率は三・八二で五位、失点五二五は四位で、完投数二七は三位だった。

コーチ兼任だった山本和行は二二試合に登板、うち先発が四回で、〇勝三敗。このシーズンで現役を引退した。一七シーズンで七〇〇試合に登板し、一一六勝一〇六敗一三〇セーブ、防御率三・六六が

通算成績だ。引退後は解説者になり、その後は広島出身ということもあって、カープでコーチ

をする。

入場者数は二〇六万九〇〇〇人で、かろうじて二〇〇万人は維持していた。

最下位ではあったが、村山は続投した。このときは村山下ろしの声も出ない。バースの帰

国・解雇、掛布の引退と、監督の責任とはいえない事態が低迷の原因に見えた。

久万オーナーが「村山は一年とか二年と区切らない、無期限契約」と言ったのが、決め手と

なっている。しかし久万は「会社がいらなくなった時、あるいは本人が辞めたくなった時に監

督契約を解除する」とも言っており、「無期限」というのは、一〇年続くかもしれないし、明

日にも解雇されるかもしれないという、単に、「契約期間を定めていない」だけの話でもある。

それでも、このオフには、会社、すなわち久万は村山を「いらない」とは思わなかったよう

で、続投が決まった。しかしシーズン途中に退任した田宮謙次郎に続いて、中村勝広も村山と

対立して退団した。中村は、村山が掛布の処遇で悩んでいても傍観し、何もしなかった。

ドラフト会議では六人を指名し、入団させた。活躍する選手としては、一位の中込伸《なかごみしん》くらい

しかいない。中込は一九七〇年に山梨県甲斐市に生まれた。二月生まれで、八五年に甲府工業

高校の定時制に入り一九八七年春の甲子園に出た。翌八八年に兵庫県の神埼工業高校定時制に

編入し、同時に阪神タイガース球団職員となって練習生として在籍していた。いわゆる「囲い

込みドラフト」である。そしてこの八八年のドラフトで一位指名されて入団するのだ。一軍の先発ローテーションに入るのは三年目の九一シーズンからだ。

外国人ジョーンズは期待外れに終わり、今季限りで解雇された。その代わりにセシル・フィルダー（一九六三〜）を獲得した。

一九八八年は自粛ムードのなか暮れ、一九八九年が始まって一週間が過ぎた一月七日土曜日、昭和天皇が亡くなり、翌日から「平成」となった。

村山実はタイガースの昭和最後の監督であり、平成最初の監督となった。

しかし、元号が変わろうとも、阪神タイガースは変わらない。

†村山監督の二年目

セ・リーグはジャイアンツとカープの監督が交代した。ジャイアンツは藤田元司が復帰し、カープは八六年で引退していた山本浩二が監督となった。

一九八九年のタイガースは、前年のような大きな事件はなく、成績も少しは上向いた。四月は六勝一〇敗、五月は九勝一〇敗、六月は九勝一三敗と負け越した。

六月一一日、八七年オフにドラフト外で入団した選手が一軍初出場を果たした。亀山勉（一九六九〜）である。だがまだ彼は開花しない。

七月は六勝一二敗一分と勝ち越したものの、八月は死のロードを負け越して七勝一五敗、九月を一〇勝九敗、一〇月は七勝六敗で、五四勝七五敗一分で、五位になった。

外国人のフィルダーはバース再来を思わせる活躍をして、一〇六試合目にあたる九月一四日を終えて、打率・三〇二、打点八一、本塁打三八。しかし、その一四日、東京ドームでのジャイアンツ戦で、フィルダーは水野に三振を奪われると激昂し、バットを叩きつけると、跳ね返って自分の手に当たり骨折。今季絶望となった。

二年目のジンクスが心配された少年隊の三人はこのシーズンも活躍した。和田は二塁のレギュラーとなり一二九試合に出て、打率・二九六、打点二五、本塁打一。大野も外野のレギュラーとなり、一二五試合に出て打率・三〇三、打点二六、本塁打四、中野も一二四試合に出て打率・二六八、打点四一、本塁打一一。

さらにプロ三年目の八木裕が開花した。一九八六年のドラフト三位でタイガースに入団し、八七年は六九試合に出たが、打率は一割台で、守備と走塁を期待されていた。八八年はアメリカの1Aに野球留学したので九試合しか出なかったが、八九年は六月からショートのレギュラーを得て、一〇二試合に出て、打率・二一四、打点四〇。本塁打一六の成績を残した。

こうした若手の活躍もあり、チーム打率は・二五七で四位、得点四九七は五位、ホームラン一三五は三位という成績。

順位	チーム	試合数	勝	負	引分	勝率	ゲーム差	本塁打	打率	防御率	得点	失点
1	読売ジャイアンツ	130	84	44	2	.626	–	106	.263	2.56	520	358
2	広島東洋カープ	130	73	51	6	.589	9.0	101	.271	3.01	510	431
3	中日ドラゴンズ	130	68	59	3	.535	15.5	149	.256	3.68	538	527
4	ヤクルトスワローズ	130	55	72	3	.433	28.5	140	.254	3.97	507	559
5	阪神タイガース	130	54	75	1	.419	30.5	135	.257	4.15	497	580
6	横浜大洋ホエールズ	130	47	80	3	.370	36.5	76	.260	4.07	474	594

1989年　セ・リーグ順位表

一方、投手陣の整備こそが球団が村山に期待したものだったが、チーム全体の投手成績は、防御率四・一五で前年よりも悪化して最下位。失点五八〇は五位、完投数二五は四位で、優勝したジャイアンツは防御率二・五六、失点三五八、完投六九なので、大差がついている。

この年の二桁勝利はキーオと先発に転じた中西だけだった。キーオは二八試合に先発して一五勝九敗、防御率三・七二、中西は一八試合に先発、一六試合にリリーフして一〇勝一〇敗五セーブ、防御率四・〇〇。仲田が四勝、伊藤が三勝、野田が五勝だった。

入場者数は二〇〇万人を割ってしまい、一八四万九〇〇〇人だった。少年隊の活躍だけでは客は呼べなかった。

†黒幕の暗躍

前年より成績は上向いたのに、村山は辞任に追い込まれた。

九月四日夜、久万オーナーは自宅にやって来た記者に対し、村山が来季も監督かどうかは「白紙」だと語った。この時点で村山解任の陰謀がかなり進んでいたと思われる。それは同時に一枝修平を次期監督にという動きでもあった。

一枝は明治大学から社会人野球を経て、一九六四年に中日ドラゴンズに入り、七二年にトレードで近鉄バファローズに移り、七三年に自由契約となり、七四年はタイガースに在籍し、引退した。その後はタイガースとドラゴンズでコーチを務め、八五年に吉田のもとでタイガースのコーチとなり八七年に退任した。その一枝を監督として迎えようとする勢力が、タイガースの周辺にあった。阪神タイガースの歴史には何人もの「黒幕」と称される人物が登場するのだが、この時も、その黒幕の一人が暗躍していたようだ。

一一日、高田順弘《のりひろ》球団代表は、一枝修平と密かに会い、監督就任を要請、一枝はこれを受諾し、さらに稲尾和久をヘッドコーチとして呼ぶことまで確認した。

これを察知した一三日の一部のスポーツ紙は、阪神新監督に一枝が固まったと報じた。これも謀略の一手段である。一枝監督決定の流れを既成事実化しようとしてのリークかもしれないし、一枝監督に反対する勢力が潰そうとしてリークしたのかもしれない。

一枝は当時、スポーツニッポンと毎日放送と契約して解説者をしていた。だからといって、この二社の関係者が一枝を監督にしようと動いた黒幕と判断するのは早い。この新聞は吉田派、この新聞は村山派という単純な話ではなく、それぞれの社ごとに、吉田派、村山派の二大勢力があり、電鉄本社に影響力を持っている。

監督就任の要請を一枝がいったんは受諾したのは確かだ。しかし、それがはたして正式な要請だったのかどうかも定かではない。

村山は自分への包囲網が敷かれていると察していた。報道が先行していると感じていたが、もはやこれ以上監督を続けるのは無理だとも察していた。

一七日の甲子園でのスワローズ戦の前に、村山は球団代表の高田に、一枝が監督になると報じられていることへの説明を求めた。試合後、村山は今シーズンで監督を辞めると表明した。

それを聞いて、一枝は絶句した。自分が直接したことではないが、報道が先行したことで村山を追い詰めてしまったと思い、しばらく眠れない日日が続く。

一度は引き受けたが、一枝は村山を追い出した後に監督になることはできないと考え、一八日深夜、スポーツニッポンの幹部と極秘に会い、相談した。そして翌一九日深夜、一枝は、自分に監督就任話を持ってきた黒幕に「できない」と伝えた。

翌二〇日朝九時、一枝は大阪ミナミにあるホテル一栄で記者会見を開き、「監督をやる自信がない」と明言した。

その二〇日、タイガースは広島でカープ戦を闘い、勝利した。村山にとって監督としての三〇〇勝目だった。その三日後の二三日、村山は見掛社長に正式に辞意を伝えた。

一枝は二〇一八年三月、星野仙一が亡くなった際の追悼記事のなかで、阪神監督辞退事件について〈もろもろの事情があって、グチャグチャになって、阪神監督就任は破談になった。眠れない日が続いた。もはや大阪では仕事がないかも〉という状況になったと語っている。その「もろもろの事情」に阪神タイガースの闇があるのだが、一枝自身が詳細を明かさないで、不詳だ。

そんな一枝に、「いまの状況では関西に居づらいでしょう。うちに来てくれませんか」と電話をかけてきたのが、明治大学とドラゴンズでの後輩の星野仙一だった。こうして翌シーズン、一枝はドラゴンズのコーチとなる。

かくして——村山実の二度目の監督時代は二年で終わった。

通算五年の監督だったが、一九七二年は途中から指揮権を金田監督代行に移譲したので、実際に指揮した試合は五二八試合で、二四一勝二七一敗一六分。勝率・四七一。順位も二位、五位、二位、六位、五位で、優秀な監督とは言えない。しかし、だからこそ、村山は阪神タイガースの象徴である。

第6章　エリートと叩き上げ——一九九〇、九一年

†中村勝広、監督就任

一九八九年（平成元年）九月一七日、シーズン途中だったが、阪神タイガース監督の村山実は今シーズンで監督を辞めると発表した。

恒例のお家騒動の勃発である。昭和が終わっても、タイガースの体質は変わらない。

次期監督が一枝修平に決まったと一度は報じられたが、一転して破談となった。

一枝が監督にはならないと会見したのが二〇日で、その翌日、中村勝広は「今日あたり監督就任要請の電話がありそうだ」と、川藤幸三に話している。二人は解説者の仕事で、その日は広島にいた。

中村は、正式な要請もないのに「今日あたり、電話がある」と分かっている。誰かから、「次はお前だ。準備しておけ」と連絡を受けていたのであろう。電鉄本社の役員筋か、生え抜

きの監督を望むOB会のある勢力か、影響力のあるマスコミか——一枝を潰したのと同じ勢力なのか、あるいはさらに別の勢力か。阪神の闇が垣間見える。

中村と川藤はともに一九四九年生まれだった。川藤は六七年のドラフト九位、中村は早稲田大学に進学したので、七一年のドラフト二位で入団した。中村は一年目の七二年の開幕戦から先発メンバーで出場して活躍するが、川藤は一年目は三試合、四年目の七一年も二二試合しか出られず、七二年は一試合も出ていない。東京六大学を出たエリートと、高卒叩き上げ、内野のレギュラーと代打要員にしてヤジ将軍と、まったく対照的なのだが、二人は選手時代、親しかった。

川藤は二枚目の悲劇のエース・小林繁とも親しかったので、自分とは反対のタイプから好かれるようだ。スター選手は取り巻きは多いが、本当の親友、本音を語れる友達が少ないものなので、小林や中村にしてみれば、利害関係のない川藤は貴重な友人だったのだろう。

中村は「監督就任の話がきそうだ」と川藤に告げ、意見を求めた。川藤はやめたほうがいいと答えた。いまの阪神タイガースの状況を、川藤もよく知っていた。とにかく戦力がない。そんなチームの監督になって、何ができるのか。

中村が目指す理想とする野球は、早稲田大学の先輩である広岡達朗の野球だった。ヤクルトスワローズと西武ライオンズに導入した「管理野球」である。しかし、広岡の野球はある程度の戦力を整えた上でのみ可能なものだった。力のある選手たちを、監督が適切にマネージメントすることで、集団としての力を発揮していくのが広岡の野球だ。それは、阪神タイガースの野球とはまったく異なるものだった。選手たちが勝手に打ちまくって勝つのがタイガースの野球だ。監督に求められるのは、邪魔をしないことである。だがそれは「主力選手全員が打つ」という「奇跡」がなければ優勝できないのも事実だった。

そんなタイガースの野球のみが、広岡の管理野球に勝つのだから皮肉ではあるが、そのタイガースの栄光が一年のみの「奇跡」だったことは、この三年間が証明している。毎年優勝争いができるチームにするには、広岡流が正しいことは、その後の西武ライオンズの常勝ぶりを見ても明らかだ。

タイガースもいずれはそういうチームにしなければならないのかもしれないが、戦力的に劣っているいま、中村が監督になっても、できることは何もないだろう。

中村の肚はすでに決まっていたようで、その日の夕方、川藤に「監督の話、受けようと思う」と電話で伝えた。そして川藤にコーチになってくれと頼んだ。川藤は断った。自分と中村とは気は合うが、野球選手としてのキャリアも考え方も、まるで異なる。必ず衝突するだろう。それを分かっていて、コーチになっていいのか。しかし、自分が断れば、中村のまわりにはイエスマンばかりとなるのも目に見えていた。ひとりくらい、中村に進言できる者がいるべきだ。

それは自分しかいない。川藤はコーチ就任の要請を受けた。

九月二七日、中村勝広が監督就任を内諾したと報じられ、一〇日ほどで、平成元年のお家騒動は終結した。

中村の正式な就任発表は、公式戦の全日程が終わった一〇月一八日で、就任時、中村は四〇歳だった。

選手としての入団発表の時点から、中村は阪神球団の幹部候補生だった。たいがいの選手の入団発表は球団事務所で行なわれるのに、中村は阪神電鉄本社にマスコミを集めて発表され、球団というよりも電鉄本社の期待の高さが感じられた。すぐにレギュラーにはなったが、華やかさも愛嬌もなかったので、ファンの間で人気のあるスター選手ではなかった。それなのに電鉄本社の役員たちの覚えめでたい選手で、監督の座も約束されていた。その意味では、中村は早稲田だが、慶應義塾を出た安藤統男と似ている。

見掛球団社長は、吉田、村山というスター監督が短命に終わったので、実務型の監督を据え、じっくりとチームの再建を委ねることにした。

川藤以外のコーチは村山体制から引き続く留任組が多く、辻恭彦(一九四二〜)、河野旭輝(一九三五〜二〇一四)、弘田澄男(一九四九〜)、渡辺長助(一九五六〜)、山本晴三(一九四八〜)らが留任、新任はカープのコーチだった岡義朗(一九五三〜)、ファイターズのコーチを経てタイガースの二軍コーチをしていた大石清（一九四〇〜）と、川藤である。現役時代は代打専門だったのに、川藤は外野守備コーチになった。

一九八五年の優勝時のメンバーである弘田は、八七年は五試合しか出場せず、村山体制になっての八八年はコーチ兼任となり、一試合も出ないままこのシーズンで引退していた。八九年はコーチ専任となり、中村に交代しても留任した。

中村は選手たちとの初顔合わせの場で、「選手とコーチとは一緒に酒を飲んではならない」という方針を発表した。広岡の真似だった。川藤はそれを聞いて、そこまでする必要はあるのかと疑問を抱く。選手の間にも、多少の動揺があった。

†新庄入団

タイガースがお家騒動でゴタゴタしている間に、一九八九シーズンのセ・リーグは読売ジャイアンツが、パ・リーグは近鉄バファローズが優勝した。日本シリーズはジャイアンツが勝って、一九八一年以来の日本一となった。

ジャイアンツの藤田元司は、前回は長嶋茂雄を引き継いで就任一年目に日本一になったが、今回も王貞治を引き継いで一年目での日本一だ。近鉄バファローズは前年はあと一勝で優勝を逃し、このシーズンも終盤はオリックス、西武との激戦となり、一二九試合目での優勝決定だった。仰木彬《おおぎあきら》監督の采配は「仰木マジック」と称された。

これらは、五位だったタイガースには無縁の話だった。

このオフは、タイガースのほかにも監督が交代したチームがいくつもあった。福岡ダイエーホークスが杉浦忠から田淵幸一、ロッテ・オリオンズが有藤道世から金田正一、横浜大洋ホエールズが古葉竹識から須藤豊、ヤクルトスワローズが関根潤三から野村克也と、五チームで監督が交代したのだ。

新監督のなかで、監督はおろかコーチも経験したことがない新人監督は田淵幸一だけだ。田淵は中日ドラゴンズの星野仙一、広島東洋カープの山本浩二とはドラフト同期で親友同士でもある。星野、山本は現役時代のチームの監督となったが、田淵は縁もゆかりもないホークスの監督になった。

野村克也は、一九七七年に南海ホークスでの選手兼任監督を解任されて以来の監督復帰だ。七七年にホークスを退団した後、七八年は一捕手としてロッテオリオンズに入り、そのオフに新生西武ライオンズに入って、七九年と八〇年の二シーズン在籍して、現役を引退。その後は解説者として活躍していた。

各チームの監督、コーチ人事も固まった後の一一月二六日、ドラフト会議が開かれた。この年は、平成前半のプロ野球で活躍する名選手を輩出した大豊作の年とされる。そのなかでもこの時点で最も注目されていたのが新日本製鐵堺の野茂英雄（一九六八～）だった。史上最多の八球団が一位指名し、抽選で近鉄バファローズが交渉権を得た。

他に、ヤクルトスワローズ二位の古田敦也《あつや》（一九六五～）、横浜大洋ホエールズ一位の佐々木主浩《かづひろ》（一九六八～）、広島東洋カープ一位の佐々岡真司（一九六七～）、ロッテオリオンズ一位の小宮山悟《こみやまさとる》（一九六五～）、西武ライオンズ一位の潮崎哲也（一九六八～）らがいる。

阪神タイガースも野茂を一位で指名したが抽選で外れ、葛西稔（一九六七～）を指名して獲得した。葛西は青森県出身だが、高校は宮城県の東北高等学校へ入学した。同学年に佐々木主浩がおり、佐々木の控え投手か、一塁・三塁手として、二年の春と三年の夏の甲子園に出場した。法政大学へ進学し、投手として活躍し、通算一八勝七敗、四回のリーグ優勝を経験した。

タイガースはこの年も六人を獲得するが、活躍したと言えるのは葛西と、もうひとりしかいない。第五位で指名した高校生、新庄剛志《つよし》である。

外国人では九月に骨折するまで三八本のホームランを打っていたフィルダーの契約更新を望み、条件を提示したが、年俸の大幅アップと五年契約を求められた。結局、条件が合わず、フィルダーは一年で退団し、メジャーのデトロイト・タイガースに入った。翌九〇シーズンのフィルダーは五一本の本塁打を放ち、このニュースに阪神タイガースファンは悔しがるのだった。

フィルダーの代わりに入ったのが、ラリー・パリッシュ（一九五三～）だった。メジャーで一九七四年から八八年まで活躍し、通算二五六本塁打。八八年にヤクルトスワローズに入り、四二本塁打、一〇三打点と打ったのだが、三振が一二九と多かったので、新任の野村監督の判断で自由契約となっていたのを、タイガースは獲得した。

フィルダーが退団したのは、彼の代理人が、パリッシュがスワローズを一年で解雇されたことを知り日本球界に不信感を抱いたからでもあった。

†一九九〇年

一九九〇シーズンの開幕は四月七日で、タイガースは広島でのカープ戦が開幕ゲームだ。この試合のスターティングメンバーは、一番ショート・和田豊、二番センター・中野佐資、三番セカンド・岡田彰布、四番ファースト・パリッシュ、五番レフト・真弓明信、六番ライト・田尾安志、七番サード・八木裕、八番キャッチャー・嶋田宗彦、九番ピッチャー・中西清起だった。前年から先発にまわった中西にとって初の開幕投手である。

一九八五年の主要メンバーは、打者では岡田と真弓しかいない。和田は八五年が一年目で三九試合に出てはいるが、レギュラーではなかった。優勝から五年目で、かなりメンバーは入れ替わったのである。

タイガースは初回に一点を入れて先制、四回には五点を入れ、カープの先発・大野豊は降板した。岡田には一号と二号が出て、合計九点を取った。投げては中西が好調でカープを六安打に抑えて完封、開幕試合を勝利で飾った。

ところが、翌日は負け、一日おいてのジャイアンツ戦は二連敗して、開幕ダッシュとはいかなかった。それでも四月は九勝九敗で、首位ジャイアンツに四・五ゲーム差の三位だった。

だがこれが最高で、五月は九勝一五敗と負け越し、四位に落ちる。六月は九勝一二敗で最下位、首位ジャイアンツとは一二ゲームも離された。

七月も九勝一二敗と負け越し、八月は六勝二〇敗で、首位ジャイアンツとは三一ゲーム差となった。

そしてもはや年中行事と化した、外人のトラブルが発生する。八八年はバースが息子の重病で渡米して帰らず解雇され、八九年はフィルダーがバットを叩きつけて骨折したのに続いて、九〇年は二八本の本塁打を打っていたパリッシュが、膝の古傷が悪化したとの理由で、八月二七日の試合が終わると引退すると言って帰国してしまったのだ。

九月は九勝九敗、一〇月は一勝一敗と、少しは持ち直したが、五二勝七八敗で、ジャイアンツに三六ゲーム差の最下位となった。

このシーズンはジャイアンツが独走した。江川、西本、定岡らの次の、斎藤雅樹、槙原寛己、桑田真澄の三投手が「新三本柱」となり、二位カープに二二ゲーム差をつけての優勝だった。

順位	チーム	試合数	勝	負	引分	勝率	ゲーム差	本塁打	打率	防御率	得点	失点
1	読売ジャイアンツ	130	88	42	0	.677	–	134	.267	2.83	589	399
2	広島東洋カープ	132	66	64	2	.508	22.0	140	.267	3.57	570	528
3	横浜大洋ホエールズ	166	64	66	3	.492	24.0	90	.266	3.94	546	263
4	中日ドラゴンズ	131	62	68	1	.477	26.0	162	.264	4.26	573	603
5	ヤクルトスワローズ	130	58	72	0	.446	30.0	123	.257	4.24	529	609
6	阪神タイガース	130	52	78	0	.400	36.0	135	.252	4.58	550	655

1990年　セ・リーグ順位表

しかし、そのジャイアンツを日本シリーズで四対〇と圧倒したのが西武ライオンズだった。その西武ライオンズに日本シリーズで勝った唯一のチームが八五年のタイガースだった。

ライオンズは八五年の後も、八六、八七、八八、九〇年と五年間に四回優勝したのに、タイガースは三回の最下位と三位と五位に沈んでいた。いったい、どこが違うのか。

入場者数は前年の一八四万九〇〇〇人より僅かに増えて、一八九万四〇〇〇人だった。

タイガースはチーム全体の打撃、投手の成績とも最下位だった。チーム打率は・二五二で最下位、得点は五五〇で四位、ホームランは一三五本で三位だった。

個々の成績では、規定打数に達して打撃三〇傑以内に入ったのは、岡田、和田、八木、パリッシュ、大野、田尾の六人がいた。なかでも和田は打率・三〇四で五位だった。

悲惨なのが投手陣だった。チーム防御率は四・五八と最下位。先発の三本柱がしっかりしていたジャイアンツは二・八三なので、その差は歴然としていた。失点もジャイアンツが三九九なのに対し、六五五。完投もジャイアンツは七〇なのに、わずか一九。

開幕試合を完封した中西だったが、その後故障して五勝六敗に終わり、先発で二桁勝利は野田浩司の一一勝一二敗だけで、リリーフの中田良弘が一〇勝七敗六セーブ、キーオの七勝九敗、猪俣の五勝一一敗、仲田の四勝一三敗と続く。

入団一年目の新庄剛志は一軍の試合には出ていない。

三年目の亀山努は二軍のウエスタン・リーグでは首位打者と盗塁王と活躍し、一軍の試合にも二八試合に出た。しかし成績は五八打席、四四打数で打率・二二七。まだ開花していない。

†一九九〇年オフ

吉田監督時代に吉田と久万オーナーの間に立っていた三好一彦は、一〇月に電鉄本社の専務取締役となり、同時に球団の社長代行に就任した。一二月には見掛社長の後を継いで社長となり、球団代表には三好の右腕とされた沢田邦昭が就く。この三好・沢田体制は九八年まで続く。三好は中村監督のもとでの長期計画を立案し、このおかげで、中村は成績が悪くても六年も監督を続けられたのである。

三好は補強にも大胆に取り組み、福岡ダイエーホークスとの間で四対五の大型トレードを実行した。タイガースからは池田親興、大野久、渡真利克則、岩切英司の四人が出て、ホークスからは、藤本修二（一九六四〜）、吉田博之（一九六〇〜）、西川佳明（一九六三〜）、近田豊年（一九六五〜）、右田雅彦（一九六五〜）の五人が入団した。

しかし藤本と西川、近田、右田は九一シーズンのみ、吉田は二シーズンしか在籍せず、タイガースで活躍したといえる選手はいない。一方、ホークスへ移籍した池田は九一シーズン、六勝四敗一三セーブ、大野は一三〇試合に出て打率・二八九、さらに盗塁王にもなる活躍をした。誰の目にも、ホークスのほうが得をしたトレードだった。

さらに遠山奬志を出して、オリオンズから高橋慶彦（一九五七〜）を獲得した。高橋は一九七五年から八九年までカープで活躍し、盗塁王を三回という人気選手だったが、八九年にトレードでオリオンズへ行き、一シーズンだけで、今度はタイガースに来た。遠山はオリオンズに九七年までいるが、九八年にタイガースへ戻ってくる。

コーチ陣は、辻が二軍のコーチとなり、新たに佐々木恭介（一九四九〜）が就任した。佐々木は近鉄バファローズで一九七二年から八二年まで現役で、八四年から八九年までコーチという経歴で、タイガースのユニフォームは初めてだ。

外国人はパリッシュが引退してしまったので、マーベル・ウイン（一九五九〜）とトーマス・オマリー（一九六〇〜）の二人を獲得した。ウインは一九八三年からメジャーリーグの三球団で、オマリーは一九八二年からメジャーリーグの六球団で活躍していた選手だ。

ドラフト会議では六人を指名して全員が入団した。そのうち、一位の湯舟敏郎（一九六六～）、二位の関川浩一（一九六九～）、四位の田村勤（一九六五～）と三人が活躍する。

湯舟は大阪府出身で興国高校に入り、レフトを守り打者として活躍していた。奈良産業大学へ進学してからは投手となり、近畿学生リーグでは五連覇を経験する。本田技研鈴鹿に入り、社会人野球でも活躍し、ドラフトで一位指名された。二四歳だったが、結婚し子供もいた。

関川は東京都出身で高校は神奈川県にある桐蔭学園高校に進み、一年の年に夏の甲子園に六番ライトで出た。その後、捕手に転じて、駒澤大学へ進学して東都大学リーグで活躍、五〇試合に出て、打率・二六一、打点一三、本塁打三という成績だった。

田村は静岡県出身で県立島田高校から駒澤大学に進み、東都大学リーグで活躍した。卒業後は社会人野球の本田技研に入った。

トレードで獲得した高橋慶彦と、ドラフトでの四人と二人の外国人の加入で、前年よりは期待できそうだった。

外野守備コーチだった川藤は総合コーチに転じる。ようするに無任所ということで、具体的に選手の打撃や守備の指導をするわけでもなく、作戦を考え監督にアドバイスをするわけでもない。ベンチに座りヤジ将軍として声を出し、若い選手たちにも、「声を出せ」と命じる、そんな役割だった。チームが上向いているときはムードメーカーとしていい役割を果たせたかもしれないが、負け続け、陰鬱な監督がますます陰気になるなかでは、浮いてしまう。

†開幕五連敗で始まる

開幕は四月六日の横浜でのホエールズ戦。スターティングメンバーは、一番レフト・高橋慶彦、二番ショート・和田豊、三番ファースト・オマリー、四番セカンド・岡田彰布、五番センター・ウイン、六番ライト・田尾安志、七番サード・八木裕、八番キャッチャー・木戸克彦、九番ピッチャー・野田浩司。

オマリーに一号が出て、野田もふんばり、九回表まで三対二でリードしていた。しかし九回裏に同点とされて延長戦となり、一一回裏、リリーフの仲田が打たれてサヨナラ負けを喫した。九日からは甲子園でのジャイアンツ三連戦で、猪俣、湯舟、藤本が先発し、三連敗、さらに一二日のスワローズ戦も負けたので開幕五連敗という最悪のスタートとなった。

ファンも正直で、九日の観客は四万人だったが、一〇日は三万七〇〇〇人、一一日は三万五〇〇〇人と減っていき、一二日のスワローズ戦は二万人しか入らなかった。一三日は雨により中止で、一四日は日曜日だったこともあって三万二〇〇〇人が入り、五対三で、ようやく今季一勝目を挙げた。

しかし以後も一勝二敗のペースで、四月は五勝一一敗と大きく負け越した。開幕から五連敗した時点で早くも最下位に落ち、一度も浮上できないままシーズンを終えた。

最終的に、四八勝八二敗、勝率・三六九と、前年よりも勝てなかったのだ。同一監督での二年連続最下位は球団史上初めてのことだった。

入場者数は一八二万〇〇〇〇人と、前年から七万四〇〇〇人のマイナスだった。八五年以降二〇一九年までで最低である。

規定打数に達して打撃三〇傑に入ったのは、和田、オマリー、八木、ウイン、岡田の五人で、打率三割を超えたのはオマリーだけ。最多ホームランは八木の二二本、オマリーの二一本が続く。ウインは一三本だった。チーム打率は・二三七、得点は四五四で本塁打は一一一。

掛布が衰弱していったように、岡田も首位打者を競った年が嘘のように、打撃不振に陥り、覇気も感じられなくなっていた。チームのリーダーであるべき選手がこれでは困るので、中村は川藤に「岡田とよく話しあってくれ」と頼んだ。川藤は中村と岡田の仲をとりもつのだが、二人の関係はおかしくなるばかりだった。このシーズンの岡田は一〇八試合に出て、四二八打席、三八三打数で、打率・二四〇、打点五〇、本塁打一五。二割五分を割ったのは初めてだった。一九五七年生まれなので、三四歳。まだやれる年齢だ。

投手で規定投球回数に達したのは猪俣と野田の二人だけで、猪俣は九勝一三敗、野田は八勝

順位	チーム	試合数	勝	負	引分	勝率	ゲーム差	本塁打	打率	防御率	得点	失点
1	広島東洋カープ	132	74	56	2	.569	–	88	.254	3.23	516	466
2	中日ドラゴンズ	131	71	59	1	.546	3.0	178	.262	3.59	612	521
3	ヤクルトスワローズ	132	67	63	2	.515	7.0	140	.259	3.93	544	551
4	読売ジャイアンツ	130	66	64	0	.508	8.0	128	.253	3.72	534	529
5	横浜大洋ホエールズ	131	64	66	1	.492	10.0	66	.269	3.74	558	535
6	阪神タイガース	130	48	82	0	.369	26.0	111	.237	4.37	454	616

1991年　セ・リーグ順位表

一四敗一セーブで、二桁勝利はひとりもいない。チーム防御率は四・三七。

そのなかでは、九月二二日から、甲子園で五試合続けてドラフト一位で入団した投手が完投して勝つという珍しい記録を作った。二二日は八八年一位の中込、二三日は九〇年一位の湯舟、二四日は八七年一位の野田、二五日は八六年一位の猪俣、二六日は八九年一位の葛西である。

優勝した八五年の翌年からドラフト一位はずっと投手を指名してきたわけで、その戦略（というものがあったのかどうかは不明だが）がようやく実ろうとしていた。

打撃陣でも一縷の光明がなくもなかった。八九年のドラフト五位で入団した新庄剛志は九一シーズンも二軍スタートだったが、九月九日に一軍登録された。翌一〇日の東京ドームでのジャイアンツ戦に代打でプロ初出場すると、初打席初安打初打点となったのだ。

しかし、それだけだった。翌一一日も代打で出たが凡退、一五日の広島でのカープ戦は代走として出て、一六日、ついに七番ショートとして初めて先発出場したが、ヒットは出なかった。新庄は代打も含めて一三試合に出て、一七打数で二安打、打率・一一八という数字しか残せずに終わった。

亀山努はこのシーズンは一八試合に出て、二一打数で二安打、打率・〇九五。

この二人が翌年、ブームを起こすほどの大活躍をするとは、誰も夢にも思わなかった。いや、新庄は、確信していたかもしれない。

†川藤退任

川藤は二年でコーチを辞任した。予想通り、中村との間に壁ができてしまったのだ。川藤がそれを知ったのは、夏に入った頃、ある選手を二軍に落とすことが新聞に報じられた時だった。コーチである川藤が知らないうちに決まっていたのだ。中村は川藤に、選手に二軍行きを告げるという厭な仕事を押し付けていた。川藤はそれができるのは自分しかいないだろうと思い、気分のいい仕事ではないが、引き受けていた。その自分が知らないうちに、選手の二軍行きが新聞に出ている。中村はもう川藤を必要としていないのか。

二年連続の最下位は確実で、誰かが責任を取らなければファンも選手も納得しない。中村が川藤のクビを差し出そうとしていると、はっきりしたのは、九月になって、スポーツ新聞に「川藤、退団」という記事が出た時だった。親しい記者にリークして記事にしてもらい、既成事実化していくのは、よくある話だった。

しかし、中村は記事が出ていたことすら話題にしない。ベンチのなかでも、川藤と顔も合わせようとしなくなった。川藤の予想通り、友情は壊れた。

球団からは、来季もコーチをしてくれとも辞めてくれとも、何の話もない。川藤はついにしびれを切らして、一〇月五日の甲子園での最後のジャイアンツ戦の後に、三好球団社長と会った。三好は「いつ言おうか悩んでいて、今日まで延ばし延ばしになっていた」と謝り、身を引いてくれと頼んだ。

三好が言うには、「中村を、西本幸雄のような監督にしたい。しかし、お前（川藤）がいたのでは、中村の手の届かないことを、裏側で全部やってしまう。それでは中村が一人前の監督になれない」。だから、辞めてくれと言うのだった。川藤はもともとコーチの職に未練はない。辞めてくれと言われたので、分かりましたと答え、退任が決まった。

川藤は阪神タイガースの問題点と、どうあるべきかなどの思いをまとめた建白書を書いて、三好に渡した。この建白書は久万オーナーも読んだという。

†コーチ陣の刷新

一九九一年のプロ野球は、セ・リーグは広島東洋カープが五年ぶりに優勝し、パ・リーグは西武ライオンズで、日本シリーズはまたもライオンズが勝った。

三ゲーム差で優勝を逃した中日ドラゴンズの星野仙一監督は健康上の理由で辞任した。

二年連続最下位となったので、中村は三好球団社長に辞任したいと告げた。三好は「チームは新旧交代の端境期。監督の責任ではない」と言って、慰留する。三好としては、成績が悪かったら監督のクビを切るという悪しき伝統を断ち切りたいとの思いがあった。

たしかに、チーム全体の打撃成績も投手成績も最下位なのだから、これは采配云々以前の問題だった。誰が監督でも勝てないだろう。

中村は慰留に応じて、来季も指揮を執ることになった。それにともない、コーチを入れ替えた。川藤だけが辞めたのではなく、岡義朗、河野旭輝、弘田澄男も辞め、代わりに、石井晶（一九三九〜）、島野育夫（一九四四〜）、榊原良行（一九四九〜）が入った。

石井晶は一九六〇年から七一年まで阪急ブレーブスの内野手で、ブレーブスとスワローズでコーチをした後、八五年からはタイガースにいた。八五年から八八年は二軍コーチ、八九年は一軍のコーチ、九〇年と九一年は二軍監督で、九二年は再び一軍コーチとなった。

島野は一九六三年に中日ドラゴンズに入り、南海ホークスを経て、七六年から八〇年までタイガースにいて、最後の八〇年は外野守備・走塁コーチを兼任していた。現役引退後も八四年までタイガースのコーチで、その間の一九八二年には判定をめぐって審判への暴行事件を起こし、無期限出場停止処分を受けた。この処分は翌八三年三月に解けて、島野はグラウンドに戻るが、八四年にタイガースを辞めて解説者となった。八六年に古巣のドラゴンズのコーチとなり、翌八七年、星野仙一が監督になると、その右腕となった。このオフ、星野がドラゴンズ監督を辞任したので、島野も辞めていたところ、タイガースから声がかかったのだ。

榊原は一九七五年にタイガースに入り、八一年のオフに日本ハムファイターズへトレードされ、八四年に引退、八五年はファイターズのコーチとなった。八六年と八七年は吉田体制のタイガースのコーチとなり、八八年から九〇年は星野に呼ばれてドラゴンズのコーチをしていたが、九一年はタイガースの二軍コーチとなっていた。

石井と榊原は二軍の若い選手を熟知している。島野はコーチとしての評価は高い。

†新戦力たち

ドラフトでは八人を指名した。活躍するのは、二位の久慈照嘉《てるよし》（一九六九〜）、三位の弓長《ゆみなが》起浩《たつひろ》（一九六七〜）、四位の桧山進次郎（一九六九〜）の三人で、当たり年と言っていい。

久慈は山梨県出身で東海大甲府高校に進学した。久慈が在学していたのは、同校が五年連続して夏の甲子園に出ていた時期にあたり、久慈は二年生の八六年の夏、八七年の春、八七年の夏と三季連続して甲子園に出た。高校時代から守備のうまさで有名だった。卒業後は社会人野球の日本石油に入り、優勝も経験していた。

弓長は大分県出身で、県立国東高校から亜細亜大学へ進学し、東都大学リーグで活躍して、熊谷組に入社した。

桧山は京都出身で、平安高校から東洋大学へ進学し、東都大学リーグで活躍した。通算七六試合に出て、打率・三一八、打点四五、本塁打一三の成績だった。

外国人ではウインは一年で退団し、代わりに横浜大洋ホエールズにいたジム・パチョレック（一九六〇〜）が入った。パチョレックは八二年からアメリカのマイナーリーグにいて八七年にメジャーに昇格したが、八八年から日本にやってきた。ホエールズには四年いて、九〇年は首位打者、八八、九〇年は最多安打と活躍していたが、九一年は成績が落ち、また本塁打が少ないことから契約を打ち切られていた。たしかに、最高で一七本なので「外人」としては少ない。タイガース入団は、オマリーが誘った。

トレードでは西武ライオンズから立花義家（一九五八〜）が金銭トレードで入団した。立花は福岡県出身で柳川商業高校へ進学して二年の春と三年の夏に甲子園に出て、七六年のドラフト一位でクラウンライターライオンズに入った。

このオフのタイガースにとって、最大の新戦力となったのは甲子園球場のラッキーゾーンの撤廃だった。

日本一広い球場である甲子園は、当然のことながらホームランが出にくい。しかし野球で盛り上がるのはホームランだ。そこで、一九四七年五月、外野の両翼から左・右中間付近に金網を設けて、それをラッキーゾーンと称した。それを一二月五日に撤去したのだ。

これによって、ホームランは出にくくなり、投手優位となった。八五年のように打ちまくるタイガースは、もういない。どうせ打てないのだから、投手優位の球場にしたほうがいいというのも理由だし、東京ドームに続いて、九二年春に千葉マリンスタジアム、九三年春には福岡ドームなど、新しい球場ができるため、それに対抗しようとの思いもあったようだ。

こうして――監督は変わらないが、外人、ドラフトによって選手層は少しは補強され、コーチも実績のある者が就任、甲子園も広くなった。

だが、一九九二年のタイガースが優勝争いをするなどとは、誰も予想をしていなかった。評論家の大半は、タイガースは最下位と予想していた。

Ⅲ 一瞬の輝き——一九九二年

1993年6月2日、トレーニング中の亀山努(左)と新庄剛志(共同)

第7章　予期せぬ快進撃

†好スタート

例年のことだが、一九九一年の成績によって、いくつかの球団では監督が交代した。二年連続最下位のタイガースは中村が留任しているが、もっといい成績なのに退陣に追い込まれた監督もいる。

二位だったドラゴンズは星野仙一が健康上の理由で辞任した。実際は当人ではなく、妻が病に倒れていたからと後に分かる。星野は監督として五シーズンで優勝一回、Bクラスは一回だけだった。後任はドラゴンズOBの高木守道（一九四一〜）で、星野より六歳上、世代交代に逆行した。

パ・リーグでは四位だった日本ハムファイターズの近藤貞雄監督が辞めて、土橋正幸が後任となり、最下位のロッテオリオンズの金田正一監督も辞めて八木沢荘六が後任となった。オリオンズはこのシーズンから「千葉ロッテマリーンズ」と改称し、本拠地を川崎から千葉県幕張の千葉マリンスタジアムに移した。ロッテは福岡へ移転する話があり、かなり具体的なところまで進んでいたが、南海ホークスがダイエーに身売りし、同時に福岡へ移転することになったので、その話はなくなった。そして新天地として千葉の幕張を選んだのだ。

一九九二シーズンの開幕は、四月四日土曜日。タイガースは神宮球場でのスワローズとの二連戦で、新たなシーズンを始めた。

スターティングメンバーは、一番セカンド・和田豊、二番ショート・久慈照嘉、三番レフト・パチョレック、四番サード・オマリー、五番ファースト・岡田彰布、六番ライト・真弓明信、七番センター・八木裕、八番キャッチャー・山田勝彦、九番ピッチャー・葛西稔という顔ぶれだった。

八五年の優勝メンバーで残っているのは岡田と真弓だけで、この二人もシーズン半ばからは代打要員となる。バースは退団し、掛布、佐野はすでに引退、北村照文はトレードで去り、八五年のレギュラーでベンチに残っているのは平田勝男、木戸克彦くらいだった。平田はショートのレギュラーを和田に、木戸は肩の衰えから正捕手の座を山田に渡していた。

八六シーズンからの六シーズンは、チームの成績はどん底だった一方で、世代交代は着実に進んでいた。

一回表、先頭バッターの和田がセンター前へヒットを打った。中村監督はルーキーの二番・久慈に初回からバントを指示した。久慈はピッチャー前にうまく転がし、バントは成功、和田は二塁へ進んだ。しかし三番・パチョレックがショートゴロで和田は動けず、四番・オマリーが四球で歩いて二死一・二塁としたものの、五番・岡田がショートフライで無得点に終わる。

得点できなかったこともあり、中村の「一回表からバント」という作戦に批判が出た。去年までも、一塁に出れば判で押したようにバントが多かった。それで勝っていれば「堅実な野球」として評価されるが、この一回表のように、後続が続かず得点できないケースが多かった。何より、バントを多用する野球は、つまらない野球、管理野球の象徴である。それは阪神タイガースにファンが求めている野球とは違ったし、管理野球は優秀な選手が集まり、それぞれが監督の意図を汲んで動くから成功するのであり、タイガースのようなチームには向かないのだ。

開幕ゲームは、オマリー、岡田にホームランが出たものの、三対七で負けた。スワローズの野村監督は記者に囲まれると、タイガースの初回のバントについて、「あれは助かるんだよ。ワンアウトをどうぞとくれるんだから」と言った。これがタイガース側にも伝わり、試合後、中村はコーチたちから、「バラエティーに富んだ野球をしましょう」などと言われた。前年まではコーチが監督に意見を言うことは、ほとんどなかった。中村は、負けはしたものの、コーチ陣が勝つために前向きであり、建設的な意見を言ってくれたことに、去年までとは異なる雰囲気を感じた。

第二戦は猪俣隆が先発、さらに真弓を外して中野佐資を六番ライトで起用した。三回まで両チームとも無得点だったが、四回に一点ずつ入れ、五回にはスワローズが勝ち越し、六回にタイガースが同点とするも、八回にスワローズが一点入れて勝ち越すという点の取り合いとなった。

二対三で迎えた九回表、タイガースは途中から守備で出ていたベテランの古屋英夫のタイムリーで同点とし、打った古屋も二塁に達した。

ここで中村監督は、ベンチにいた若い選手を代走に出した。亀山努である。

亀山努は一九六九年に大阪市に生まれた。この年、二三歳。双子で、忍という弟がいる。父が高校時代に軟式野球部で活躍したので、双子の兄弟は幼少期から野球に親しんでいた。小学生時代に鹿児島県の奄美大島へ一家は引っ越した。地元の中学に進学し、弟の忍がピッチャーで兄の努はキャッチーをしていた。二人は野球がうまいので有名になり、その噂が鹿児島市の鹿屋《かのや》中央高校の教員の耳にも入る。この教員の弟が奄美で暮らしていたのだ。教員は奄美へ見に行き、忍の投げる球を見て驚き、兄弟とも特待生として入学させることにした。

こうして亀山兄弟は奄美大島を出て鹿児島市内に下宿して鹿屋中央高校に通った。鹿屋中央高校は二年の秋の県大会で優勝、九州大会に進むが、ベスト16で終わり、春の甲子園へは行けなかった。だがすでに亀山兄弟のことはプロのスカウトも知っており、タイガースから「ドラフト外で取りたい」との打診もあり、社会人野球からも誘いがあった。そんななか、夏の甲子園を目指していた弟の忍が、投げ過ぎによる過労から肩を壊してしまう。夏の大会は県予選で敗退し、ついに亀山兄弟は甲子園の土は踏めなかった。そして三年の秋、タイガースの入団テストを二人で受けるが、努だけが合格し、入団した。

亀山は最初は三塁手だったが二年目の一九八九年に外野手にコンバートし、一軍の試合にも二八試合出た。足が速いので代走に使えるというのが一軍に上がった理由だった。しかし活躍したとは言えず、三年目の九〇年は二八試合、四年目の九一年は一八試合にしか出ていない、いわゆる一軍半の選手だった。しかし二軍のウエスタン・リーグでは、九〇年と九一年は二年連続して首位打者、九〇年は盗塁王にもなっていた。

前年まで二軍コーチだった石井晶や榊原良行の進言もあり、中村は亀山を開幕一軍ベンチ入りとはしたが、スワローズとの二連戦が終わったら二軍に落とすつもりでいた。開幕時はレギュラーが固定できないので、入れ替えが頻繁になされる。そのための調整要員、いつでも落とせる頭数として、入れておいただけだった。

亀山はそこまでは知らなかっただろうが、とにかく出た以上は結果を出さなければならない。

亀山は代走として二塁へ行った。次の打者は代打の真弓で、その打球はレフト前へのヒットとなった。亀山は二塁から一気に本塁を狙ったが、タッチアウト。いまなら「リクエスト」になるきわどいタイミングだった。怒った亀山は主審に詰め寄るが、判定はそのまま。亀山はヘルメットを叩きつけて、悔しさを爆発させた。そこには、ここ数年のタイガースの選手に欠けていた「勝つための執念」があった。この思いが他の選手たちにも伝わる。「今日は惜しかった、明日がんばろう」ではなく、「今日は絶対に勝つ」という気分になったのだ。

九回裏、田村勤がスワローズ打線を抑えると、三対三のまま、延長戦となった。

一〇回表、途中から守備についていた山口重幸のタイムリーで勝ち越すと、ランナー二人を置いて、亀山の打席となった。亀山の打球は二塁手のグラブを弾いて外野へ転がり、その間に、二人のランナーが次々とホームへ帰り、二点タイムリー。これでタイガースは三点リードとなり、その裏、田村が抑えて逃げ切った。

亀山は本塁憤死と試合を決定づけた二点タイムリーで、一躍、ヒーローとなった。これでは中村も二軍に落とせない。もうしばらく、使うことにした。

中村はこの試合もバントを指示したが、初回からではなく、六回と一〇回で、いずれも同点、逆転につながった。タイガースの作戦が昨日までとは違ってきていることに、敵将の野村が気づいていたかどうか。ともあれ、これで一勝一敗。少なくとも、前年のような開幕五連敗はなくなった。

†新スター、亀山

六日は月曜日で試合がなく、七日から東京ドームでのジャイアンツ三連戦。七日の初戦は仲田幸司が先発したが、二対三で惜敗。亀山は岡田の代走で出た。

八日のタイガースは中込伸が先発、ジャイアンツは「阪神の天敵」と呼ばれていた斎藤雅樹だった。タイガースは開幕からいまひとつの八木をスタメンから外して、亀山を二番センターにして久慈を七番に下げた。この打順変更が当たった。

一回と二回に二点ずつ入れられて〇対四で迎えた三回表、先頭の七番・久慈が三塁打を打つ。続く八番・山田のレフト前ヒットで久慈が帰り、まず一点。中込がバントで山田を送ると、一番・和田が死球で出て、一死一・二塁。ここで二番・亀山の登場となった。

亀山の打球は二塁・篠塚の前への平凡なゴロとなり、うまくさばいた篠塚が一塁へ送球、これでダメかと球場中の誰もが思った瞬間、亀山は猛烈なヘッドスライディングで一塁ベースに突っ込み、セーフとなった。これこそが、亀山が自分のセールスポイントにしようと練習を重ねていたものだった。自分がホームランを量産できる長距離打者ではないことは分かっていた。ヒットもどれだけ打てるか分からない。一軍で使ってもらえるためには、自分にしかできない何かが必要だった。ヘッドスライディングは、高校野球ならともかく、プロではあまりやらない。亀山は、危険を顧みないヘッドスライディングに賭けることにしたのだ。

亀山のヘッドスライディングで満塁となり、三番・パチョレックとなった。放った打球は右中間へ飛び、走者一掃の二塁打となって三点が入り、これで四対四の同点。

五回、中野の代打で出た立花義家が満塁から四球を選んで押し出しで一点入り、逆転。中込は七回まで投げ、八回・九回は田村が抑えて逃げ切り。これでジャイアンツ戦も一勝一敗とした。

七日、八日、九日と、東京ドームは連日五万六〇〇〇人の超満員となった。

好調の亀山は第三戦も二番でスタメン出場だ。八木が六番センターでスタメンに戻り、久慈は七番。ピッチャーは湯舟敏郎が先発した。ジャイアンツの先発はタイガースが一一連敗している香田。湯舟は一年目の前年、ジャイアンツ戦には六回先発して〇勝五敗。このデータだけなら、タイガースに勝ち目はない。

だが初回、亀山が盗塁して二塁にいて、オマリーのレフト前ヒットがタイムリーとなって、一点。二回裏に追いつかれたが、五回も亀山の盗塁から、パチョレック、オマリー、岡田の三連打で二点入れて勝ち越し、湯舟は七回まで投げ、八・九回は前夜に続いて田村が登板、一点入れられたが、あとは抑えて逃げ切った。

これでジャイアンツ戦は勝ち越した。前年は開幕五連敗だったのに、三勝二敗である。

一一日土曜日が甲子園での第一戦で、相手はドラゴンズ。二年連続最下位だったので、あまり期待されていなかったのか、東京ドームのように満員とはいかず、観客は三万二〇〇〇人。亀山はこの日も二番ライトで先発出場した。ピッチャーは猪俣。四回にオマリーの二点タイムリーと八木の第一号が出て四点を取って、猪俣が完封して、四対〇で勝ち、これで三連勝。しかも、一九八五年以来となる首位に立った。

一二日は〇対一で負け、連勝は三で止まるが、一四日からのホエールズ戦も二勝一敗として、一〇試合が経過して、六勝四敗と勝ち越していた。一五日も亀山のヘッドスライディングが出た。

こうなるとファンも騒ぎ出す。亀山にはヘッドスライディングが求められるようになるのだ。四月とは言え、タイガースは八六年以来の首位争いをしていた。首位にいるのは前年の優勝チーム、広島東洋カープで、その差一・五。一七日からの直接対決で三連勝すれば首位である。しかし第一戦は勝って〇・五ゲーム差にしたが、第二戦と第三戦は連敗して、二・五差となってしまった。

†岡田問題

続く横浜でのホエールズ戦は二連勝、次は名古屋でのドラゴンズ戦だ。その第一戦のスターティングメンバーから亀山の名が消えた。右大腿二頭筋痛で外れたのだ。二番には久慈が戻り、真弓が久しぶりにスタメン出場で七番。亀山は代打で出たので、そう悪いわけではなさそうだ。試合は二対三で負けた。

この日まで岡田は打撃不振に苦しんでいた。打率・一八五はクリーンアップを打つ打者の数字ではない。この試合も三度のチャンスに凡退していたので、もう一回、打席がまわってくる可能性はあったが、中村は八回の守りから岡田をベンチに下げた。

中村とコーチたちは、岡田をどうするか悩んでいた。打てなくなった四番・掛布の処遇で村山が悩んでいたのと同じ状況だった。あの一九八八シーズン、中村もコーチのひとりだったが、村山との折り合いが悪く、掛布について相談されたことはなく、傍観していた。二人のミスター・タイガースはろくな会話もできない険悪な関係となり、掛布は身も心も疲れ果てた。そして出した結論は、引退だった。対応を間違えば、岡田もその二の舞いとなる。岡田はこの年、三五歳。まだ何年かはやれるはずだった。

前年まで岡田とのコミュニケーションを担当していた川藤はもういない。その代わり、言いにくいことでも指摘してくれるコーチたちがいた。中村はヘッドコーチの石井と打撃担当の佐々木恭介と、岡田の処遇を話し合った。五番から下げるか、最初からベンチに下げるか。中村は七番に下げると決めた。ずっとクリーンアップを打ってきた岡田にとって、七番降格はショックであることは予想された。しかし、チームの勝利を優先させる。

四月二五日のドラゴンズ戦は、一番・和田、二番・久慈、三番・パチョレック、四番・オマリー、五番・立花、六番・八木、七番・岡田、八番・山田、九番・仲田で始まった。三回裏に一点先制されたが、四回表に二点入れて逆転。五回表も一死二・三塁のチャンスとなり、打順は六番・八木。しかしドラゴンズは八木を敬遠して満塁策を取った。次の岡田はこの日もノーヒットで、打つ気配はなかった。

八木が歩かされたことで中村は決断した。この年の「中央公論」八月号のインタビューで「大袈裟に言えば、監督生命を賭けた代打指名でした」と中村が語る決断とは、ネクストバッターサークルで素振りをしていた岡田を呼び戻し、亀山を代打で送るというものだった。

亀山はその時ベンチ裏にいて、素振りをしていた。試合状況を把握していないまま、代打だと告げられて、あわててグラウンドへ出た。そのとき初めて、自分が岡田の代打だと知り、驚いた。ベンチに戻った岡田は怒りを隠しきれない。中村は「ここは我慢せい」とだけ言った。岡田は試合後、記者たちに「代打が真弓さんなら納得できた」と言うのが精一杯だった。

亀山の登場に、スタンドのタイガース・ファンは大歓声を送った。それは七番・岡田への声援の何倍も何十倍も大きなものだった。すでに亀山はスター選手となっていた。岡田のファンもいただろうが、なにしろ、成績がひどすぎた。七番に下げられても無理はなかったし、チャンスで代打を送られても文句は出ない。だが、ベンチ内にはそれなりの動揺はあった。中村がこういう決断をしたことが選手たちには驚きだった。何を考えているのか分からない、もしかしたら何も考えていないのではないかとさえ思われた、去年までの中村とは別人のようだ。この監督でも決断するんだと、驚いた。

亀山は、しかし、ファンの期待に応えられず、ショートゴロとなり、ホームへ突入した三塁ランナーはアウトになった。

この試合のテレビ中継の解説者は広岡達朗だった。広岡は「中村と岡田が早稲田の同窓だから、こういうことができる」という趣旨の解説をした。その広岡も早稲田出身であり、かつて西武ライオンズの監督だったとき、トレードで中村を取ろうとした経緯もある。川藤によれば、中村と岡田の早稲田の同窓関係はほとんど機能していないようだ。試合後、岡田はかなり荒れていたと伝えられている。

「早稲田同士の腹を割った話し合い」があった様子はないが、この四月二五日は、岡田から亀山へと、タイガースのスターが交代した象徴的なゲームとなった。

この試合は六対一で勝った。翌日も岡田は七番でスタメン出場、代打は出されなかった。しかし打率は・一六九に落ちた。

二八日から甲子園でスワローズ三連戦。亀山は二番スタメンに戻った。第一戦は九対三で快勝した。岡田は七番でスタメン出場するもヒットは一本もなく、打率・一六一。

翌二九日は祝日だったので、甲子園には五万四〇〇〇人も押し寄せた。久しぶりの強いタイガースを見に来たのだ。その声援に支えられて、五対四で勝った。岡田は六番で出たが、三・三振で打率・一五四。翌三〇日、さすがに岡田をスタメンで出すことは、もうできない。試合は三対九で負けた。

しかし、これで四月は一二勝九敗、貯金三とした。

†オマリー負傷

五月最初のカードは一日からの広島でのカープ三連戦。またも三連勝すれば首位を奪えるという状況だった。今度は二連勝してカープにゲーム差なしまで迫ったが、第三戦は一対二で惜敗、またも首位の座に届かない。

四日からは甲子園でのジャイアンツ戦だった。四日と五日は強くなったタイガースを見に、五万五〇〇〇人が押し寄せた。春先だけ強いことはこれまでもよくあった。夏になると失速するに決まっているから、いまのうちに見ておこうと考えるファンも多かった。

超満員のファンの声援もあって、ジャイアンツ戦も二勝一敗で勝ち越した。第三戦は桑田から九回裏に亀山のサヨナラ二塁打という劇的な勝利だった。貯金も五。

八日からまたカープ三連戦。八日は雨天中止、九日は勝ったので一〇日も勝てば八五年以来の単独首位という状況になった。その一〇日、三回までに六点を取り、楽勝かと思われたが、それまでカープ打線を抑えていた先発の湯舟が四回に乱れて四失点して、一死しか取れずに降板した。リリーフした太田貴がさらに失点、代わった弓長起浩《たつひろ》も一点取られ、この回四人目となる久保康生が抑えて、ようやくチェンジ。タイガースは五回裏に一点入れて勝ち越したが、六回表、久保が一点を失い、また同点。七回から投げていた野田浩司が八回に三点を取られ、九回、中西清起が抑えるも、七対一〇で負け、首位はお預けとなった。

このシーズンのタイガースは連敗をしなくなっていた。四月に一回、二連敗があるだけだったのだ。しかし——一二日からドラゴンズ主催ゲームで北陸へ行くと、金沢での第一戦は勝ったが、一三日は雨で中止、翌日の福井での第三戦を落とし、ここから連敗が始まる。一五日からは甲子園でスワローズ戦だったが、初戦は雨天中止、一六日、一七日と連敗、一九日の東京ドームでのジャイアンツ戦も負けて今シーズン初の四連敗となってしまった。この四試合、タイガースの得点は、一点、〇点、二点、〇点。好調だった亀山とパチョレックに当たりが出なくなっていたのだ。最大で六あった貯金は二になってしまう。

一九日からの東京ドームは三試合とも五万六〇〇〇人が入った。伝統の一戦の復活である。しかし、このシーズン、ジャイアンツはスタートダッシュに失敗し、五月は最下位にあった。

元気がいいのはタイガース・ファンだ。

二〇日の第二戦、タイガース・ファンを待っていたのは、オマリー欠場という報せだった。外人の主砲の離脱——ファンの脳裡にはバースやフィルダーといった悪夢が甦る。オマリーは福井でのドラゴンズ戦で右手の甲を痛め、それが悪化していたのだ。中村監督は、オマリーなしの打線を組まなければならない。

和田、久慈ときて、亀山を三番に入れ、パチョレック、岡田、八木、古屋、山田、湯舟と組んだ。これがうまくいき、亀山の第三号、パチョレックの満塁での走者一掃の二塁打が出た。先発・湯舟は一〇日に続いて四回に崩れて降板したが、久保、中西、弓長、田村とつないで、点は取られながらも七対六で接戦をものにし、連敗を止めた。

二一日も同じ打順で、二対一の試合をものにした。

次は福島と仙台でスワローズ戦の予定だったが、雨で中止となった。五月は雨天中止が多く、その試合が九月下旬から一〇月に振り替えられ、ペナントレース終盤にタイガースはハードスケジュールを強いられてしまう。

四日にわたる休日の後、二六日、甲子園でのホエールズ戦となる。オマリーは右手根骨剝離骨折で全治三週間と診断され登録抹消となり、代わりに若手を出すことになった。

新庄剛志である。

†新庄登場

新庄剛志は一九七二年一月に福岡県で生まれた(出生地は母の実家の長崎県)。このシーズンが三年目、一月に二〇歳になったところだ。

父は造園業を営んでいた。本人が語るには、「運動神経はめちゃくちゃいい子ども」で、スポーツは何をやっても一番になった。野球は、父から教わった。父はプロ野球選手になりたかったが果たせなかったので、その夢を息子に託したらしい。しかし、新庄はサッカーのほうが好きで得意で、野球はいちばん下手だった。それなのに野球を選んだのは、最初からうまくいくものには飽きてしまうからだった。目立ちたがり屋なので、普通ならいちばん目立つピッチャーになりたがるものだが、最初から注目されるものも面白くない。自伝的エッセイ『わいたこら。』によれば、〈僕には、目立たないポジションで目立ちたいという野望があった。〉との理由で、外野を守るのだ。新庄はあまり目立たないポジションでどう目立つかを考える。

小学校時代には自分で少年野球チームを結成した。リーダーの素質とマネージメント能力もあるのだ。地元の福岡市立長丘中学校に進み、軟式野球部に所属した。自伝によれば〈中学時代、僕の名前はほとんど知られていなかった〉。西日本短期大学附属高校へ進学し、硬式野球部に入った。〈高校に入ってから、真剣に野球をするようになったけど、やっぱり注目されて

いたわけじゃない。〉
三年生の夏には、福岡県予選の決勝まで進んだが負け、甲子園には行けなかった。しかし、決勝まで進んでいたので、当人が言うように注目されなかったわけではなく、強肩の外野手としてプロのスカウトも目をつけ、ドラフト前にヤクルトスワローズを除く一一球団が挨拶に来ており、なかには「三位で指名する」と言った球団もあった。
しかし、ドラフトで新庄を指名したのは阪神タイガースだけ、しかも五位だった。〈正直ガッカリだった〉。順位もさることながら、ジャイアンツのファンだったからでもある。大学へ進学することも考えたが、父の「甲子園で思いっきりプレーしてみろ」の一言で、入団を決めた。〈五位指名は、僕にとって屈辱だった。めちゃくちゃ悔しかったので、プロに入ったらみんなを見返してやろうと思った。〉
一年目は一軍には上がれず、二年目の前年、秋から一軍の一三試合に出た。初打席でヒットを放ち初安打を記録したが、あとが続かず、一七打席、一七打数で安打二、打点一、打率・一一八という数字に終わった。この年のキャンプでは、首脳陣が見る前でホームラン性の当たりを何本も飛ばし、印象づけることに成功した。しかし開幕一軍のメンバーには入れなかった。
新庄は開幕から一軍枠に入れると思い込んでいた。入れなかったと分かったときにはショックのあまり、実家に「プロでは通用しないのかな」と弱気な電話をするほどだった。母から

「一生懸命がんばれば、お前に声がかかるはずだ」と言われ、気を取り直して二軍でがんばっていた。ウエスタン・リーグが始まると、六本のホームランを打ち、一軍昇格候補としてリストアップされていく。すでに亀山、久慈といった若手が活躍している。チームは新旧交代期に入っていた。

四月二三日、嶋田章弘が右手骨折で登録抹消となった。嶋田は投手として入団し八五シーズンから活躍していたが、肩を痛め外野手に転向していた。そこで誰か代わりに一軍へ上げることになり、新庄が抜擢された。

新庄は一軍枠四〇人のひとりとなった。しかし、まだ二八人のベンチ入り枠には入れない。若手が抜擢されるには、誰かが怪我をするか不調に陥るのが条件となる。誰かの幸福の裏には、誰かの不幸がある。厳しい世界だった。

嶋田に続いて、オマリーが骨折し一時帰国することになり、ついに新庄は一軍のベンチ入り二八人のなかに入った。二軍で新庄を見ていた石井と柏原純一の二人のコーチが一軍コーチになっていたのも幸いした。二人とも新庄の長距離バッターとしての素質を見抜き、期待していたのだ。

新庄はスワローズとの福島でのゲームからスタメンで出ることになった。しかし雨で二試合が中止となり、今季初出場は二六日の甲子園でのホエールズ戦となった。スターティングメンバーは、和田、久慈、亀山、パチョレック、八木、岡田ときて、七番サード・新庄、山田、仲田。

一回に両チームとも一点を入れ、二回裏、同点で新庄の初打席となった。前年のプロ初打席でもいきなりヒットを打ったが、この日も新庄は最初から狙っていた。ホエールズのピッチャーはルーキーの有働克也。そのカーブを打つと、レフトスタンドまで飛んだ。初打席でのプロ一号ホームランだ。仲田は初回に失点したが、以後は抑え、さらに無四球試合として完投、タイガース打線もそれ以上は得点できず、新庄の二回裏のホームランが決勝点となった。

亀山、久慈に続いて、若いヒーローが誕生した。

†生まれ変わった投手陣

タイガースが好調なのは、投手陣がしっかりしていたからだった。前年のチーム防御率四・三七と失点六一六は、リーグ・ワーストだ。それが、甲子園のラッキー・ゾーンがなくなったこともあって、防御率二・九〇、失点四四五と驚異的に改善される。

先発は、仲田、湯舟、中込、野田、葛西、猪俣の六人、リリーフが田村、弓長、御子柴、嶋尾康史、中西らである。

新庄がデビューした翌日の試合は中込が先発した。二回に両チームとも一点を入れたが同点のまま九回が終わり、延長戦。当時のルールでは延長は一五回まで、それでも決着がつかない場合は、後日、再試合となる。そのため、チームによって年間の試合数は異なる。このシーズンのタイガースは二試合引き分けて再試合となったので、一三二試合を闘う。

先発の中込は延長になっても一一回まで投げ続け、一二回から中西、一四回からは田村に交代して、いずれも無得点に抑えていた。

かくして一五回裏を迎えた。雨が激しくなるなか、三番に入っていた亀山がセンター前にヒット、続くパチョレック、八木は三振に倒れ、続いて岡田の代打で出てそのまま五番に入っていた中野が四球を選んで二死一・二塁となった。七番は新庄だったが途中で平田が代打となり、その平田の打順に田村を入れていたので、中村は代打として真弓を送り出した。

真弓の打ったボールは三遊間を割り、亀山が全力で走りホームへ帰り、サヨナラ勝ち。実に五時間二八分の試合だった。これは当時、史上四番目に長い試合となった。

続いて、二八日——試合前に、初代ミスター・タイガースの藤村富美男の訃報が届いた。七五歳だった。タイガースは甲子園球場に半旗を掲げ、この偉大な打者の死を悼んだ。

先発は葛西で、四回と五回に一点ずつ失って、六回で降板した。

好調な先発陣のなか、葛西はこの日が六試合目だったが、いまだに勝利がなく、すでに四敗していた。この日は二点に抑えていたが打線が湿り、いまだ無得点。このままでは葛西がまたも負け投手となる。選手たちは口には出さないが、「なんとか葛西に一勝を」との思いで一致したのだろう。六回裏、二死となったが、久慈が二塁打を放つと、亀山、パチョレック、八木も連打して同点、さらに岡田が歩くと、新庄がレフト前に打って二点タイムリーとし、この回、一挙四点で逆転した。これで葛西の負けはなくなり、七回に一点返されるも、八回にパチョレックの七号で試合を決める。葛西の後は、渡辺伸彦、弓長、中西、田村とつないで、五対三で勝ち、葛西は今季初勝利。

これでホエールズに三連勝、その前のジャイアンツ戦の二連勝と合わせて五連勝となった。翌日からも甲子園で、今度はジャイアンツとの三連戦だ。二九日金曜日は四万五〇〇〇人、三〇日土曜日と三一日日曜日は五万五〇〇〇人が入った。

第一戦は猪俣と桑田の先発。猪俣は一回に三点、三回に一点取られて降板、この回さらに一点が入り、新庄の二号が出たが、五対四で負けた。第二戦は湯舟が先発し、三回までに三点取られて降板した。ルーキーの桧山を六番でスタメン出場させたが、無安打に終わった。これで三試合続けて先発ピッチャーが四回以内に降板、リリーフ陣も打たれて、四対七で負けた。しかし第三戦は、一回に、和田、亀山、パチョレック、新庄にヒットが出て二点を先制した。先発の仲田が七回まで無失点で、八回途中で田村に交代、どちらにも自責点とならない失点があったただけで、三対一で勝った。

これで五月も一二勝九敗と勝ち越し、貯金六とした。

首位はカープではなかった。野村克也監督率いるスワローズが調子を上げて、首位に立っていたのだ。野村は監督就任時に「一年目に種を撒き、二年目に水をやり、三年目に花を咲かせる」と言っていた。その言葉通り、一年目は五位、二年目は三位と着実に順位を上げ、三年目に臨んでいた。「ID野球」と自称するデータを大事にする野球が、ようやくスワローズの若い選手たちに浸透してきたようではあった。野村としては、たとえ月見草であっても、花を咲かせたいところだ。

†湯舟のノーヒットノーラン

六月最初のカードは岡山と広島でのカープ戦で二勝一敗と勝ち越した。次が札幌でのホエールズ戦で、一敗一分。タイガースは札幌では勝てず、これで一六連敗となった。

九日から甲子園に戻ってのドラゴンズ戦となる。この試合に勝ち、スワローズとカープが負ければ、単独首位だった。ファンもそれを知っているので、火曜日だったが、三万三〇〇〇人が甲子園へやって来た。初回に相手のエラーと立花の二塁打で二点を入れ、三回には新庄の二塁打で一点、さらに七回にも新庄がタイムリーとなる二塁打を打ち、投げては先発の葛西が被安打二の初完封勝利で、六対〇で勝った。

スワローズ、カープとも負け、阪神タイガースは一九八五年の最後の試合以来、二四二〇日ぶりに単独首位に立った。しかし、以後、日替わりで首位が変わる混戦となる。ドラゴンズ戦は二勝一敗と勝ち越した。三戦目の六月一一日のゲームで、早くもタイガース主催ゲームの観客が一〇〇万人を超えた。

続いて甲子園でカープを迎えた。一二日金曜日は四万人が入ったが一対三で負け、一三日土曜日は五万五〇〇〇人の超満員となるも、〇対二で負けた。

一四日日曜日、甲子園のデーゲームにやって来た五万の観客は、生涯でめったに見られない光景を目にすることになる。

先発はプロ入り二年目の湯舟だった。前年は五勝一一敗、防御率四・六六。大きく負け越しているが、タイガース全体が負け越しているのだから、仕方がない。このシーズンも開幕からローテーションのひとりとして投げていたが、勝てば首位だった五月一〇日に四回もたずに降板、二〇日も四回に崩れ、三〇日は三回までで降板と、三試合連続して失敗し、先発ローテーションからいったん外された。六月四日にはリリーフで三回投げ、以後は登板もない。そんな期待されていない先発投手だったが、この日は別人のようだった。キャッチャーがベテランの木戸だったせいかもしれない。

木戸はゲームが始まる前、「とにかく四回まで行こう」と湯舟に言った。普通は、勝利投手の権利がかかる五回まで投げるのが先発投手の最低限の目標だが、さらに下げたのだ。たしかに、このゲームも四回もたなかったら、湯舟は自信を失い、ダメになってしまうかもしれない。ベテランなりの気遣いだったのだろう。

その四回を湯舟は無失点で切り抜けた。出したランナーは四球とエラーの二人だけで、ノーヒットだった。木戸はベンチに戻ると「おい、まだノーヒットやぞ」と言った。もちろん、湯舟にも分かっていた。しかし、まだ四回だ。「いつか打たれますよ」と笑った。

だが五回、六回も無安打が続く。意識すると緊張してしまい、大記録を逃すことがよくある。だから、ベンチの中ではこのことは口に出さず、とくにピッチャー当人には言わないものだ。しかし、そういう配慮のできない岡田は、わざわざ湯舟のところに行って、「お前、ノーヒットじゃないか」と言った。岡田としては励ましているつもりなのだろう。湯舟の緊張も緩んだかもしれない。

七回が終わると、木戸が「俺はノーヒットノーランの試合でマスクを被ったことがないんだ。絶対に、打たれるなよ」と言った。岡田は七回と八回が終わったときもまた来て、「まだ打たれてないぞ」と教えてくれた。

打線も湯舟の好投に応えようと、新庄の四号ホームランと、スタメンで出ていた真弓の一号などで六点を入れ、六対〇で九回表、カープの攻撃となった。

すでに球場は異様な雰囲気となっていた。興奮で騒がしいのではない。固唾を呑んで、見守る——そんな状況にあった。ここまでノーヒットノーラン、一一の奪三振。この回を三人で抑えれば、大記録の達成だった。

打順は九番ピッチャーの代打、松井隆昌からだった。松井はセカンドゴロ、一番に返って野村謙二郎もライトフライで、二番・正田耕三となった。正田は一九八九年に盗塁王をとったこともある足の速い選手だ。その正田の打球はマウンドの前で大きくバウンドし、湯舟の頭上を越えていく。打たれた。センター前ヒットだ。湯舟は記録を諦めた。しかし、セカンドの和田が懸命に前進してきた。取れなくてもいい。自分のエラーにすれば、まだノーヒットノーランだという、そんな気持ちで突進すると、どうにか捕球でき、一塁のパチョレックへ投げた。正田の足も速い。きわどいタイミングだったが、審判はアウトを宣告した。客席はどっと沸いた。

タイガースの投手のノーヒットノーランは一九七三年八月三〇日の江夏豊以来だった。ドラゴンズ戦で、〇対〇のまま九回では決着がつかず延長になり、一一回まで二つの四球だけに抑えていた。そして一一回裏、江夏は自らサヨナラホームランを打って、この大記録を達成したのだ。延長一一回のノーヒットノーランは、いまだに誰も達成していない。

デーゲームの甲子園のゲームが終わってから、スワローズの試合が始まり、ジャイアンツに負けたので、タイガースはまたも単独首位となった。

†連敗と連勝

一六日からスワローズ戦で、その二戦目の一七日からオマリーが復帰した。それはそれで嬉しいニュースではあるのだが、オマリーの代わりとしてスタメンで三塁を守っていた新庄をどうしたらいいのかという新たな問題が生じた。このゲーム、オマリーは四番ファースト、新庄は七番サードでスタメン出場した、九回、新庄に代打を出すと、その裏は、オマリーがサードにまわる。翌一八日は新庄は下がり、オマリーがサード、岡田がファーストとなった。甲子園でのジャイアンツ戦からはオマリーがファースト、新庄がサードで出ていたが、二七日からは新庄をショートに入れ、オマリーをサードに戻した。

ショートには久慈もいるので、結局、新庄を活かすためには外野にまわそうとなって、七月四日からセンターでスタメン出場することになった。

オマリーは帰ってきたが、スワローズとの三連戦と一九日からのジャイアンツ戦とも、一勝二敗と負け越してしまう。二四日からのホエールズ戦は一勝一敗、次のドラゴンズ戦は二六日と二七日は勝つが二八日は抑えの田村が打たれて負け、ここから七月七日まで七連敗を喫してしまう（ドラゴンズに一敗、ジャイアンツに二敗、カープに三敗、ホエールズに一敗）。

連敗の要因のひとつが、田村の不調だった。プロ入り二年目の今シーズン、田村は七月三日までに二四試合に登板し四一イニングを投げていたが、六月下旬から右肘の痛みを訴え、この三日を最後に、登録抹消されてしまう。三か月の活躍だったたが、五勝一敗一四セーブの成績を残す。前半の快進撃の原動力のひとりだった。

六月は一〇勝一二敗一分けで、三〇日には貯金はまだ四あった。しかし、七月五日まで連敗するので、使い果たす。

ここで終わらないのが、一九九二年のタイガースだった。七月八日のホエールズ戦に勝つと翌日も勝ち、ドラゴンズにも二勝と四連勝し、再び貯金を作る。

この時期のセ・リーグはタイガースだけでなく、他のチームも連勝と連敗を繰り返していた。スワローズは六月二五日から七月一日まで四連勝のあと、二日から五日まで四連敗。最下位だったジャイアンツは六月七日から一九日までに驚異の一〇連勝で、二一日から二七日も四連勝して首位戦線に躍り出てきた。カープは六月二一日から七月一日まで六連敗していた。

まだどのチームにも優勝の可能性が残されていた。

第8章

幻となった優勝

†オールスターに七人出場

七月一八日からのオールスターには、ファン投票で、内野手として和田と久慈、外野手として亀山、八木、パチョレックと合計五人も選ばれた。さらに監督推薦で仲田と中込も出て、合計七人が出場した。八五年ですら、バース、掛布、岡田、真弓、平田、山本の六人だったので、それ以上の人気ぶりだ。

後半戦は二四日からで、タイガースは甲子園にドラゴンズを迎え、四対〇で快勝してスタートした。投げては仲田が七回二死までノーヒットノーランと好投し、その後二安打されたが、完封して一〇勝。八木が一〇号ホームランを打った。

これでジャイアンツと同率の首位になった。

翌二五日は土曜日で五万五〇〇〇人が入り、野田が完投して四対一で勝ち、単独首位。

しかし二六日は五万二〇〇〇人が来てくれたのに、葛西が四回に捕まり、打線も湿り、一対五で負けた。ジャイアンツに三連勝したスワローズが首位に立つ。

二八日からはジャイアンツが甲子園に来た。三試合とも五万五〇〇〇人と超満員だった。中込先発した第一戦は三対四で負け、第二戦は湯舟が先発して八回まで一対一だったが、九回に湯舟が崩れ、二対四で負けた。第三戦は仲田が先発し八回まで二点に抑えていたが、タイガース打線もジャイアンツの桑田の前に得点できない。九回表、タイガースは中西をマウンドに送り、無失点で乗り切ると、九回裏に三点入れて勝った。

三一日からホエールズ戦で、その第一戦を勝って、七月は一〇勝九敗とかろうじて勝ち越した。翌八月一日は負けたが、二日は勝ってこのカード二勝一敗。

†八月の長期ロード

甲子園での試合が続いたのは、この後、この聖地を高校野球に明け渡し、「死のロード」が始まるからだった。神宮、広島、横浜、名古屋、西宮（スワローズ戦）、東京ドーム、神戸スタジアム（カープ戦）とまわって、甲子園に戻ってくるのは二七日である。

この「死のロード」での過去一〇年間の成績は五五勝九八敗七分で、優勝した八五年以外はすべて負け越している。つまり、ロードの勝ち越しが優勝の条件でもある。

四日からのスワローズ戦は一勝二敗、広島のカープ戦は雨もあって一試合のみで、勝った。横浜のホエールズ戦は二勝一敗、名古屋のドラゴンズ戦も二勝一敗、阪急西宮スタジアムでのスワローズ戦は一試合のみとなり、〇対一で惜敗。

二一日からの東京ドームでのジャイアンツ戦は、初戦は斎藤の前に完封負けしたが、翌二二日は桑田から七点取って、投げては仲田が完封した。第三戦は一回表にジャイアンツの広田浩章から一点取り、嶋尾が七回途中まで無失点、リリーフした弓長も残りを抑えて完封リレーで逃げ切った。この三連戦は連日五万六〇〇〇人が入った。甲子園などタイガース主催試合のみならず、ビジターで行く球場にもタイガース・ファンが押し寄せるので、満員になっていく。一九八五年のタイガース・フィーバーの再来だった。

首位はスワローズで、こちらも一九七八年以来の優勝かもしれないのに、それほど盛り上がらない。メディアはタイガースばかりを取り上げていた。

ジャイアンツ戦が終わると、タイガースは西へ帰った。二五日と二六日はグリーンスタジアム神戸でカープと闘い、二七日が久しぶりの甲子園だった。

二五日が高校野球の決勝戦で、西日本短期大学附属高校が優勝した。しかし話題となったのは、四年連続出場の石川県の星稜高校だった。松井秀喜（一九七四〜）はこの年が三年生。入部したときは投手だったが、すぐに野手に転向し、四番を打つようになる。一年の夏の甲子園では初戦敗退、二年の春は出られず、二年の夏は準決勝で敗退、三年の春は準々決勝で敗退し、最後の三年の夏は、二回戦で明徳義塾の監督が敬遠を指示したため、五打席連続敬遠という異常事態となった。松井が打たせてもらえず、星稜高校は敗退し、松井の高校野球は終わった。三年間の通算打率・四五〇、本塁打六〇という成績なので、当然、松井はドラフトの目玉となる。松井本人は、掛布のファンだったこともあり、阪神タイガースを希望していた。もちろん、タイガースも大歓迎だ。

二七日、ロードを終えて甲子園に帰ってきたタイガースを、五万五〇〇〇人のファンが迎えた。しかし、先発の葛西は四回までに三点を失い降板、嶋尾、御子柴、仲田とつないで〇点に抑えたが、打線が応えられず、七回に二点を入れるのが精一杯で、二対三で負けた。

二九日は熊本、三〇日は下関でホエールズ主催の試合があり、二つとも落として三連敗。

八月は一一勝一〇敗と、僅かに勝ち越し、決戦の九月へ向かう。

†八木の「幻のホームラン」

三連敗して、タイガースは甲子園に帰ってきた。

九月最初のカードはドラゴンズ戦。野田が中六日で先発した。一回にオマリーの一〇号で先制するが、逆転される。しかし、七回、和田、亀山に安打で出たところで、オマリーがこの日二本目の一一号スリーランを打って逆転。野田は一二奪三振、三安打で完投、四対二で勝った。しかし翌日は負けて一勝一敗。

続いてジャイアンツ戦だったが、雨で一試合しかできなかった。五日は五万五〇〇〇人が甲子園にやって来た。先発は中込だったが、四回に三失点して降り、湯舟、弓長、嶋尾とつないで、打線の反撃を待った。この頃から、先発ローテーションのピッチャーをリリーフにも使うようになる。まだ九月の頭。スクランブルには早いのではないかと、心配する声もあった。打線は二点は入れたが、九回に嶋尾が三点取られて、二対七で完敗。

八日から広島での三連戦。初戦は野田が先発したが六対一〇で負け、三連敗となってしまった。九日の第二戦は一回にパチョレックの一九号ツーランなどで三点を入れ、先発の仲田が四安打に抑えて完投、一二勝目を挙げた。これで連敗は三で止まった。

一〇日の第三戦は一回にオマリーの一三号ツーランで先制、湯舟が前日の仲田と同じように四安打に抑えて完投して九勝目を挙げた。

広島で勝ち越すと、甲子園に戻りスワローズを迎えた。一一日の観客数は四万五〇〇〇人。しかし、この人びとの何人が最後まで甲子園にいただろう。

中込と伊東昭光の先発で始まり、一回、二回とタイガースが一点ずつ入れたが、三回表に三点入れられて逆転、しかし、その裏にオマリーが一四号を打って同点とした。両チームとも継投となり、三対三のまま九回裏を迎えた。亀山、オマリーが討ち取られて二死となったが、パチョレックがセンター前ヒットで出て、五番・八木。その打球はレフトへ飛び、二塁塁審の右手がまわった。サヨナラ・ツーランだ。

八木はバンザイをしながらホームへ帰ってきた。ところが、スワローズの野村監督の抗議で、八木の打球はいったんフェンス上端に当たってからスタンドに入ったとされ、エンタイトルツーベースに判定が覆った。今度は中村監督がベンチを飛び出して猛抗議だ。

中村の抗議は三七分にわたり続いたが、判定は覆らず、試合は二死二・三塁で再開した。次の新庄は四球で満塁となる。しかし久慈がセンターフライに討ち取られスリーアウト。三対三で延長戦となった。

タイガースは中込が七回一死まで投げた後は、弓長が一〇回まで、一一回から一三回は御子柴、一四回と一五回は嶋尾を投入していた。スワローズも合計五人の投手をつぎ込み、両チームとも点が入らない。一四回はパチョレックが一死から二塁打を打った。中村は、ここで決めようと、パチョレックの代走に山脇光治を送った。次の八木は敬遠、新庄はキャッチャーフライで二死。久慈の打順だったので、代打として真弓を送ったが、三振して好機を逃した。

一五回表、嶋尾が抑えてスワローズの勝ちはなくなり、あとは引き分けか、タイガースのサヨナラ勝ちか。一五回裏のタイガースは八番からの打席だった。山田に代わって中野が打席に立つがピッチャーゴロ。九番の代打には岡田を送ったが三振、これで二死。しかし一番に戻ると、和田、亀山のヒットが続き、オマリーが歩かされて、土壇場で二死満塁となった。次は四番・パチョレックだったが、一四回に代走を出されて下がっていたので、その山脇がそのまま打席に入る。そして、三振――九回に抗議で中断した三七分を含めて、史上最長となる六時間二六分の試合は引き分けで終わった。一八時に始まり、終わったのは翌日午前〇時二六分。

九回の八木のエンタイトルツーベースは「幻のホームラン」と呼ばれるようになる。

†「大きなお土産を持って帰りたい」

第一戦が終わり、一七時間半後に第二戦が始まった。土曜日なので一二日は五万五〇〇〇人の超満員となった。先発の猪俣は六回まで二失点とまずまずで、七回からは嶋尾がつないで無失点。打線は一回にパチョレックが二〇号ツーランを放ち、さらに打率・一〇二の木戸が、四回に満塁で打順がくると、二号満塁ホームランを打って試合を決め、六対二で勝った。これでスワローズとは一ゲーム差。

一三日も五万五〇〇〇人が甲子園にやって来た。野田が先発し、三回までに四点取られて降板した後は葛西、御子柴、弓長とつないで無失点。四回に久慈、真弓、和田のタイムリーで三点取って一点差とすると、七回に四球で一・二塁となったところでパチョレックのタイムリーで同点、そのまま延長戦となった。

一〇回裏、先頭の新庄がレフトに打って出塁。山田が送り、久慈は敬遠、代打の関川はセンターフライで二死となって、打順は一番の和田。打ったボールは平凡な一塁へのゴロと思われたが、広沢がエラー、二死なのですでにスタートしていた新庄がホームインして、サヨナラ勝ち。これで七月二五日以来の首位に立った。

スワローズは八月二〇日には二位に四・五ゲーム差をつけて逃げ切ると思われていたが、九月五日から連敗が始まり、この日で六連敗。この後もホエールズとジャイアンツに負けて九連敗して失速、セ・リーグのペナントレースの行方は分からなくなる。

世論はタイガースを応援していた。八五年の優勝はまだ記憶に新しく、阪神が勝つと世の中が明るくなるというイメージがあった。野村とヤクルトスワローズの古田や広沢、池山、飯田たちの人気が出るのは優勝してからで、それまでは一般的知名度は低かった。

スワローズ戦を二勝一分けと負けずに終えると、続いて一五日からはカープ戦だった。甲子園は連日満員で、この日も五万五〇〇〇人が入り、仲田が二安打完封で二対〇で勝った。仲田は一三勝目だ。

一六日の観客は五万二〇〇〇人で、試合は、前日と同じように先発の湯舟が九回まで二安打に抑えて完封した。八回には、カープの山崎隆造のセンター方向へのライナーを新庄がスライディングキャッチでアウトにし、湯舟を助けた。

しかしタイガースも無得点で、〇対〇のままで九回裏となった。カープは先発が佐々岡真司だったが、八回途中から大野豊が投げていた。先頭のパチョレックはピッチャーゴロに討ち取られ、八木は四球を選び、一死一塁で、八回にファインプレーをして乗っている新庄に打席がまわってきた。新庄が大野の一二四キロのパームボールをフルスイングすると、打球は放物線を描いて、ゆっくりとレフトスタンドに入った。サヨナラ・ツーラン、これで六連勝だ。スポーツ紙には「優勝だ」の文字が踊る。

新庄はこれで一〇号、湯舟も一〇勝。カープとはこれが最終戦でタイガースの一四勝一二敗と勝ち越した。この連敗で、カープの優勝の望みは、ほぼ絶たれた。

九月半ばから、日程が変則的になっている。一七日と一八日は試合がなく、一九日に甲子園でホエールズ戦となった。この日も五万五〇〇〇人の超満員で、先発の中込が完投して五対一で勝った。これで七連勝だ。二位のジャイアンツに三ゲーム差、スワローズには三・五ゲーム差となり、残り一五試合を八勝七敗でも優勝が見えてきた。

二〇日と二一日は試合がなかったが、二二日から、「第二の死のロード」が始まった。一〇月七日まで、東京ドーム、神宮、名古屋、横浜、神宮と一七泊一三試合のビジターでの試合が続くのだ。

中村は出発前に報道陣に向かって、「大きなお土産を持って帰りたい」と、事実上の優勝宣言をしてしまった。たしかに、タイガースは優勝に最も近いところにいた。世論も後押ししている。しかし、まだマジックナンバーが出たわけではない。八五年の優勝時、吉田はマジックが出ても、「優勝」とは口にしなかった。本当に確信できるまで、指揮官たる者、軽々しく言ってはいけないのだ。まして選手たちは若手が多く、亀山、久慈、新庄は、優勝どころか、一年をフルに一軍で闘った経験すらない。

一方、久万オーナーは記者たちに対し「今年は五割でええんです……」と語っていた。

†第二の死のロード

ロードの始まりは、二二日から東京ドームでのジャイアンツとの最後の二連戦である。終盤に来て、ジャイアンツも優勝の可能性が出てきたので、ドームには連日、五万六〇〇〇人が押し寄せた。初戦は仲田と桑田の先発で始まった。しかし仲田は一回に五失点で降板、代わった渡辺も二回に三点取られ、打線は桑田に完封されて〇対八と完敗した。

最後のジャイアンツ戦となる二三日は先発の湯舟が好調で、六回に押し出しで一点入れられただけで九回まで一安打に抑えた。しかし、打線が斎藤と石毛に完封リレーされ、〇対一で負けてしまった。湯舟は一安打で負け投手となってしまう。

どこかおかしい。何かが狂い始めていた。選手たちの大半が優勝を経験していない。監督の中村も優勝経験はない。八五年は二軍監督だったので一軍の優勝直前の雰囲気を知らない。監督としてどう振る舞えばいいのか分からないまま、負け続けようとしていた。

一日休み、二五日から神宮球場でスワローズとの三連戦である。

スワローズは連敗を一八日で止めると、一九日と二〇日はジャイアンツに勝ち、二二日からのカープ戦は一勝一敗とし、調子を取り戻していた。

二五日からの三連戦は首位攻防戦とあって、神宮球場には連日、四万八〇〇〇人がやって来た。第一戦の先発の野田は三回までに四点取られて降板、嶋尾、弓長、御子柴、仲田、中西とつなぐが、五点追加されてしまう。打線も新庄の一一号と八木の二一号が出て、五点は取ったが、五対九で負けた。これで三連敗。

二六日の第二戦は中込が先発し、四回に先制したが、その裏に二失点で逆転された。七回からは前日に続いて仲田を投入し、打線もそれに応えて八回に一点入れて同点にしたが、九回裏二死から飯田にサヨナラ打を浴びて、これで四連敗。スワローズに首位を奪われてしまった。

第三戦は三回にオマリーのタイムリーで先制し、さらにパチョレックの二一号スリーランも出て、一挙に六点を奪った。先発の猪俣は四回まで無失点に抑えていたが、五回に土橋にスリーランを浴びて降板、御子柴が後続を断って、そのまま九回までのロングリリーフをして、六対三で勝ち、首位を奪い返した。勝利投手は御子柴で、今季初、一年一か月ぶりの勝利だった。

次は二九日から名古屋でドラゴンズとの最後の三連戦だ。

二九日は雨が降っていたが、試合は開始された。一回表にオマリーが先制ホームラン、その裏、湯舟が三者凡退に討ち取り、幸先よくスタートした。しかし二回裏が始まる前に雨が激しくなったので中断され、二五分後に中止、ノーゲームが決まった。中村監督は「雨だと分かっていて、試合を始めたのだから、グラウンド整備をしながら最後までやるべきだ」と怒りのコメントを発した。このゲームは一〇月に再試合となる。

三〇日は、湯舟をスライドさせるのではなく、予定通り、仲田が先発した。しかし、四回までに四点を取られて降板、御子柴、中西、嶋尾、弓長と投入して五回以降はゼロに抑えたが、打線が山田の四号は出るも三点で終わり、惜敗。

これで九月は九勝八敗一分と、かろうじて勝ち越した。

†神宮決戦

一〇月になった。一日もドラゴンズ戦だ。野田の先発で六回まで一失点とまずまずで、七回表に代打で出た岡田がタイムリーで同点とした。岡田の久しぶりの笑顔が見られた。七回からは中西、弓長、御子柴とつないで、同点のまま九回裏も終わり、今季一八回目の延長戦に突入した。一〇回裏は猪俣が登板し、二死まで取ったが、四球で二人のランナーを出したところで、矢野に打たれて、痛恨のサヨナラ負け。

これでロードは一勝六敗。暗雲がたちこめてきた。スワローズもカープに負けていた。

移動日なしで、二日から横浜でホエールズとの三連戦。タイガース・ファンが押し寄せ、二日は二万八〇〇〇人、三日と四日は三万人が入った。

第一戦は中込が先発し、二回に二失点はしたものの、あとは抑えていた。湿っていた打線も八回にオマリーの一五号で一点返して、一対二。パチョレックは守備の際に脇腹を痛めて二打席で下がり、岡田が七月八日以来の守備についていた。

九回表、二死一・二塁で、パチョレックに代わって四番に入っていた岡田の打席となった。三番のオマリーは敬遠されていた。岡田のこれまでの二打席は四球と三振。ホエールズは岡田なら討ち取れるとオマリーを敬遠したわけだ。しかし岡田の意地が勝ち、打ったボールはショートの頭上を越えてセンター前に。二塁から和田が帰り、同点。続く八木の内野安打で、オマリーが帰り、逆転した。

九回裏は中西が登板。四球やエラー、敬遠で一死満塁となったが、石井琢朗から三振を奪いツーアウト。次の屋鋪要の打球は一塁の岡田の前へ転がり、スリーアウト。八五年には何度も見たのに、岡田と中西が握手をするシーンは、久しぶりだった。亀山や新庄が走り、久慈が守り、湯舟や中込が投げるのもタイガースなら、岡田が打って中西が守り切るのもタイガースだった。スワローズは試合がなかった。

三日は、パチョレックがスタメンから外れ、岡田が四番に入った。前年六月以来の四番だった。二回に岡田の二号が出て先制、四回には岡田の犠牲フライで、さらに一点。九回表に八木がエラーで出塁して新庄がヒット、和田の三点タイムリーなどで四点を入れて、ほぼ試合を決めた。投げては湯舟が初回に一死三塁になったのが唯一のピンチで、あとはホエールズ打線を沈黙させ、二安打完封で一一勝。スワローズも勝っていた。

四日が今季最後のホエールズ戦だ。これまで一六勝九敗一分と大きく勝ち越している。初回に新庄が押し出しでホームを踏んで、先制。四回には三安打を集中させて一点加えたが、五回に先発の猪俣が乱れ、死球、バントの守備で悪送球、さらに四球と、ヒットなしで満塁とされ、犠牲フライとタイムリーで同点に。八回も死球でランナーを出したので、中西に交代するが、この継投が失敗、弓長もつぎ込むが三点取られ、結局二対五で負けた。

まだ優勝戦線に残っていたジャイアンツがカープに負けて、完全に脱落。敵はヤクルトスワローズのみとなった。残り五ゲーム。スワローズと神宮で二戦、名古屋でドラゴンズ、そして最後が甲子園でスワローズと二試合だ。この時点でタイガースは六六勝、スワローズは六五勝で、タイガース優位とされていた。

六日の神宮球場には四万八〇〇〇人がやって来た。優勝が決まる試合の可能性が高かったので、前売り日にはチケット売り場から二キロ以上もの行列となった試合だ。東京の試合なのに、大半はタイガースファンだった。

タイガースの先発はエース・仲田。風邪をひいて三八度の熱があったが、点滴を打ちながらの決死のマウンドとなった。仲田は七回にハウエルから三振を奪い、一〇奪三振と好投していた。しかし、次の広沢への外すつもりで投げたストレートを打たれ、打球はバックスクリーンへ叩きつけられた。タイガース打線は岡田を三番に入れ、四番オマリーとしたが、ヒットは出てもつながらず、〇対一で負けた。

これで両チームとも六六勝六〇敗、残り四試合と完全に並んだ。しかもそのうちの三つが直接対決だ。

この接戦に、野球に関心のない人びとも話題にするようになっていく。一九八五年の大騒ぎぶりも、まだ人びとの記憶に残っていた。あの狂喜が、あの興奮が、あの騒乱の光景が蘇る。

このまま同率で終わる可能性も高く、そうなった場合のプレーオフについて協議されていた。

七日も四万八〇〇〇人が押し寄せた。パチョレックが復帰して四番に入った。先発は中込と伊東。三回にタイガースが先制し、五回に二点の追加点、しかしその裏に一点返されて、三対一で九回を迎えた。誰もが、タイガースの勝利を確信していた。九回表は中込からだったが、中村はそのまま打たせてサードゴロ。和田も亀山も凡退して、いよいよ九回裏だった。中込がそのままマウンドへ向かった。あと三人。

先頭の四番・ハウエルをショートフライに討ち取ったが、五番・広沢に四球を与え、六番・池山がセンター前ヒット。これで一死一・三塁となってしまう。中村監督は中込を諦めた。そして登場したのが、湯舟だった。

球場は異様などよめきとなった。湯舟でいいのか。いいピッチャーで、これまでもリリーフで出たことはあるが、こういう危機的な場面での経験はない。前日は仲田が完投したのだから、弓長も御子柴も中西も疲れていないはずだ。なぜ、湯舟なのか。試合後、中村は「一番、信頼している投手だから」と説明した。

だが、その信頼は裏切られる。湯舟は緊張していた。ストライクが入らず、代打・八重樫に四球で満塁、続くバリデスにも四球で押し出しの一点。これで三対二、なおも満塁だ。中村は自分の過ちに気づいて、中西を送る。しかしもう流れはスワローズにあった。ベテランの中西でも、その流れを止めることはできない。飯田の打球は三塁線を走る。オマリーがダイビングキャッチして、倒れたまま一塁へ投げたが、間に合わず、その間に三塁ランナーが戻り、同点。続く荒井の打球はレフト前に落ちて、サヨナラ負けとなった。

阪神タイガース史上にはいくつもの「悪夢のサヨナラ負け」があるが、そのなかでも最も思い出したくない試合となった。

かくして連勝するはずだった神宮決戦は、まさかの二連敗となった。

†泡と消えた優勝

傷心のタイガースとそのファンは一日休み、九日のナゴヤ球場でのドラゴンズとの最終戦に臨んだ。まだ、優勝の夢は絶たれていない。この試合を勝ち、残る甲子園でのスワローズとの二連戦も勝てばいいのだ。

野田が先発し、六回まで一点に抑え、七回は御子柴、八回は弓長が〇点に抑えた。しかし打線はドラゴンズの投手に完封リレーされ、〇対一で負けた。

スワローズは神宮でカープと闘い、七対二で快勝した。他のチームは全日程を終え、残っているのは、タイガース対スワローズの二試合のみだった。

一〇月一〇日、甲子園には五万五〇〇〇人がやって来た。今日、負ければスワローズの優勝、今日勝って明日も勝てば、プレーオフ。スワローズにはまだ明日があるが、タイガースには明日はない。

先発は湯舟だった。一回、二回に一点ずつ入れられると、早くも二回で降板した。その裏、八木と久慈にヒットが出て、木戸のタイムリーで一点返して二対一、三回からは御子柴がマウンドに立つ。四回に一失点したが、五回まで投げた。六回と七回は弓長、八回と九回は中西とつないだが、それぞれ一失点で、一対五で九回裏となった。

先頭のパチョレックが二二号を打って二対五。奇跡が起きると期待させた。しかし、八木はライトフライ、新庄はキャッチャーへのファウルフライで二死。最後は久慈だった。ベンチには真弓も岡田も残っていたが、中村はそのまま久慈を送り出し、セカンドゴロに終わった。観客席のほとんどはタイガースファンだったので、悲鳴に包まれた。

三塁側ベンチからスワローズの選手たちが、飛び出した。野村監督の胴上げが始まる。終わった。最下位候補が一転して、優勝戦線の主役となった。それだけでも奇跡ではないか。そう思うしかなかった。

選手会長でもあった和田は「この日のことは一生忘れない」と語り、泣いた。新庄は「今は疲れて何も言えません」、亀山は「このカタキは来年、きっと討ちます」と言った。中村は「中村自身が力不足だった。選手は一生懸命、力を出し切ってくれた。優勝を逃して、本当に申し訳ない」と言うのが精一杯だった。

翌一一日も試合があった。消化試合となってしまったが、前売りは完売していたので、五万三〇〇〇人が来てくれた。試合は二日酔いのスワローズを相手にして四対三で勝った。

順位	チーム	試合数	勝	負	引分	勝率	ゲーム差	本塁打	打率	防御率	得点	失点
1	ヤクルトスワローズ	131	69	61	1	.531	–	173	.261	3.79	599	566
2	阪神タイガース	130	67	63	0	.515	2.0	86	.250	2.90	475	445
2	読売ジャイアンツ	132	67	63	2	.515	2.0	139	.262	3.69	535	522
4	広島東洋カープ	130	66	64	0	.508	3.0	122	.260	3.60	571	532
5	横浜大洋ホエールズ	131	61	69	1	.469	8.0	97	.249	3.75	521	553
6	中日ドラゴンズ	130	60	70	0	.462	9.0	108	.252	3.91	479	562

1992年　セ・リーグ順位表

†スーパースターの復帰

ヤクルトスワローズは六九勝六一敗一分、勝率・五三一で優勝した。一九七八年以来、一四年ぶりの優勝だった。タイガースとジャイアンツが同率で二位となった。ともに六七勝六三敗、勝率・五一五。ゲーム差は二だった。四位はカープで、二位とのゲーム差は一。五位はホエールズ、六位はドラゴンズだった。最下位のドラゴンズも六〇勝しており、僅差のペナントレース、絶対的に強いチームのないシーズンだった。だからこそタイガースでも優秀を争えたとも言えるし、強くなったタイガースが混戦を生み出したとも言える。

優勝はヤクルトスワローズだったが、このシーズンの主役は阪神タイガースだった。入場者数は前年から一〇三万人も増えて、二八五万三〇〇〇人になった。八五年の二六〇万人も抜いて、球団新記録だった。ビジターで行く球場でも、神宮や横浜はタイガースファンのほうが多かった。

セ・リーグの公式戦すべてが一一日に終わると、翌一二日、読売ジャイアンツは記者会見を開き、監督に長嶋茂雄が就任すると本人同席の上で発表した。一九八〇年の事実上の解任から一二年が過ぎていた。スーパースターの復帰で、優勝監督の野村は霞んでしまう。

パ・リーグは西武ライオンズが優勝し、リーグ三連覇。一七日からの日本シリーズは、森と野村という捕手出身同士の対決となり、ライオンズが勝った。

優勝はできなかったが、亀山と新庄はタイガースの新しいヒーローとなった。二人の人気ぶりは「亀・新フィーバー」と呼ばれ、雑誌も特集し、関連書籍も何点も出た。

亀山は規定打席に達し、打率・二八七、打点二八、本塁打四。新庄は達しなかったが、九五試合に出て三七八打席で打率・二七八、打点四六、本塁打一一だった。

岡田は七〇試合に出て二一二打席、打率は・一八九、打点一九、本塁打二という不本意な数字に終わった。

新人王は久慈と新庄が競い、五票差で久慈が選ばれた。打率、本塁打とも新庄が上だったが、規定打席に達していないことから、一二一試合に出た久慈に軍配が上がった。タイガースとしては一九八〇年の岡田以来、一二年ぶりの新人王だ。

チーム成績では、前年まで防御率四点台でリーグ最下位だった投手成績が飛躍的に向上した。

投手陣については、非公式ながら、中村に頼まれた広岡達朗がアドバイスをしていたとも言われている。防御率二・九〇はリーグトップで、完投数三六は、桑田・斎藤らのいる巨人に次いで二位、完封数一五はリーグトップ、奪三振九〇五も巨人に次いで二位、失点四四五はリーグトップだった。優勝したスワローズは防御率は五位の三・七九で、失点五六六は最下位である。一方、打撃成績ではチーム打率・二五〇はリーグ五位で、ホームラン八六、得点四七五はともに最下位だった。

数字の上では、ラッキー・ゾーンがなくなったこともプラスして、投手力がよかったからこそ、優勝まであと一歩という成績になったと読み取れる。打線を強化すれば、数年以内に優勝できるかもしれない――と球団首脳が考えるのも無理はない。

†迷走の始まり

一一月二一日のドラフト会議での最大の目玉は松井秀喜だった。競合を避けたチームもあり、中日、ダイエー、阪神、巨人の四球団が指名した。くじ引きとなり、当たりを引き当てたのは、最後に引いた長嶋茂雄だった。

このドラフトでタイガースに入団したのは八人だが、活躍したと言えるのは、二位の竹内昌也（一九七一〜）、六位の塩谷和彦（一九七四〜）くらいだ。この二人も、中心選手にはなれなかったので、成功したとは言い難いドラフトだった。

松井をドラフトで獲れなかったので、タイガースはトレードに活路を見出す。投手陣は問題ない。あと一本の決定打がほしい。ということで、打線強化を目的として、トレードをいくつかの球団に打診し、オリックス・ブルーウェーブの松永浩美（一九六〇〜）が獲得できそうだとの情報を得た。監督の土井正三との折り合いが悪いらしい。代わりに誰を出すか。先発ローテーション投手をひとり出すことになり、野田が選ばれた。

かつてもタイガースは打線強化のため、エースの小山正明（一九三四〜）と、オリオンズの四番打者の山内一弘（一九三二〜二〇〇九）との「世紀のトレード」をしたことがある。しかし、小山と山内は二歳しか違わないのに、野田と松永は八歳も違う。野田は二〇歳でプロに入って五年目で二四歳、松永は一二年目で三二歳。将来性を考えれば、野田のほうが長く活躍するはずだ。

さらに外国人としては、九二年のバルセロナオリンピックの台湾代表のエース郭李建夫も獲得した。しかし、当時は外国人は二人までしか一軍に登録できない。オマリーとパチョレックの残留が決まっており、どう使うつもりなのか。

フロントの迷走が始まっていた。

最大の問題は、九月下旬からの第二の死のロードで負け越したのが、中村の采配ミスだと誰も指摘できなかったことだ。二位で大健闘、二位にした大功労者と持ち上げてしまった。「中村の未熟さと無能さで優勝を逃したのだから、辞めさせろ」と言う人はいなかった。監督という最大のウイークポイントをそのままにして、タイガースは一九九三年を迎えるのだった。

球団人事には影響はなかったが、一二月、久万オーナーが阪神電鉄社長を退任して、会長に就任した。後任の社長は手塚昌利（一九三一〜）だが、久万はタイガース・オーナーの座は手放さず、球団会長であり続ける。電鉄本社の仕事が少なくなった分、久万はタイガースへの関心と関与を強めていく。

Ⅳ 闇の中

1997年5月3日、甲子園での広島戦で右中間タイムリー3塁打を放つグリーンウェル（共同）

第9章

暗転——一九九三、九四年

†最後の勝率五割時代

一九九二年オフは、五チームで監督が交代した。

セ・リーグ二位だった読売ジャイアンツは長嶋茂雄が一二年ぶりに監督に復帰した。藤田元司は四年で優勝二回、四位、二位という好成績だったが人気はなく、スーパースターに譲った。五位の横浜大洋ホエールズは、シーズン途中に須藤監督が辞任に追い込まれ、ヘッドコーチの江尻亮が監督に昇格したが留任はせず、近藤昭仁が監督となった。また、親会社の大洋漁業がマルハに社名変更したのに伴い、横浜ベイスターズに改称した。

パ・リーグは、かなり異動した。五位だった日本ハムファイターズは土橋正幸が辞めて、大沢啓二が監督に復帰した。二位だった近鉄バファローズは仰木彬が辞めて、OBの鈴木啓示が監督になった。そして最下位の福岡ダイエーホークスは田淵幸一が辞めて、西武ライオンズの管理部長だった根本陸夫が移り、代表取締役専務兼監督に就任した。根本は西武のときがそうだったように、チームを把握したら、監督を別の者に譲り、自分はフロントで寝業師として辣腕をふるうつもりでいた。

田淵は同期の星野、山本浩二が優勝監督となったのに、ひとりだけ、監督としては結果を出せなかった。

一九九三シーズンの開幕は四月一〇日、甲子園でのドラゴンズ戦だった。前年あと一歩だっただけに、今年こそと期待して、五万二〇〇〇人が甲子園にやって来た。

スターティングメンバーは、一番セカンド・和田、二番ショート・久慈、三番サード・松永、四番ファースト・オマリー、五番レフト・パチョレック、六番センター・八木、七番ライト・岡田、八番キャッチャー・山田。開幕投手は仲田だった。

亀山は開幕からベンチ入りしていたが、控えでのスタートで、このカードは出番がないが、次のスワローズ戦から出場する。

新庄は背番号を63から5として、キャンプではショートにコンバートされ、久慈と競うことになった。打撃では新庄が上だが、守備力では久慈が上だという分かりきったことが確認されると、結局、二人を活かすには新庄を外野へまわすしかなく、再び外野手に戻った。しかし、オープン戦でヘッドスライディングをした際に左肩を痛め、開幕には間に合わなかった。

先発の仲田は二回までに五点取られ、三回で降板。御子柴、中田、葛西、弓長と継投したが、一二失点。

松永が五打席五安打で打点二と活躍し、パチョレックの一号も出た。しかし五対一二で黒星スタートとなった。

翌一一日は湯舟が先発して、九回一死まで投げて三失点、中西が抑えた。打っては、松永とオマリーに一号が出て、五対三で勝って、一勝一敗。

松永のトレードは成功したと思われたが、それはこの二試合までだった。

次のカードも甲子園で、相手は前年優勝争いをしたヤクルトスワローズ。一三日の第一戦は三対二で勝ったが、松永が左足太腿を痛めて二打席で下がってしまった。亀山が代わり、一号ホームランを打ったので、チームとしての傷は浅かったが、不安を感じさせた。

一四日は松永は出ず、亀山がスタメンに入っていた。先発は猪俣で四回までは無失点だったが、五回に四点入れられたところで降板した。試合は六対七で負ける。

一五日は葛西の先発で、五対二で勝って、このカードは二勝一敗。

開幕五試合は三勝二敗と勝ち越せた。松永が早くも離脱するなどのアクシデントはあったが、新庄もそのうち上がってくるだろうし、投手陣も前年と同じくらいはいけそうだった。

最初のジャイアンツ戦は二三日金曜日で、長嶋人気もあって、五万三〇〇〇人が入り、土・

日の二四日と二五日は五万五〇〇〇人と超満員。しかし勝てたのは第二戦だけで、一勝二敗に終わる。

四月は八勝八敗で、首位カープに三・五ゲーム差の四位で終わった。

新庄が帰ってきたのは五月一八日、石川県立野球場でのドラゴンズ戦で、六番センターでスタメン出場し、四打席二安打二打点二盗塁と、いきなり活躍した。投げては仲田が八回まで一失点に抑えて、九回は中西が締めて、五対一で勝った。

翌一九日は、オマリーに五号、八木と木戸に一号が出るなどで八得点、投手陣は湯舟が先発して七回まで三失点に抑え、弓長、御子柴、中西とつないで、八対五で勝ち、今季初めて首位に立った。二〇日は五対九で負けた。

四月は開幕ダッシュに成功したカープだったが、五月は一八日から五連敗中で、首位陥落すると、二度と浮上できず最下位に終わる。一方、スワローズは一五日から五連勝中で上昇してきていた。

二一日からは甲子園でのジャイアンツ戦で、首位に立っていることもあり、五万三〇〇〇人が出迎えた。それに応えて、オマリーの六号と新庄の一号が出て、投げては猪俣が七回まで二失点と好投して郭李建夫につないで、九対三で勝った。

郭李建夫は一九六九年生まれで、台湾のプロ野球で活躍していた。前年のバルセロナ・オリンピックではチャイニーズタイペイ代表として出場している。当時は外国人枠が二人だったので、オマリーとパチョレックがいるため、一軍登録できなかったが、パチョレックが不調で二軍で調整することになったので、五月二〇日に初登板していた。

首位だったのは、しかし、この二一日までだった。二二日と二三日と連敗したので、首位から落ちてしまう。次に首位に立つのは七年後、野村監督一年目の一九九九年六月九日まで二〇九日、待たねばならない。

世に言う「暗黒時代」のなかでも、最も暗い時代が、この日から始まるのである。しかし、まだ、選手もファンも、そんな日日が待っているとは知らない。

五月も一一勝一一敗と勝率五割で終えた。

だが、勝率五割という最低ラインにあったのは、これが最後だった。

†岡田退団

前年の快進撃のきっかけが亀山にあったように、暗黒時代の始まりも亀山にあった。六月一一日、亀山はダイビングキャッチの際に右肩を脱臼し、今季絶望となる。このシーズンの亀山はこの日までの四四試合にしか出場できなかった。前年のヒーロー、タイガースの新しいスター、亀山と新庄が揃っていたのは九三シーズンは一か月もなかったのだ。

亀山だけではない。松永はその後も故障が多く、八〇試合にしか出られない。打率・二九四はまずまずながら、打点三一、本塁打八という数字に終わる。

パチョレックも腰痛が出て一時は二軍で調整した。復帰はしたが、八月二七日、シーズン途中で引退を宣言して退団する。七四試合に出場し、打率・二四三、打点三六、本塁打七だった。

パチョレックが調整のため二軍に下がると、郭李が入れ替わって一軍に上がって活躍していたが、七月二六日に打球が睾丸に当たり、負傷するという不運な事件もあった。

六月は七勝一二敗二分と負け越し最下位にまで下がった。七月は五連敗した後、七連勝と、浮き沈みが激しく、それでも一〇勝七敗で巻き返して五位にした。ペナントレースはスワローズが首位を独走していた。

八月は四連敗で始まり、八勝一一敗と負け越したが、順位は五位のまま。三一日から四連勝して、九月はジャイアンツと三位を争い、一〇勝八敗と勝ち越し、三位で終わった。

一〇月五日、岡田は三好社長から来季の構想にはないと戦力外通告されていた。三好は「引退試合もする。功労金も用意するから」と引退を勧めた。八五年の優勝メンバーではバースと掛布が不幸な形で球団を去った。球団としては、これ以上イメージの悪くなることはしたくない。

このシーズンの岡田はほとんどが代打で、いわば飼い殺し状態にあった。本人としては、まだまだやれる思いでいたが、チームが世代交代の方針だったので、出番がなかった。引退したほうがいいとの声も多くなっていたが、不完全燃焼のまま引退したくなかった。

さらにこのオフから、フリーエージェント制度（ＦＡ）が導入されるのも、岡田の思いを複雑にさせていた。岡田は一九九二年七月から労働組合日本プロ野球選手会の会長をしており、ＦＡ導入を要求し、それを実現させた。岡田はすでにＦＡ宣言する資格があった。自分がＦＡ第一号となることが、この制度が定着する上で意味があるとも考えていた。

一方でタイガースの選手として終えたい、他のユニフォームなど着たくないとの思いもある。岡田は悩む。ＦＡした選手を獲得した球団は、元の球団に補償金を払わなければならない。そこまでして、打率・一七〇前後の選手を獲ろうとする球団があるだろうか。岡田は「補償金を放棄することはできないか」と球団に打診したが、「対処しかねる」との答えだった。そんなことをしたら、できたばかりの制度を歪めてしまう。岡田も考え直し、一九日の話し合いで、無償トレードで移籍先を探してもらうことにした。

どちらにしろ、岡田がタイガースのユニフォームを脱ぐことは決まった。

二一日の甲子園でのカープ戦が今季最終戦で、タイガースの岡田として最後の試合となる。二万人が来てくれた。岡田はスタメンでは出ず、七回に代打として出た。打席に立つとき、眼から涙がこぼれていた。打ったが、一塁へのファールフライで凡退した。

タイガースでの一四シーズンの通算成績は、一五五四試合に出て、一四八五安打、打率・二七七、打点八二二、本塁打二四五。

タイガースの選手の安打数は二〇一九年現在、鳥谷敬が歴代トップで、以下は、藤田、吉田、和田、藤村、真弓、掛布、金田ときて、第九位が岡田だった。八位までは全員、タイガースの選手として引退したが、岡田は現役にこだわる。

試合後の記者会見で岡田は「たとえ阪神の選手でなくなっても、自分は一生、タイガースのファンであり続けます」と号泣した。

二五日になって、仰木彬が監督に就任したばかりのオリックス・ブルーウェーブが岡田獲得に名乗りを挙げた。仰木が熱心だったのだ。しかし話がまとまりかけたところで、週刊誌が、岡田は女性問題と総会屋が絡む恐喝事件に巻き込まれていると報じたので、白紙になってしまう。

岡田は自由契約となってタイガースを退団した。バース、掛布に次ぐ、悲劇的な退団となった。どこにも行けないかもしれないが、岡田はひとりでトレーニングを続ける。

結局、中村は岡田を使いこなせなかった。戦力外通告も自分ではせず、三好に託した。早稲田の先輩・後輩という関係は、何も機能しなかったのだ。

†一九九三年オフ

一〇月に入ると二連敗している間に、ジャイアンツに三位の座を奪われ、九勝一〇敗と負け越した。

スワローズは一五日に優勝を決めた。八〇勝五〇敗、勝率・六一五。二位は七ゲーム差でドラゴンズ、三位はジャイアンツ、以下、タイガース、ベイスターズ、カープと続く。

タイガースは六三勝六七敗二分で、勝率・四八五の四位。

それでも、入場者数は二七六万八〇〇〇人で、八万五〇〇〇人のマイナスですんだ。ファンは見捨ててはいない。

一九九三シーズンのタイガースのチーム打率は・二五三でカープと同率で三位、前年の・二五〇より少しはよくなった。防御率は三・八三と前年の二・九〇から大きく下げた。前年の快進撃の原動力だった投手力が落ちてしまったのだ。規定投球回数に達したのは三人で、湯舟が二三試合に投げて一二勝六敗、防御率三・五二、中込が二八試合に投げて八勝一三敗、防御率三・七一、猪俣が二七試合に投げて一一勝一二敗、防御率三・八九だった。この三人はすべて先発での登板だ。

大きな誤算が仲田で、二七試合に登板し、うち先発は一五試合で三勝一二敗、防御率六・五

順位	チーム	試合数	勝	負	引分	勝率	ゲーム差	本塁打	打率	防御率	得点	失点
1	ヤクルトスワローズ	132	80	50	2	.615	–	140	.263	3.20	622	475
2	中日ドラゴンズ	132	73	57	2	.562	7.0	158	.256	3.12	538	453
3	読売ジャイアンツ	131	64	66	1	.492	16.0	105	.238	3.22	446	465
4	阪神タイガース	132	63	67	2	.485	17.0	86	.253	3.88	478	542
5	横浜ベイスターズ	130	57	73	0	.438	23.0	87	.249	3.83	477	544
6	広島東洋カープ	131	53	77	1	.408	27.0	155	.253	4.29	530	612

1993年　セ・リーグ順位表

四。一時は先発に転じた中西は一〇試合に先発、二三試合にリリーフして、三勝三敗一一セーブ、防御率三・六二だった。

打撃陣では、オマリーが大当たりの年で、打率・三二九で首位打者となった。ホームランも二三本で打点は八七。和田も打率・三一五でセ・リーグ五位、新庄も規定打席に達して、打率・二五七で二一位、久慈も・二四四で二六位に入っている。

一方、オリックスにトレードされた野田は、一七勝五敗の好成績を残していた。それだけではない。野田を出して獲得した松永は、FA宣言して、僅か一年でダイエーホークスへ移籍してしまったのだ。FA一号は岡田ではなく、松永だった。結局、中村は松永とも満足にコミュニケーションが取れず、一年で失うことになった。

一方、因縁のオリックスから、石嶺和彦（一九六一〜）がFAでタイガースに入団した。石嶺は沖縄県出身で豊見城高校に入り、二年と三年の春・夏、四季連続して甲子園に出て、七八年のドラフトで阪急ブレーブスに指名されて入団した。全試合に出るようになったのは八九年からで、九三シーズンの成績は打率・二七三、打点七

七、本塁打二四。FA宣言すると、中日ドラゴンズ、西武ライオンズが名乗りを挙げたが、タイガースは中村監督と三好球団社長が面談して、年俸一億〇二〇〇万円と外野手としてクリーンアップを打たせると約束して、獲得した。

FA元年となったこのオフは、松永と石嶺のほか、中日ドラゴンズの落合博満が読売ジャイアンツへ、ジャイアンツの駒田徳宏が横浜ベイスターズへ移籍した。

ドラフトではタイガースに五人が入団したが、活躍するのは一位指名の藪恵一《やぶけいいち》（後、恵市、と恵壹）くらいだ。

藪は一九六八年生まれで、三重県出身。和歌山県立新宮高校へ進学したが、高校時代はほぼ無名で大学も一年浪人して一般入試で東京経済大学に入った。いわゆる野球エリートではない。卒業後、社会人野球の朝日生命に入ると活躍して注目され、ドラフトではこのオフから導入された逆指名制度でタイガースに入った。

さらにパチョレックに代わる外国人として、ロブ・ディアー（一九六〇〜）を二億七〇〇〇万円で獲得した。

ディアーは一九八四年からメジャーリーグ四球団で一一年、活躍した。ホームランは八六年の三三本が最高で、九三年は二一本、通算二三〇本。打率は三割を超えたことはなく、九三年は・二一〇しかない。一方、三振は多く、四回、三振王になっている。九三年も一六九で、三振王だった。はたしてパチョレックの穴は埋まるのか。

打てない外国人ディアー

中村勝広は監督として五シーズン目を迎えた。この球団としては、異例の長さである。しかも優勝もしていないのに、留任した。

セ・リーグでは一九年ぶりの最下位に終わったカープの山本浩二監督が辞任し、三村敏之が後任となった。パ・リーグでは、オリックス・ブルーウェーブの土井正三が辞めて、仰木彬が監督に就任した。土井監督時代は、目立たない存在だったイチローが、この年、シーズン二一〇安打を放ち、一躍ブレイクする。

さらにキャンプ直前の一月二八日、自由契約になっていた岡田がブルーウェーブに入団すると決定した。スキャンダル報道で白紙になったが、仰木監督が岡田をどうしても欲しいと球団に掛け合った。オリックス本社が独自ルートで岡田の事件を調べると、女性の証言は虚偽で、岡田はあくまで被害者であることが判明し、問題なしとなって、入団が決まったのだ。岡田は野球ができるかどうか分からない状態にあっても、ひとりでトレーニングを続けていたが、それが報われた。

二九日に岡田の入団記者会見が開かれた。岡田は言葉に詰まりながらも、「これからは野球一筋で行きたいと思います」と言った。

一九九四シーズンの開幕は四月九日、タイガースは神宮球場でスワローズと闘った。スターティングメンバーは、一番センター・新庄、二番セカンド・和田、三番ライト・亀山、四番サード・オマリー、五番レフト・石嶺、六番ファースト・ディアー、七番ショート・久慈、八番キャッチャー・吉田康夫、開幕投手は湯舟だった。

吉田は一九六一年生まれで、八五年のドラフトでタイガースに入り、八九年に五八試合に出たのが最高で、このシーズンも六試合しか出ない。九五年と九六年は一試合、九七年は一試合も出ず、そのオフに引退した。この試合も二打席までで、関川浩一に交代した。

躍進した一九九二年に正捕手だった山田勝彦は九三年からは出場機会が減っていた。九三年は六三試合、九四年も五八試合である。八五年の優勝メンバーである木戸は肩の衰えから、九三年は四九試合、九四年も三四試合に留まる。湯舟との相性がよかったので、湯舟が先発のときにスタメンで出るくらいだ。

正捕手が定まらないのが、この時期のタイガースで、投手陣の弱体化の一因でもあった。

初回に前年を棒に振った亀山の一号が出て先制したが、逆転され、二対六で迎えた九回表に二点を返すも、四対六で開幕戦を落とした。翌日も負けて、スワローズに二連敗した。

一二日火曜日が甲子園での最初の試合だったが雨で流れて、一三日となり、ルーキーの藪が先発して七回までに三点取られて降板、七対六で負けて、開幕三連敗というスタートになってしまった。このゲームの観客は二万八〇〇〇人で、ファンもそれほど期待していない。一七日の日曜日のカープ戦で、初めて五万人が入った。

四月二二日が最初のジャイアンツ戦で、東京ドームには五万六〇〇〇人が入っている。

新外国人のディアーは、キャンプの打撃練習では好調の様子だった。長距離打者であることを証明する、すさまじい飛距離の打球を放ち、期待された。「甲子園で場外ホームランを打つかもしれない」とまで言われたが、はやくもオープン戦で、もうひとつの特徴である三振王ぶりも発揮していた。

ディアーは開幕から出ていたが、一〇試合が終わった時点で、ホームランは二本打っていたものの、打率は・一三五と低迷していた。中村は早くから見切りを付けていたが、二億七〇〇〇万円も払って獲得した選手が使えないと責任問題になるので、フロントが使うように強く言うため、仕方なく起用し続けた。そのため、怪我が全快している亀山をベンチに置かなければならないジレンマに陥る。中村がこの時点で、ダメな外国人をすっぱりと切る姿勢をとれなかったことから、後の監督たちもダメ外国人問題で悩むことになる。

ＦＡで入った石嶺は松永とは異なり、一三〇試合すべてに出て、打率・二四六、打点七七、本塁打一七と合格点の活躍はする。

四月の成績は六勝一二敗と大きく負け越し、首位ジャイアンツに六・五ゲーム差の最下位に沈んだ。

とはいえ、そのまま最下位だったわけではない。五月は一三勝一一敗と持ち直して五位に上がり、六月は九勝一三敗と負け越したが、五位のまま、七月は一五勝八敗と勝ち越して、三位にまで上がった。しかし、首位を独走するジャイアンツからは九ゲームも離されていた。

†一九九四年オフ

中村が決断できないまま、ディアーは七月も終わりになるまで、ずるずると出場し、三振の山を築いていた。しかし七月三一日、この問題は思わぬ形で決着する。ディアーは七番で先発出場していたが、第一打席に三振した際に右手親指の靱帯を痛めて下がり、これを最後に帰国してしまったのだ。七〇試合に出て二二六打席で打率・一五一、打点二一、ホームラン八、三振七六という数字を残した。

久万オーナーは「高い授業料を払って血を流した」とのコメントを出したが、授業料はこんなものではすまない。かつて阪神はカネを出さないケチ球団と言われていたが、一九九〇年代に入ると、出すときは出すようになっていた。しかし、無駄遣いを繰り返す。

ディアーがいなくなったものの、八月は負け越しの一一勝一三敗で四位に下がった。

九月は四連勝で始まった。その直後の八日、三好社長は久万オーナーの了解を取って、来季も中村が留任すると発表した。すると、九日は負けて、一〇日と、その次の一四日は勝ったが、一五日から七連敗した。選手が中村留任を望んでいないのは明らかだった。九月は七勝九敗と負け越した。

一〇月一日が甲子園での最終戦で、カープが相手だった。まだセ・リーグの優勝は決まっていないが、両チームとも優勝争いとは関係がなくなっていたので、消化試合に近い。それでも四万人が甲子園にやって来た。タイガースはまだまだファンに愛されていた。

この年の入場者は二七〇万四〇〇〇人で、前年から六万四〇〇〇人しか減っていない。

この最終戦が平田勝男の引退試合となった。八五年優勝メンバーのひとりだったが、今季は出番はなく、引退が決まり、最終戦が初出場だった。中村は「振ってこい」と言って送り出したが、平田は自分の判断でバントを決め、通算一八三個目のバントとなった。その後、ショートの守備について、捕殺一、併殺一を取り、選手生活を終えた。一三シーズンを闘い、通算九七九試合に出て、六三三安打、打率は・二五八、打点二二〇、本塁打二三、三五歳での引退だ。こういう選手にこの球団は優しい。この後、解説者になるが、吉田監督が復帰する九七シーズンからタイガースのコーチになり、野村監督時代も続け、星野監督時代には監督専属広報というポジションを得て、岡田監督時代はヘッドコーチと二軍監督になる。

ジャイアンツは落合を獲得したことで打線が好調で、首位を独走し八月一八日にはマジックナンバーが出ていたが、八月二五日から八連敗と失速した。同時期に一〇連勝していたカープとのゲーム差が縮まっていた。九月になるとドラゴンズが九連勝してカープと入れ替わって二位になり、一時はジャイアンツとも並び、一〇月八日、今シーズン最後の試合で、優勝が決定するという事態になった。長嶋茂雄はこのゲームを「国民的行事」と呼び、先発の三本柱である槙原、斎藤、桑田を順次投げさせる必勝体制を取り、最後の試合を勝って、優勝を決めた。

タイガースは一度も優勝争いに加わることがなく、スワローズと同率の四位で終えた。

ジャイアンツは七〇勝六〇敗、勝率・五三八で、一ゲーム差の二位がドラゴンズ、新監督のカープが三位で、スワローズとタイガースが六二勝六八敗で並び、最下位はベイスターズ。首位から最下位まで九ゲーム差だった。

九四シーズンのチーム防御率は三・四三で、リーグ二位。しかし、このシーズンは投手陣が総崩れのイメージが残る。チーム最多勝利はルーキーの藪で二六試合に登板して（先発は二五）九勝九敗、防御率三・一八。新人王も取った。二桁勝利はひとりもなかった。

チーム打率は・二五六でリーグ五位。個人成績では、和田が打率・三一八で、セ・リーグの四位。オマリーはこの年も好調で、打率・三一四は六位で、打点七四、本塁打一五。出塁率は・四二九で三年連続してリーグ一位。

順位	チーム	試合数	勝	負	引分	勝率	ゲーム差	本塁打	打率	防御率	得点	失点
1	読売ジャイアンツ	130	70	60	0	.538	–	122	.258	3.41	516	483
2	中日ドラゴンズ	130	69	61	0	.531	1.0	108	.258	3.45	535	481
3	広島東洋カープ	130	66	64	0	.508	4.0	126	.276	4.18	585	584
4	阪神タイガース	130	62	68	0	.477	8.0	92	.256	3.43	503	500
4	ヤクルトスワローズ	130	62	68	0	.477	8.0	130	.250	4.05	486	585
6	横浜ベイスターズ	130	61	69	0	.469	9.0	107	.261	3.76	543	535

1994年　セ・リーグ順位表

新庄は打率・二五一で、打点六八、本塁打一七、久慈は打率二五一で打点一四、本塁打ゼロ。打撃三〇傑で本塁打ゼロは久慈だけだ。打順の関係もあるが、新庄と久慈は打率はほぼ同じなのに、打点は六八と一四と大差がつく。新庄がいかに得点圏打率が高いかだ。石嶺は打率・二四六で、かろうじて打撃三〇傑に入った。

岡田も去り、八五年メンバーは少なくなっていたが、真弓は六五試合に出て一七安打、打率・二七〇ながらも、打点三〇とチャンスに強く、かつての「最強の一番打者」は「最強の代打」となり、来季も現役を続ける。

タイガースのフロントは、三割打者で出塁率リーグ一位のオマリーを、「守備が怠慢」「長打力がない」との理由で解雇した。三割打者を他球団が見逃すはずがなく、オマリーはヤクルトスワローズに入団した。かつてフィルダーもメジャーへ戻ると大活躍したのをはじめ、オリックスへ行った野田、ダイエーに行った松永もこのシーズンは打率・三一四と復調するなど、タイガースを去った選手は移籍先で活躍する。オマリーもまた、その系列に連なるのである。

オマリーの代わりに獲得したのが、スコット・クールボー（一九六六〜）とグレン・デービス（一九六一〜）だった。

オリックスに入った岡田は五三試合に出て、二八安打、打率・二七七、本塁打二の成績だった。タイガースでの最後の二年よりは上げ、意地を見せた。

ドラフトでは五人が入団した。活躍するのは三位の田中秀太（一九七七〜）、四位の川尻哲郎（一九六九〜）の二人だ。

田中は神奈川県出身だが、社会人野球の監督だった父が日産自動車九州の監督になったので、中学からは福岡県北九州市で暮らした。熊本県立熊本工業高校に進学し、一九九四年、三年の春に甲子園に出て、この年のドラフトでタイガースに入る。レギュラーになるのは野村監督時代の二〇〇一年からだ。

川尻は東京都出身で日大二高に入ったが、甲子園には行けなかった。亜細亜大学へ進学し東都大学リーグで春秋連続優勝、卒業後は日産自動車に入り社会人野球で活躍した。タイガースでは一年目から先発ローテーションのひとりとして活躍する。

一二月三日、オリックスからFAで山沖之彦《ゆきひこ》（一九五九〜）が移籍した。プロ一三年目の三五歳。今季は二一試合に投げて七勝四敗、防御率四・二五。九〇年に一三勝して以後は二桁勝利はない。FAを宣言すると、ヤクルトと阪神が名乗りを挙げ、契約金、年俸、オリックスへの補償金含めて二億円近くを出して、獲得した。山沖は記者会見では「ローテーション入りして二桁勝ちたい」と述べていた。

†藤田平、二軍監督に

中村は留任したが、新たに二軍監督に藤田平（一九四七〜）が就任した。

藤田は和歌山県出身で、和歌山商業高校に進み、ショートとして活躍して二年と三年の春に甲子園に出て三年の春は準優勝するも、夏の大会には出られなかった。明治大学への進学がほぼ決まっていたが、タイガースに指名されて入団した。このことから明治大学はタイガースのスカウトを出入り禁止としてしまう。

タイガースは一九六四年に優勝すると、八五年まで優勝できなかったが、藤田の現役時代は、ほぼこれと重なる。八一年には首位打者になり、八四年まで現役で、通算安打数二〇六四は鳥谷に抜かれるまでタイガースの歴代一位。通算で二〇一〇試合に出場し、打率は・二八六、打点八〇二、本塁打二〇七という成績を残した。しかし現役時代から無口で地味だったので、スター性はなかった。

皮肉にも、藤田が引退した翌年、タイガースは優勝した。引退後はどの球団のコーチにもならず、解説者をしていたが、このオフ、古巣に二軍監督として招聘されたのだ。

中村は藤田の二歳下で、早稲田大学に進学したので、プロでは藤田の六年後輩となる。球団内には、中村が五年も監督であることへの反発も出ており、次期監督候補として、引退後どのユニフォームも着ていない、生え抜きの藤田の名が挙がるのは当然のなりゆきだった。

藤田は現役時代の一九八一年から選手兼任コーチだっただけで、指導者としての経験がないので、二軍監督に就かせたのだ。村山、吉田というスター選手はいきなり一軍の監督にさせ、安藤、中村、藤田のような地味なタイプのOBには二軍監督を経験させるというのが、タイガースの指導者養成方法だった。

中村は、藤田の二軍監督就任が何を意味しているか、当然、分かっている。

第10章 離反——一九九五、九六年

†大震災

一九九五年一月一七日、阪神・淡路大震災が起きた。甲子園球場は無事だったが、タイガースはまさに被災地の球団となった。選手の多くが被災し、中村監督の家も全壊した。

何よりも、親会社の阪神電鉄が甚大な被害を受けた。全線が開通するのは六月末で、国から五五六億円の補助金を受けた。

鳴尾浜の二軍の練習場は液状化現象で使えない。球団は二軍の選手たちには実家に戻るよう伝えた。

震災から半月後の二月一日、例年通り、高知県安芸市でキャンプが始まった。被害にあった選手にとっては、とても野球に打ち込める状態ではない。キャンプ中は、休日も現地から出ることは禁じられていたが、この年に限り、自宅への帰宅も許された。家族の宿泊も許された。

三月になり、オープン戦が本格的に始まると、タイガースは強かった。一〇勝五敗でトップに立つ。オープン戦の数字はあてにならないとは言われるが、それでも勝つにこしたことはない。

震災によって最も大きな被害が出たのは神戸だった。グリーンスタジアム神戸を本拠地としているオリックス・ブルーウェーブは、「がんばろう神戸」の合言葉に後押しされていたが、「阪神」をチーム名に冠するタイガースへの応援の声も多かった。

前年オフは、パ・リーグの三チームで監督が交代していた。パ・リーグでは優勝したにもかかわらず、西武ライオンズの森が退任に追い込まれ、東尾修が監督になった。福岡ダイエーホークスは、根本が王貞治を監督に招聘し、自らは専務取締役に専念すると、さっそく寝業師ぶりを発揮して、古巣の西武ライオンズからエースの工藤公康と石毛宏典をFAで獲得していた。千葉ロッテマリーンズは広岡達朗が日本初のゼネラル・マネージャーになり、外国人のボビー・バレンタインを監督に招聘した。二人は最初は蜜月だったが、やがて決裂する。日本ハムファイターズは大沢が退き、上田利治が新監督になった。セ・リーグの監督は全員、留任した。

タイガースの開幕カードは名古屋でのドラゴンズ戦で、四月七日が開幕日だった。

スターティングメンバーは、一番セカンド・和田、二番ライト・亀山、三番サード・クールボー、四番ファースト・グレン、五番レフト・石嶺、六番センター・新庄、七番キャッチャー・木戸、八番ピッチャー・湯舟、九番ショート・久慈。開幕投手は二年連続で湯舟だった。木戸が起用されたのは湯舟が投げるからだ。

グレン、石嶺にそれぞれ一号ソロが出て二点取り、湯舟が九回まで二失点に抑えていたが延長戦になった。一〇回と一一回は古溝が抑え、一二回からは郭李が投げたが、一四回裏に打たれてサヨナラ負けというスタートとなった。がっくりして翌日も負けて、次のカープとの三連戦も負けて、開幕五連敗というスタートになった。

一四日からのジャイアンツ戦は二勝一敗としたが、三戦目の一六日、亀山が守備の際にファーストのグレンと衝突、腰椎骨折の重症で、またもシーズン序盤で戦線離脱となった。亀山は翌九六年は一度も一軍の試合には出ず、九七年も四試合しか出られず、引退するので、実質的にはこのシーズンの序盤が選手として活躍した最後となる。危険なヘッドスライディングを売り物にしてスター選手になったものの、その選手生命はあまりにも短かった。

†久万オーナーの心変わり

四月は六勝一三敗と大きく負け越して、首位スワローズに八ゲーム差の最下位で終えた。

ゴールデンウィークに突入した四月二九日から五月四日まで、タイガースは五連敗、五日は勝ったが、六日と七日は負けた。

五月八日、久万オーナーは「中ぐらいの成績を残せて当たり前やのに、負ける。どこに原因があるのか、球団社長に調べさせています。新監督に優勝せえとは言いません。中村が六年目やから言うてるんです」と語った。

盤石と思われた久万・三好・中村ラインに亀裂が走っていた。

久万は電鉄本社の社長から会長になると、仕事が減ったので、タイガースへの関心を強めていた。試合もよく見るようになると、いろいろ言いたくなってくる。久万の発言は所詮は床屋談義レベルでしかないのだが、「オーナー発言」なので、それなりの重みを持つ。それゆえに混乱を巻き起こしていく。

五月は連敗で始まったが、一〇勝一一敗と持ち直し、五位になった。ペナントレースは開幕直後からスワローズが独走しており、それを五ゲーム差前後で、カープ、ジャイアンツ、ベイスターズがほぼ一線で追い、さらに五ゲーム離されて、タイガースとドラゴンズが最下位争いをしていた。

五月二九日、久万は中村を「常識人で気が利くし、変なことをしない」と評価しつつ、「勝つことも、選手を育てることもやっていない」との評価を示した。

六月も一〇勝一一敗で、五位にあった。

しかし、七月になると暗転する。七日からの東京ドームでのジャイアンツ戦を三連敗し、一一日と一二日のカープ戦も連敗して五連敗。一三日のカープとの三戦目は勝ったが、一四日からのスワローズ戦は三試合で一点しか取れず、三連敗した。

一七日、電鉄本社に三好球団社長が呼ばれ、久万オーナーと「打開策」を協議した。それを終えた久万は、記者たちに中村の作戦は「スカタンですな」と言い切った。「スカタン」は関西圏での方言で、「期待外れ、見当違い、とんちんかん、失敗」、あるいは「空っぽ」という意味だった。

球団フロントは、低迷の理由はすべて中村の采配ミスにあると電鉄本社に報告し、久万はそれを鵜呑みにしていたようだ。翌一八日のスポーツ新聞は、久万が中村を見限ったと判断して、中村が休養するのではないかと臆測記事を飛ばした。

三好は中村に、「新聞記者の筆がすべっただけで、オーナーは激励の意味で言ったのだと思う」と取りなした。中村は現場にいた記者から、はっきりと久万が「スカタン」と言ったと聞くと、辞意を固め、三好には「オールスターまではやるが、休養ではなく、辞任する」と伝えた。三好は慰留しなかった。

中村は記者たちに、一八日からの甲子園でのジャイアンツとの三連戦を「必ず勝ち越す」と宣言した。勝ち越せなかったら辞任する覚悟だと伝わる。

このままでは監督がクビになる。それを知った選手たちが一丸となってジャイアンツに立ち向かい、見事に三連勝して、監督と手を取り合って、「これからがんばろう」と誓い合う――という美しい物語は、この年のタイガースにはなかった。とにかく暗い監督だった。親しい人の前では冗談を言う面白い男だったらしいが、ベンチの中では暗い。夏でも、中村の周辺だけは気温が五度くらい下がっているイメージだった。といって、非情で冷徹な勝負師でもない。その用兵はことごとく失敗し、選手の人心掌握にも失敗していた。

すでに中村と選手たちは最悪の関係にあった。一八日は〇対二、一九日は〇対七、二〇日は〇対三と、三試合連続完封負けという、最悪の三連敗をした。公言していたとおり、試合後、中村は辞意を表明した。タイガースの歴代監督のなかでは連続して六年の監督在任期間は最長記録となる。

二一日のカープ戦は四点入れたが四対五で負け、二二日は雨で中止となった。

†中村辞任

まだ中村が正式には辞任していないのに、二三日朝の段階で、藤田二軍監督が監督代行となると報じられ、鳴尾浜の二軍練習場には報道陣が詰めかけていた。

監督がシーズン途中で辞める場合、通常は、一軍のことをよく知っているヘッドコーチなどが監督代行、あるいは後任監督となるが、タイガースは二軍監督を昇格させたのだ。こうなるのを予測して、藤田を二軍監督に就任させたと勘ぐりたくなる人事だった。

二一日のカープ戦が終わると、二五日と二六日はオールスターゲームなので、藤田は、二九日のベイスターズ戦から指揮を執ることになった。中村は、新監督が数日の準備期間を持てるように配慮して、オールスター前に辞任したのだ。

二三日、藤田監督就任の報を受けて報道陣が集まっているなか、足首の故障で二軍で調整中の新庄が、一時間の遅刻をした。

藤田は、新庄にペナルティとして一時間の正座を命じ、足首を故障している新庄はスパイクを履いたまま、センターの守備位置に正座した。当然、報道陣は写真を撮り、大々的に報じた。

藤田が選手に厳しいのは事実だったが、この正座は、選手たちが自主的に決めたルールだった。あまりに遅刻が多いことを反省し、これからは遅刻した場合、遅れた時間を正座することにしていたのだ。新庄は一時間遅れたので、一時間、正座をしたのである。

だが藤田のペナルティはそれでは終わらなかった。レフトからライトへ走りながらノックを受ける「アメリカンノック」を一時間、やらせたのだ。これは選手が決めたルールではない。

後に新庄は著書『ドリーミングベイビー』(二〇〇一年)で、この日はグラウンドへ出る前にトレーナー室へ行って相談していたので遅れたのに、藤田が理由も聞かないで、頭ごなしに遅刻と決めつけたと、記している。新庄はこの時点で、藤田とは野球観が合わないと思うようになる。藤田は、新庄を「近頃の若い者は、たるんでいる」と決めつけている。監督とスター選手は最悪の出会いをした。

†真弓引退

最下位争いをしていたが、オールスターにはタイガースから五人が出場した。投手では藪と古溝、捕手で関川、内野手で和田、久慈である。

監督代行となった藤田は、「若手をどんどん使って、チームに刺激を与え、来季につなげる野球をしたい」と抱負を述べた。二軍監督としての藤田が、かなり選手に厳しいことは一軍の選手にも伝わっていたので、緊張感が走ってのスタートとなるはずだった。

藤田は、キャッチャーの関川を外野にコンバートした。バッティングセンスがあるのに捕手としての力が弱いため、出場機会が少なく、もったいないと感じていた。関川の肩の強さと足の速さから、外野手向きと判断したのだ。

藤田が指揮する最初の試合は、七月二九日からの甲子園でのベイスターズ戦だった。四対六での黒星スタートとなり、第二戦は勝ったが第三戦は負け、七月は四勝一五敗で終わった。三一日のベイスターズ戦から、関川はライトでスタメン出場した。

監督が替わろうが、八月になろうが、タイガースの弱さは変わらない。七月三一日のベイスターズとの第三戦から八月四日まで五連敗した。

連敗中の三日はクールボーがスタメンから外れ、四日から新庄が復帰した。いろいろ刺激するが、勝利にはつながらない。一七日から二二日も五連敗で、八月も八勝一八敗に終わる。それでもまだ、五位だった。スワローズの独走は変わらず、八月終了時で、二位のカープに六ゲーム差をつけていた。

藤田は毎試合後、新庄ら若手の選手を呼んで、その試合の反省会をして、なぜ負けたのかを考えさせた。それでも、チームは上向かない。

九月も六勝一一敗、一〇月も二勝五敗でドラゴンズに抜かれ、最下位でシーズンを終えた。四六勝八四敗。中村監督のもとでは七七試合で二九勝四八敗、勝率・三七七。藤田監督代行のもとでは五三試合で一七勝三六敗、勝率・三二一。中村のほうがましだったことになる。

この成績とチーム状態では、客も来ない。入場者数は前年から六三万一〇〇〇人も減って、二〇七万三〇〇〇人になった。村山監督時代と同じくらいの数だ。亀山・新庄ブームで増えた分の観客を喪ったことになる。

一〇月六日が甲子園での今季最終戦となった。相手はベイスターズで、真弓が七番ファーストでスタメン出場した。

真弓は震災の影響で満足な自主トレーニングができなかったことと、四二歳という年齢もあって、今季は不振だった。二軍に落ちたこともあり二五試合にしか出られず、三二打席で六安打、打率・二二二、前年は三〇だった打点も四にまで落ちていた。球団の編成会議では真弓について長時間議論し、最後は三好社長に一任となって、九月二七日、三好は真弓に戦力外だと通告した。同時にコーチへの就任も要請したが、真弓は現役続行にこだわり、即答しなかった。真弓としては、他球団へ移籍してでも現役を続けたい。岡田と同じだった。

甲子園での最終戦に先発出場したのは、タイガースの選手としては最後の試合となると決まっていたからだったが、一万六〇〇〇人しか入らなかった。真弓が他球団での現役続行を希望していたので「引退試合」として宣伝することができなかった。

試合後、真弓は「これで阪神のユニフォームは脱ぐが、一生懸命次のステージでがんばりたい」と語った。

優勝はヤクルトスワローズだった。野村監督になって六年目で、二年ぶり三回目だ。パ・リーグは仰木監督率いるオリックス・ブルーウェーブが優勝した。大震災の二つの被災地球団、オリックスと阪神は、かたや優勝、かたや最下位と明暗が分かれた。日本シリーズはヤクルトが勝ち、野村ID野球は全盛期を迎えていた。

ブルーウェーブの岡田は九五年は三二試合にしか出られず、七本の安打で打率・一七九という満足がいく数字ではなかった。しかし、二度目の優勝を経験した岡田は、これを花道に引退

順位	チーム	試合数	勝	負	引分	勝率	ゲーム差	本塁打	打率	防御率	得点	失点
1	ヤクルトスワローズ	130	82	48	0	.631	–	147	.261	3.60	601	495
2	広島東洋カープ	131	74	56	1	.569	8.0	166	.263	3.57	635	510
3	読売ジャイアンツ	131	72	58	1	.554	10.0	139	.252	3.40	527	494
4	横浜ベイスターズ	130	66	64	0	.508	16.0	114	.261	4.37	562	588
5	中日ドラゴンズ	130	50	80	0	.385	32.0	136	.251	4.75	498	651
6	阪神タイガース	130	46	84	0	.354	36.0	88	.244	3.83	451	536

1995年　セ・リーグ順位表

した。ブルーウェーブには二年の在籍だったが手厚く扱われ、翌シーズンからコーチになる。タイガースへコーチとして戻ってくるのは一九九八シーズンからだ。

一〇月一三日、広島でのカープ戦で公式戦の全日程が終わると、一八日、藤田は三好球団社長と共に電鉄本社を訪れ、久万オーナーにシーズン終了の報告をした。その席で来季の監督就任を正式に要請された。オーナーは最下位は前任監督の責任で、藤田には非はないという認識だった。だが、本当にそうだったのか。同じ戦力でありながら、藤田に交代してからのほうが勝率は落ちているのだ。

久万は「五年でも一〇年でもやってくれ」と長期政権を口約束した。しかし契約書に「五年」とか「一〇年」と明記されたわけではない。

藤田としては、選手をすべて取り替えたいくらいなのだが、それはできない。であれば、コーチ陣は一新したかったのだが、それも球団が認めなかった。「全権監督」など、タイガースにはありえないのだ。藤田の希望が叶ったコーチは三人だけで、スワローズのコーチだった柴田猛（一九四四〜）をチーフ兼バッテリーコーチに、タイガースからトレードでライオンズへ行き、引退後はカープのコーチをしていた古沢憲司（一九四八〜）を二軍の投手コーチ、カープ出身の小林正之（一九四七〜）を外野守備走塁コーチにした。

さらに二軍の投手コーチだった高橋重行を一軍の投手コーチにし、外野守備走塁コーチだった佐野仙好は打撃コーチに、内野守備走塁コーチだった榊原良行は内野守備コーチに異動した。新庄が師と仰ぐ柏原は、九五年は二軍の打撃コーチだったが退任した。

藤田平は名前の「平」から、自分で「鬼平」になると宣言した。

一一月一二日、甲子園でタイガース対ジャイアンツのOB戦が行なわれた。出場していた真弓は、試合後、引退すると発表した。他球団での現役続行を希望していたが、結局、四二歳の選手には獲得したいとの声がかからなかった。

真弓の引退で、福岡時代のライオンズにいた選手はいなくなった。真弓は一九七三年からライオンズで六シーズン活躍した後、七八年オフに田淵らとの大型トレードでタイガースに移籍し、七九年から一七シーズンにわたり縦縞のユニフォームを着た。タイガース史上最も成功したトレードと言えるだろう。八三年には首位打者、ベストナイン三回と、プロ野球を代表する選手でもあった。プロ通算二三年シーズンで二〇五一試合に出て、一八八八安打、打率・二八五、打点八八六、ホームラン二九二という成績だった。

引退後、真弓は解説者・評論家となり、二〇〇〇年に大阪近鉄バファローズの打撃コーチ、二〇〇二年から〇四年まではヘッドコーチを務めた。その後、再び解説者・評論家となっていたが、二〇〇八年オフにタイガースの監督に就任する。

前年オフにFAでオリックスから移籍した山沖は、震災で被災し、自主トレができなかったのも一因で、調整に失敗し、結局一度も一軍の試合では投げないまま引退した。山沖のために出した二億円は捨てたのと同じだった。しかし、その責任を取る者はいない。

†新庄の引退宣言

契約更改が始まった。

新庄は足の故障もあり、九五年は八七試合にしか出られず、七〇安打で打率・二二五、本塁打七という不本意な成績だった。一二月五日の契約更改の席上、新庄は「阪神を辞めたい。環境を変えてほしい」とトレードを志願した。もともと藤田と一緒にやれないとの思いがあったところ、秋に二軍の四国黒潮リーグへ出場させられ、さらに柏原コーチが退団したので、球団への不信感が増幅していたのだ。トレード先の希望として、具体的に横浜ベイスターズの名も挙げている。しかし、選手の希望でトレードなど、ありえない。行きたいところへ行けるのはFAしかない。

一九日に二度目の交渉をすることになったが、新庄の退団の意思は固い。トレードしてくれないのなら、引退すると言う。新庄は「引退する」と記者たちに言い、その理由として、「自分としては一生懸命にやってきたつもりですが、野球に対するセンスがない。能力がないと分かりました」と説明した。「藤田監督の下ではやりたくない」などと言ったら、困る人もいるだろうと、新庄なりに、誰も傷つけない理由を考えたようだ。

まだ二三歳である。当時のタイガースで最大の人気選手であり、プロ野球全体としてもスター選手のひとりだ。ファンは「辞めないで」と騒ぐ。

二一日、新庄は引退宣言を撤回した。「父が倒れたから」というのがその理由だった。引退発言を聞いて、寝込んでしまったらしい。別に重病だったわけでもなく、見舞いにも行っていないのだが、新庄は父の健康問題を引退撤回の理由とした。

契約更改した会見では、「ユニフォームを着ている姿を見せるのがオヤジへの一番の薬だと思ったんです。自分の人生どうこうじゃなく、命にはかえられませんから」と説明した。

この年のドラフトの目玉は、PL学園の福留孝介（一九七七〜）だった。高校生は逆指名ができないので、「巨人か中日以外だったら社会人野球へ」と明言していた。しかし、二球団のほか、ヤクルト、近鉄、日本ハム、ロッテ、オリックスも指名し、抽選で近鉄が交渉権を獲得した。福留は明言したとおり、入団を拒否して日本生命へ入り、三年後の九八年、逆指名制度を利用して中日に入る。活躍してFAの資格を得ると、二〇〇八年から一二年まではメジャーリーグ、一三年から日本に戻りタイガースで活躍する。

福留争奪の競争に加わらなかったタイガースは逆指名で、社会人野球のNKKの船木聖士（一九七三〜）を獲得した。一年目は六勝を挙げるが、二年目からは故障もあり、満足な活躍はできない。他に三人がドラフトを経て入団したが、活躍したと言える選手はいない。

外国人選手は二人とも残留した。グレンは開幕戦での一号を含めて、二三本塁打、打率・二五六、七七打点、クールボーは開幕には出遅れたが、グレンとほぼ同じ二二本塁打で打点七七、打率は・二七八とグレンより上だった。タイガース暗黒時代の外国人選手のなかでは、大当りではないが、失敗とも言えない。しかし、それもこのシーズンのみでの話だった。

トレードでは平塚克洋（一九六六〜）がオリックス・ブルーウェーブから入団した。東京都出身で埼玉の春日部共栄高校、明治大学、朝日生命を経て一九八九年のドラフトでホエールズに入り、九三年オフにブルーウェーブへトレードで入団した。九五シーズンは、七試合にしか出られず、無安打だったので自由契約になりかけた。平塚が二軍の試合に出ていたので、藤田は二軍監督時代に目をつけており、獲得に乗り出し、金銭トレードでのタイガース入団となった。

FAでは、仲田幸司が宣言して千葉ロッテマリーンズへ移籍した。このシーズンは一勝もできず、タイガースでの一一シーズンで、通算三一六試合に登板し、五七勝九八敗四セーブ。選手だった時期と暗黒時代とが重なるので、負けが多くなってしまう。九二年の一四勝一二敗一セーブが最高だった。マリーンズには二シーズンいたが、活躍できず、九七年オフに自由契約を申し渡され、引退する。

†外人を粛清

一九九六シーズンはタイガースのほか、二チームが新監督でシーズンを迎えた。中日ドラゴンズは五位に終わった高木守道が辞めて、星野仙一が復帰した。横浜ベイスターズは近藤昭仁が辞めて、バッテリーコーチだった大矢明彦が監督に昇格した。パ・リーグは、千葉ロッテマリーンズのバレンタインがGMの広岡と対立して辞めて、コーチの江尻亮が昇格、近鉄バファローズは鈴木啓示から佐々木恭介へと交代していた。

開幕は四月五日で、タイガースは東京ドームへ乗り込み、ジャイアンツとの三連戦でシーズンを始める。

開幕ゲームのスターティングメンバーは、一番センター・新庄、二番ショート・久慈、三番ライト・桧山、四番レフト・石嶺、五番ファースト・平塚、六番サード・クールボー、七番セカンド・和田、八番キャッチャー関川、先発投手は藪だった。

グレンはキャンプ、オープン戦で藤田やコーチと確執が生じ、開幕メンバーから外されていた。

ジャイアンツの先発は斎藤雅樹で、タイガース打線を桧山の一安打のみに抑えて完封。藪は初回に三失点し、五回まで投げて葛西に交代した。七回に二点追加され、林純次、中ノ瀬幸康もそれぞれ二点失い、〇対九で完敗した。

翌日は湯舟が先発して六回に四失点、七回以降は川尻が一点に抑えた。ジャイアンツの先発は河原純一で、タイガース打線が爆発し、一三対五で快勝した。

第三戦はルーキーの舩木が九回まで一点に抑えたが、打線は前日が嘘のように川口和久から一点しか奪えず、一対一で延長戦になり、一〇回裏、舩木がランナーを出し、古溝に代わったがサヨナラ負けした。これで一勝二敗でのスタートとなった。

続く名古屋でのドラゴンズ戦は初戦は勝ったが二連敗し、甲子園での第一戦となる一二日からのカープ戦も第一戦と第二戦を落として四連敗。観客は二万六〇〇〇、三万、三万一〇〇〇と、満員にはならなかった。

それでも、二〇日と二一日はジャイアンツ戦ということもあり、四万人が入り、七対三、五対二で連勝し、ファンの期待に少しは応えた。

しかし二三日から六連敗して、四月は七勝一四敗と、大きく負け越し、首位ベイスターズに八ゲーム差の最下位となった。ジャイアンツも中旬に六連敗し、そのときタイガースは一時的に五位になったが、以後、このシーズンは最下位が定位置となる。

もともと好かれていた監督ではないので、藤田と選手とは相互不信に陥り、ベンチの雰囲気は最悪となっていく。五月も八勝一六敗と負け越した。

日本人選手は調子が悪ければ二軍に落とされるだけですぐには解雇されないが、外国人は、プライドも高いので二軍に落とすことはしにくい。その代わり、解雇はたやすい。まず二人の外国人が藤田の粛清の対象となった。

開幕メンバーを外されていたグレンは、その後試合に出るようになり、五月一日の甲子園でのベイスターズ戦では延長となった一〇回裏、代打でサヨナラ満塁ホームランを放った。しかし、六月九日の札幌でのベイスターズ戦を最後にクールボーとともに解雇された。この日までグレンは三三試合で二七安打、打率・二三七、打点一八、本塁打五。クールボーは四八試合で三五安打、打率・二一〇、打点一六、本塁打二。

フロントは次の外国人としてケビン・マース、クレイグ・ワーシントンを獲得して、六月三〇日から出場するが、二人とも今季限りで退団する。

†お家騒動、勃発

六月は五連勝もあり、九勝一二敗と少しは持ち直し、七月は一〇勝九敗と初めて勝ち越すが、八月は一一勝一三敗だった。この頃にはジャイアンツが首位になっており、一七・五ゲーム差もあった。

藤田は、就任時に久万オーナーと会食すると忌憚ない意見を言ったことで、かえって信頼された。以後、球団社長の三好を通さずに、久万と直接話すラインが生まれた。かつて吉田監督時代は、岡崎球団社長を飛び越えて、久万オーナー側近だった三好が吉田と密接な関係を持っていたが、それと似たような事態になっていく。三好は、久万が藤田に何を言っているのか分からない。タイガースならではの組織マネージメントの欠陥が、チームの低迷にさらに拍車をかけていく。

選手からも、球団職員からも、藤田は嫌われていた。選手には厳しく当たるからだが、その精神主義的言動が、一九九〇年代の青年である新庄たちには通用しない。球団フロントに対しても、ぬるま湯的体質を批判し、改革しようとした。自分は久万オーナーから全幅の信頼を得ているとの態度が、さらに嫌われた。三好の耳には、さまざまな藤田批判の声が入る。

タイガースのファンは、勝っているときも負けているときも、激しい。負け続ける藤田にも容赦ないヤジが飛んだ。球団事務所への抗議電話もやまない。

そんななか、八月二八日、藤田が記者から「オーナーからの留任要請は？」との質問に「あった」と答えた。久万とはオールスター中に会談したという。

これを聞いて、三好社長は驚いた。藤田留任のことなど、オーナーから聞いていなかったのだ。久万と藤田が三好のいない場で会ったことも知らない様子だった。

三好としては面白くない。藤田への反感が強まる。三好はさっそく久万と会った。久万が言うには、「私から、藤田に辞めろと言うことは、絶対にない」と言ったそうだ。これを藤田は留任要請と受け取った。藤田はオーナーの一存ですべてが決まると思い込んでいた。久万がいつでも簡単に豹変する人だとは知らなかった。

三好は記者たちに、「オーナーがオールスター期間中に会ったのは、激励するつもりだった。その時期に監督の進退問題に触れることはないし、オーナーが他人の意見を聞かずに勝手に決めることもない」と説明した。

だが、藤田は久万から留任の言質をとったつもりでいる。来季の構想について口にするようになり、選手たちに、高知での春のキャンプでの宿舎がいまのままでいいか、アンケートを取った。宿舎を決めるのは監督の仕事ではなく、フロントの管轄だ。越権行為である。藤田に対するフロントの反感は臨界点に達していた。

九月三日、阪神電鉄本社で球団の緊急取締役会が開かれた。チームは広島へ遠征していた。久万オーナー、電鉄社長の手塚昌利、三好の三人は藤田の留任問題を話し合った。結論が出たのかどうかは分からないが、三好は記者たちに「みなさんが関心をもっておられることの検討に入りました」と思わせぶりに言った。

関心のあることと言えば、監督問題しかない。藤田解任が決まったも同然だった。

三好が藤田に「今季限り」と内示したのは、九月六日だった。前日まで広島でカープと闘って一勝二敗、六日からは甲子園でドラゴンズ戦だった。監督解任は、まだ正式には発表されない。ドラゴンズ戦は二勝一敗と勝ち越した。

九日は試合がなく、九月一〇日と一一日は甲子園での今季最後のジャイアンツ戦だったこともあり、両日とも四万五〇〇〇人が入ったが、連敗した。

翌一二日午後、阪神球団は取締役会を開き、藤田の監督解任を決めた。この日は試合はなく、翌一三日から横浜でのベイスターズ戦が予定されている。球団は夕方、藤田を甲子園球場内の事務所に呼び出した。

藤田が五時頃に球団事務所に着くと、三好は解任を通告した。しかし、藤田は承諾しない。オーナーから「五年でも一〇年でもやってくれ」と言われたのを信じていたのだ。さらに、シーズン中も久万と会い激励されていた。藤田はオーナーに「会いたい」と言った。しかし、そんなことを認めたら、組織として成り立たない。三好は拒んだ。藤田も引き下がらない。

球団はマスコミに対し、六時から会見を開くと伝えていたので、記者たちが集まってきた。

しかし六時を過ぎても、会見は始まらない。藤田が納得しないので発表できないのだ。

八時過ぎに、ようやく三好が記者たちの前に姿を見せ、「来季の契約はしないと、藤田監督に伝えました」とだけ発表した。「伝えた」だけで、藤田は了解していないので、辞任発表ができず、途中経過の報告に過ぎなかった。報道陣は帰りたくても帰れない。

深夜一一時になっても、藤田は解任を受け入れない。テレビの最後のニュースが終わると、引き上げる社もあった。新聞の最終版の締め切りも近い。

ついに日付が替わり、一三日になった。それでも藤田はクビを縦に振らない。午前二時半に、「本日は会見ができない」と発表され、記者たちも解散した。三好と藤田の話し合いも、長い休憩に入ることになり、一三日午後二時に再開される。マスコミは「藤田籠城」と報じた。

もはや藤田には、条件闘争しか残されていなかった。一三日午後二時からの話し合いでは、監督として予定されていた報酬を保証することで決着した。

三好は記者たちに「チームの士気が思ったほど上がらず、今季も低迷が続き、ファンの期待にも応えられなかった。思い切ってチームを一新して来季に臨むには、新監督でスタートしたほうがいいと判断した」と説明した。

久万が藤田解任に踏み切ったのは、負け続け最下位になることよりも、観客動員が二〇〇万人を割りそうだと聞いたからだった。この経営者は勝敗よりも、売上金額が大事なのだ。

†門外漢の取締役

藤田解任を決めた九月一二日の取締役会では、当然、後任の人事も議題となった。有力候補として挙がったのが安藤統男だった。不本意な辞め方をしたので、本人も「チャンスがあればもう一回やってみたい」と言っているらしい。しかし、自身と妻が健康問題を抱えているとの情報もあり、消えた。

では、どうする。そのとき、七月に取締役になったばかりの野崎勝義（一九四二～）が、意外な人物の名を挙げた。スパーキー・アンダーソン（一九三四～二〇一〇）である。

野崎は二〇〇一年から〇四年まで球団社長になり、星野監督のもとで優勝させる人物だが、タイガースに関わるのは、この九六年からだった。一九四二年に大阪で生まれ、六五年に神戸市外国語大学を卒業し、阪神電鉄に入社した。語学力を買われ、航空営業部に配属されて、航空営業本部旅行部長まで昇進したところで、タイガースに球団常務として出向した。航空路線を持たない阪神電鉄だが、海外旅行事業を展開していたので、航空営業部があるのだ。

野崎は阪神電鉄では航空営業部一筋で、これまでタイガースには何も関係していない。それがいきなり、常務として出向しろと言われたのだ。野崎はなぜ自分がと考え、ドン・ブレイザーが監督だった一九八〇年の春のことを思い出した。タイガースはアメリカ・アリゾナ州でキャンプを張ることになり、阪神航空が選手たちの移動をアテンドし、野崎が添乗したのだ。そのとき三好も同行しており、野崎は面識を得ていた。三好は当時は電鉄本社の秘書部長で、久万の側近だった。吉田監督時代には久万と吉田の間に立つ密使的役割を果たし、それが指揮系統の混乱を招いたことはすでに記した。

一九九〇年に三好は球団社長になり、同時に球団代表には沢田邦昭が就いていた。沢田は九四年からは編成部長も兼ね、選手強化を担当していたが、結果としてはトレード、外国人、FAとも、ことごとく失敗していた。その責任を取らされ六月に辞任していた。三好との折り合いも悪かったらしい。

三好が野崎を選んだのは、阪神航空の営業面での業績を評価したようだ。球団は観客動員が二〇〇万人を割るのは確実で、二八年ぶりの赤字も見込まれていた。そこで営業実績のある野崎が呼ばれたのだ。

野崎は球団に着任すると、世間でよく言われている「阪神のぬるま湯体質」の実態を知った。回想録『ダメ虎を変えた!』にはこうある。

〈タイガースは弱かったが、経営は黒字だったため、電鉄本社も球団にもそれほどの危機感がない。あの頃の球団は戦力補強などで他球団と争うより、内部での評価を重んじるという志向が蔓延していた。分かりやすく言えば、編成部・スカウトと現場の責任のなすり合いだ。〉

そして〈編成部だけに限らず、問題点を知りながら、無関心を装う。触らぬ神に祟りなし——えも言われぬ澱んだ空気が他部からも漂ってきた。そこからメスを入れる。標的は決まった。〉

こうして野崎は「意識改革」すべく乗り出すわけだが、タイガースに来て二カ月ほどで監督解任という事件に巡り合ったのである。藤田もまた彼なりに意識改革をしようとしたが、性急過ぎたのと、久万から全権を委任されていると勘違いしたことで悲喜劇を招いた。長いサラリーマン生活を経ている野崎は、その点は抜け目ない。根回しをしつつ、改革をしていく。

その野崎が最初に手掛けたのが、スパーキー・アンダーソンを監督として招聘することだったのだ。リーグ優勝五回、ワールドシリーズを三回制覇した名監督である。六二歳なので、まだ体力面での問題はない。

野崎は野球について何も知らなかったので、タイガース球団への出向が決まると、六五冊の本を読んで勉強した。そのなかにスパーキー・アンダーソンが書いた『スパーキー——敗者からの教訓』があり、そこに描かれているリーダー論、組織マネージメント論が印象に残った。

この人なら、タイガースを変えてくれるのではないか。野崎は三好と久万に打診してみた。二人とも「来てくれるのか」と半信半疑の様子だったが、ダメだとは言わない。電鉄本社の手塚社長の了承も得て、スパーキーとの交渉を始めた。

†去りゆく八五年優勝メンバー

藤田が解任されると、チームの指揮はヘッドコーチの柴田猛が監督代行として執ることになった。藤田は九月一一日まで指揮を執り、四八勝六九敗だった。

一三日のベイスターズ戦から、監督代行の柴田は新庄を四番に据えた。柴田は一三日から一〇月九日まで一三試合を指揮して、六勝七敗だった。柴田はタイガースOBではなかったので、後任監督の候補にすらならなかった。

チームがまだペナントレースを闘っている間に、スパーキーへの交渉が進んでいた。間に入る代理人のルートができ、九月二七日、球団は正式な招聘状を代理人へ送った。さらに日本での住居を含めた細かい条件を詰め、契約書まで作った。最終的な返事は一〇月一日となった。不安材料は、スパーキーは乗り気だが、妻が日本へ行くことに頑強に反対しているということだった。

一〇月一日、届いた回答は、日本へは行けないというものだった。やはり、妻を説得しきれなかったようだ。かくして外国人監督招聘計画は「奥さんの反対」によって水泡に帰し、後任監督選びは一からやり直しとなる。

スパーキーから断わられた翌日の一〇月二日、取締役会は混乱した。幹部の口から出る名前は、毎度おなじみの広岡達朗、森祇晶、上田利治、西本幸雄といった実績のある、つまりは名のある元監督たちだ。だが、名前が出ただけだった。久万は「三好君に一任する」と言って、投げ出した。

戦力的に魅力がなく、トラブルばかりの球団に、誰が来てくれるだろうか。「タイガース愛」に溢れるOBしかいない。村山か吉田か。三好が気軽に電話をかけられるのは吉田だった。

吉田義男は一九八七シーズンを最下位で終えて地獄を味わった後、一九八九年にフランスへ呼ばれ、九〇年から九三年までクラブチーム・パリ大学クラブの監督、並行して九〇年から九五年までは野球フランス代表の監督を務めた。日本の球界から離れていたので、タイガースはもちろん、他のチームの事情にも疎い。

三好から電話があると、吉田は監督の話だなとすぐに分かった。監督時代、嫌がらせの電話に悩まされた妻は、「絶対に引き受けないでください」と言った。三日未明、三好と吉田はマスコミの目を避けるため、関西学院大学の近くの路上にクルマを止め、そこでの監督要請となった。

吉田は固辞はしたが、人がいいのか、結局、火中の栗を拾うことになった。

このシーズン最後の試合は一〇月九日、甲子園でのドラゴンズ戦だった。客席には六〇〇〇人しかいなかった。ファンにも見捨てられようとしていた。入場者数は二〇〇万人を割って、一八六万人にまで下がった。

先発バッテリーは中西清起と木戸克彦だった。これは二人の引退試合だったのだ。中西は一回を抑えてマウンドを降りた。

中西は一九八四シーズンから一三シーズンにわたり、四七七試合に登板、そのうち先発は六七で、四一〇がリリーフ、うち二二九試合がクローザーだった。六三勝七四敗七五セーブ、防御率四・二一。優勝した八五年の六三登板一九セーブはその年のリーグトップ。

木戸は八三シーズンから一四シーズンで、九六五試合に出て五〇五安打、打率・二三〇、打点二二六、本塁打五一と打者としては平凡な数字だが、キャッチャーなので、それだけで評価はできない。

二人の引退で、一九八五年のレギュラーはいなくなった。

木戸はそのままコーチとしてタイガースに残り、吉田監督を支える。中西は解説者・評論家になり、岡田がタイガースの監督になる二〇〇四年に投手コーチとしてタイガースに帰ってくる。

一三〇試合すべてに出たのは和田と久慈と桧山の三人で、和田は打率・二九八でセ・リーグ一九位、次がセ・リーグ二九位の久慈で打率・二七八。桧山は打率・二六三だが、打点は七三、本塁打は二二でチームトップ。新庄は相変わらず、ムラがある。四月に四試合連続ホームラン

順位	チーム	試合数	勝	負	引分	勝率	ゲーム差	本塁打	打率	防御率	得点	失点
1	読売ジャイアンツ	130	77	53	0	.592	–	147	.253	3.47	563	478
2	中日ドラゴンズ	130	72	58	0	.554	5.0	179	.278	4.01	641	589
3	広島東洋カープ	130	71	59	0	.546	6.0	162	.281	4.08	670	597
4	ヤクルトスワローズ	130	61	69	0	.469	16.0	103	.264	4.00	536	560
5	横浜ベイスターズ	130	55	75	0	.423	22.0	85	.270	4.67	571	660
6	阪神タイガース	130	54	76	0	.415	23.0	89	.245	4.12	482	579

1996年　セ・リーグ順位表

を打ったが、シーズンを通しては一九本。打率は・二三八だった。

藤田が金銭トレードで連れてきた平塚は守備位置はファースト、ライト、レフトと定着しないが、一〇五試合に出て、規定打席にも達して、打率・二五四、打点四七、本塁打一一と合格点の成績だった。この時期のトレードでは成功と言える。

チーム打率は・二四五でリーグ最下位。本塁打は八九本で、ドラゴンズの一七九の半分以下。

投手では、藪が三〇試合に先発して一一勝一四敗、防御率四・〇一。川尻が三七試合に登板、うち先発が一九で、一三勝九敗一セーブ、防御率はリーグ四位の三・二六。湯舟は二九試合に登板、うち先発が二〇で、五勝一四敗二セーブ。郭李が四五試合に登板、うち先発は六で、八勝九敗一五セーブ。中継ぎの葛西は六三試合に投げて、一勝一敗一セーブだった。

チーム防御率は四・一二でリーグ五位。失点は五七九でリーグ三位。

一九九六シーズンの優勝はジャイアンツで二年連続、ドラゴンズが五ゲーム差で二位、カープも六ゲーム差、スワローズは首位に一六ゲームも離され四位、ベイスターズが二二ゲーム差で五位、タイガースは二三ゲーム差の六位だった。

パ・リーグはオリックスが優勝し、ジャイアンツとの日本シリーズも勝って日本一になった。イチローは三年連続首位打者となった。

†フランスから帰ってきたムッシュ

吉田義男は三度目の監督就任にあたり、「九年間、平穏に暮らしてきて、まさに青天の霹靂です」と会見で述べた。そして「やっても、一年か二年の暫定でしょう。地ならしというか、次の人にしっかり継承できるチームにしたい。保身はまったく考えていない」と抱負らしからぬ抱負を述べた。

前回も「土台作り」のつもりでいたが、最初の年に訳が分からないうちに打撃陣が打ちまくって優勝してしまった。おかげで土台作りが疎かになり、二年目は前年の勢いで五割で三位だったが、三年目はどん底に落ちた。それ以来、チームは沈んでいる。九二年に世代交代がうまくいき躍進したが、結局、若い世代が伸び悩み、旧世代は衰える一方となっていた。

吉田は監督復帰が決まると、コーチに一枝修平を迎えた。さらに八五年の優勝メンバーである木戸、平田、佐野も呼んだ。同窓会みたいなコーチ陣になった。

ドラフト会議では四人を獲得した。うち三人が活躍するので当たり年と言っていい。一位で東洋大学の今岡誠（一九七四〜）、二位で天理高校の関本健太郎（一九七八〜）、三位で南部高校の濱中治（一九七八〜）を指名した。

今岡は兵庫県宝塚市出身で、PL学園に進学し、一九九二年、三年の春の甲子園に出た。東洋大学に進み、東都大学リーグではショートとして活躍、アトランタオリンピックにも出場した。タイガースを逆指名してのドラフトで、入団一年目から一軍で活躍するが、野村監督時代は不遇になる。

関本は大阪府で生まれたが、奈良県橿原市で育ち、天理高校に進学した。三年の夏、一九九六年に甲子園に出て、同年のドラフトでタイガースに入った。一軍で活躍するのは二〇〇二年からとなる。

濱中は和歌山県出身で県立南部高校に進学した。高校時代は投手だったが、打者としても通算五一本の本塁打を打っている。しかし、甲子園には行けなかった。高校三年の秋に、ドラフトでタイガースに入団した。一軍で活躍するのは二〇〇一年になってからだ。

いくら「地ならし」の年にするとしても、新戦力が必要だった。新監督の吉田の最初の大仕事となったのがFA戦線である。この年の目玉は西武ライオンズの清原和博で、FA宣言するとタイガースとジャイアンツが名乗り出た。

一一月一三日、清原はジャイアンツとの最初の交渉に臨んだ。相手は球団代表で、「来たければ、どうぞ」という態度で、提示された金額も予想よりも低かった。清原としてはドラフトで「一位指名する」と言っていたのに自分ではなく桑田を指名したことへの謝罪も欲しかったのだが、それも無視された。

その二日後、タイガースが交渉に臨んだ。チームの立て直し、とくに打撃面での強化と、観客動員の見込めるスター性という観点からも、なんとしても清原が欲しい。ジャイアンツとは異なり吉田監督自らが交渉に当たった。球団も三年契約で総額一四億円の高条件を提示した(金額などは推定)。

吉田はユニフォームの「縦縞を横縞にしてでも」という、奇妙な口説き文句で説得した。ユニフォームのデザイン変更など清原は望んでいないのだが、熱意は伝わったようだった。

フランス帰りの吉田は、以前より明るく楽しい人になっていた。やたらにコミカルな言動をするようになり、自分で「フランスではムッシュと呼ばれていたんですわ」と言って、以後、「ムッシュ」がニックネームとなる。本人としてはこれで「ミスター」こと長嶋茂雄と並んだつもりなのかもしれない。

吉田の熱意が伝わったのか、清原の心はタイガースに傾いたと伝えられていた。

これにジャイアンツは動揺した。長嶋体制のジャイアンツは、原や松井がいるのに九三年オフには落合、九四年オフには広沢を獲っていた。原は九五年で引退したが、さらに清原を獲ってもどう使うのか。チームの編成上、どうしても欲しいわけではない。だから最初の交渉では、「来たければ、どうぞ」的な態度だった。

だが清原がライバルであるタイガースに行きそうだとなると、話は変わってくる。タイガースに行かれるくらいなら、使い道がなくても獲得したほうがいい。ジャイアンツは清原獲得に本気になり、二〇日に清原と二度目の交渉をした。長嶋は登場しなかったが、「ボクの胸に飛び込んでこないか」というメッセージを託した。歯が浮くようなセリフだが、それが似合うのがミスターこと長嶋茂雄であり、ムッシュ吉田の「縦縞を横縞に」よりは、内容のある言葉だった。これで流れは決まった。

二四日、長嶋同席のもとで清原のジャイアンツへの入団発表が行なわれた。清原は嬉しそうだった。このあとどういう悲劇が待ち受けているかは、まだ誰も知らない。

清原入団を受けて、落合は自らの出番がなくなると予想し、自由契約を申し出た。球団も了承し、退団会見には長嶋も同席し、礼を尽くした。落合にはスワローズとファイターズから獲得の動きがあり、ファイターズに入った。

同じように広沢も自由契約を申し出た。しかしタイガースが欲しがっているとの情報もあったので球団は拒否した。広沢は九九年までジャイアンツで飼い殺しにされた挙げ句、自由契約になり、タイガースに入団する。

かくして九六年オフのタイガースは清原も広沢も手に入れることができなかった。となると、外国人に頼るしかない。

一二月になって、タイガースはボストン・レッドソックスの主砲、マーク・グリーンウェル外野手を獲得したと発表した。一九八五年からレッドソックスで一二シーズン活躍し、通算一四〇〇安打を放っていた。打率は・三〇三、打点七二六、本塁打一三〇という数字は、期待するに十分だった。

しかしそんな選手をなぜレッドソックスは手放すのだろうか。膝を故障しているとの説もあったが、本人サイドに確認すると完治しているという。レッドソックスとは契約期間が終わり、年俸が高額だったので更改されなかった――という説明を信じて、ろくに調査もせずに飛びついてしまった。球団史上最高の年俸三億円で契約したと伝えられる。

吉田監督と外国人――ファンはグリーンウェルにバースの再来を夢想した。それが夢に過ぎないことをまだ誰も知らない。

第11章　喜劇——一九九七、九八年

期待の新外国人

一九九七シーズンのセ・リーグは、最下位のタイガース以外の五チームは監督がそのままだった。中日ドラゴンズは本拠地をナゴヤ球場からナゴヤドームに移した。パ・リーグは五位だった千葉ロッテマリーンズの江尻監督が一年で辞めて、近藤昭仁が後任となった。GMの広岡も契約期間は三年だったが、二年で解任された。

三億円のグリーンウェルは一月二九日に来日し、会見では、テンガロハットをかぶって現れ、「開幕から打ってチームを引っ張る。キャンプインから打撃練習をする。オープン戦にも最初から出る」と堂々と宣言した。しかし、そのすぐあとに、「一二日から二二日は帰国する」とも付け加え、一抹の不安を抱かせた。そう言えば、バースも一時帰国すると言って、帰って来なかった。

キャンプが始まると、グリーンウェルはたしかに速いスイングを披露した。取材に来た評論家たちの間でも評価は高い。タイガースはいい選手を獲得したという評判が立つ。

予定通り、グリーンウェルは一二日にアメリカへ帰った。前日には「左太腿が肉離れを起こしかけていたが、ゆっくり休める」と言っていた。

再来日の予定の二二日の前日、「キャンプで背中を痛めたので、来日を延期する」との連絡があった。主治医から三月五日までは旅行を控えるように指示されたという。

三月五日を過ぎても、グリーンウェルは日本に来ない。開幕出場は絶望となった。

球団常務だった野崎勝義は、グリーンウェルについては大丈夫なのか不安を抱いていたと、後に明かす。本人よりもその代理人が、好ましくない人物だった。一九九五年に福岡ダイエーホークスで問題を起こしたケビン・ミッチェルの代理人だったのだ。ミッチェルは開幕直後は活躍していたが、無断帰国し、八月に再来日すると、また帰ってしまい、球団が解雇すると年俸を全額払えと訴えてきた。そんな「前科」がある代理人だったので、野崎は心配したようだが、彼の当時の立場では何もできなかった。

一九九七シーズンは四月五日に開幕した。

開幕カードは広島でのカープ戦だった。スターティングメンバーは、一番セカンド・和田、二番ショート・久慈、三番センター・新庄、四番ライト・桧山、五番ファースト・八木、六番レフト・平塚、七番サード・ハイアット、八番キャッチャー・山田、開幕投手は川尻だった。

新外国人のフィリップ・ハイアット（一九六九〜）はメジャーリーグではほとんど活躍していない選手だった。前年はAAAで四二本塁打を打ったという触れ込みで、入団した。しかし、たしかにホームランは打つが三振も多いことを、タイガースは知らなかったのだろうか。結局、六七試合に出て、一一本のホームランと六四の三振という、大いなる期待はずれに終わる。

開幕ゲームは三回に久慈のタイムリーで一点先制したが、その裏に緒方にスリーランを打たれて、そのまま九回まで進み、終わった。前シーズンは一試合も出られなかった亀山はベンチ入りしており、代打で出たが、打てなかった。

第二戦は和田のタイムリーと平塚の一号と二号が出て三点を取った。中込は五回まで無失点で六回に一点入れられて葛西に交代、弓長、山崎一玄《かずはる》とつないで、九回表にハイアットの一号で四点とした。九回裏は古溝が投げたが二失点、二死だったが、田村も投入して四対三で逃げきった。これで一勝一敗。この日も亀山は代打で出たが、打てなかった。

一日おいて八日から横浜でベイスターズとの三連戦。第一戦は桧山に一号と二号、ハイアットに二号、八木に一号が出るなど打線が爆発して一一得点。しかし、先発の藪が二回に四失点して降板、村上誠一、竹内昌也、弓長、葛西、田村、山崎と合計七人のピッチャーを投入して、一一対六で勝った。一九八五年を思い出させる勝ち方だったので、ファンは喜んだ。九日はホームランは出なかったが九点取り、湯舟が四失点ながらも完投して九対四で勝ち、これで三連勝となった。

第三戦は二年目の舩木の先発で、四回までに五失点で降板した。平塚は好調で三号を打ち、四対八となった九回、新庄の一号スリーランで一点差にしたが、それ以上は得点できず、七対八で負け、連勝は三でストップ。

休みなしで、一一日が甲子園での最初の試合だった。相手はジャイアンツだったので、四万人が甲子園にやって来た。川尻と斎藤の先発で、新庄の二号が出たものの二対三で負けた。亀山はこの日も代打で出たが、打てなかった。これまで三試合に出て無安打。二軍で調整することになった。

一二日は土曜日だったので五万三〇〇〇人がやって来た。先発は竹内と宮本で、またも二対三で負け、これで三連敗。一三日はハイアットに三号が出て、藪が完投して五対〇で勝った。ハイアットは前評判どおりホームランは打つが打率は・二〇七しかなく、一方、ここまでの八試合で三振は九もあった。

それでも三カード・八試合が終わって四勝四敗と五分にしていたので、前年よりは期待できそうな雰囲気だった。しかも、もうすぐグリーンウェルが帰ってくるはずだ。

四月は一一勝一一敗で、三位で終えた。首位はスワローズで三・五ゲーム差だった。

吉田は土台作りのため、ルーキーの今岡を開幕時からベンチ入りさせ、サードかセカンドで使っていた。今岡は兵庫県宝塚市出身だった。PL学園に進み、三年の春に甲子園に出て注目され、タイガースが入団を打診したが断り、東洋大学へ進み、前年オフのドラフトで逆指名でタイガースに入った。一年目のこのシーズン、九八試合に出て、六三安打、打率・二五〇の成績を残す。

前年のドラフトで入った、高卒の関本、濱中が一軍で活躍するのは、まだ先だ。

†グリーンウェル旋風

グリーンウェルが再来日したのは四月三〇日だった。記者会見では愛想がよく、「五月三日から試合に出る」と宣言した。

そして約束通り、五月三日、甲子園でのカープ戦に、グリーンウェルは五番レフトでスタメン出場した。三回二死一・二塁のチャンスにグリーンウェルの打席となり、センター前へのタイムリーとなって、二点先制。五回に二点取られたが、七回にタイガースも追加点を入れて、八回裏、無死三塁でまたもグリーンウェルの出番となった。その打球は右中間への三塁打となり、一点追加、さらにこの回三点入れて、九回に一失点したが七対三で勝った。グリーンウェルは五打数二安打二打点というデビュー。

三日は四万人だったが、四日の甲子園は五万五〇〇〇人の超満員となった。一回に先制されたが、三回裏、グリーンウェルの二点タイムリーを含めて三点入り、三対一で逃げ切った。この日のグリーンウェルは三打数二安打二打点。五日は五万人が入り、六対一二の乱打戦となり、負けた。グリーンウェルはこの日は四打数一安打だが一打点で、これで三日連続タイムリーを打っており、勝負強さを感じさせた。

しかし、一日おいて七日のナゴヤドームでのドラゴンズ戦になると、グリーンウェルは三打数無安打、八日も四打数無安打と当たりが止まる。東京ドームへ移っての一〇日も無安打、一一日は内野安打が出た。しかし、前日の試合で自打球を右足甲に当てて骨折していたことが判明し、今季絶望との診断。

一四日、グリーンウェルの解雇が決まった。会見でグリーンウェルは「万全ではなかった。実力を見せることができなかった」と一応は謝罪し、「神のお告げもあった」としてそのまま引退した。七試合で二六打数六安打、打率・二三一、打点五、本塁打ゼロ。三億円の外人はこれだけの数字を残して、去った。

吉田は「竜巻のようにパーッと来て、パーッと帰りましたな」と言うのが精一杯だった。もはや怒りを通り越していたようでもあり、すべてを「お笑い」にするしかないと、開きなおっていたのかもしれない。

期待した外国人は逃げるように去ったが、チームはそう崩れることもなく、五月は一一勝一二敗で終えた。首位スワローズとのゲーム差は五に広がり、四位に落ちた。それでも五月二九日から六月一日まで四連勝した。

六月に入ると、グリーンウェルに代わる外国人としてダネル・コールズ（一九六二〜）とリード・シークリスト（一九七〇〜）が入団した。コールズは前シーズンにドラゴンズに入団し、一三〇試合に出て打率・三〇二、打点七九、本塁打二九と活躍したが、本拠地が広いナゴヤドームに替わることで、守備に問題があるとして解雇され、メジャーに復帰していたのを、呼んだものだった。六月一三日の甲子園でのドラゴンズ戦から出たものの、故障が重なったこともあり、六三試合に出て打率・二四二、打点二八、本塁打七で、今季限りとなる。

シークリストは前シーズンのAAAで打率・三〇七、本塁打一七という成績を買われて、六月二一日に代打で初出場し、六番サードで出て、七月上旬までは打っていたが、その後、打てなくなり、八月一〇日のゲームを最後に解雇された。二五試合で一〇安打、打率・一九二だった。

六月のスワローズは前半に一〇連勝、下旬から七月にかけて八連勝するなど快進撃を続けていた。タイガースは六月四日から八日まで四連勝、その後、四連敗し、六月は一一勝一一敗。

六月末でタイガースは三位に上がったが、スワローズとのゲーム差は一〇・五に広がった。

七月は六勝九敗一分と負け越した。

†新庄の屈辱の日

オールスターにはファン投票で和田、久慈、新庄が選ばれたが、和田は故障で出場辞退、監督推薦で、藪、桧山、平塚が出た。

この時点で新庄は、打率・二一七、本塁打九というふがいない成績だった。七月二三日の大阪ドームでのオールスター第一戦では、新庄に対し「そんな成績で出場するな。恥を知れ」との横断幕が出され、新庄の打席になるとセ・リーグの応援団が沈黙するという事件が起きた。沈黙するだけではなく「新庄、帰れ」というコールまで出た。さらにペットボトル・メガホンがグラウンドへ投げ入れられ、ゲームが中断する騒ぎにまでなる。

後に新庄は引退するときの会見で、このゲームについて「あのときのショックな気持ちはいまだに忘れられない」と語る。

このシーズンの新庄は、一三六試合すべてに出て、五三九打席、四八二打数で、一一二安打、打率・二三二、打点六八、本塁打二〇の成績を残す。しかし一方で、三振は一二〇。もともと三振の多い選手だが、生涯最高の三振の数となった。

順位	チーム	試合数	勝	負	引分	勝率	ゲーム差	本塁打	打率	防御率	得点	失点
1	ヤクルトスワローズ	137	83	52	2	.615	–	138	.276	3.26	672	503
2	横浜ベイスターズ	135	72	63	0	.533	11.0	105	.273	3.70	572	548
3	広島東洋カープ	135	66	69	0	.459	17.0	164	.259	4.44	651	653
4	読売ジャイアンツ	135	63	72	0	.467	20.0	150	.251	3.69	550	536
5	阪神タイガース	136	62	73	1	.459	21.0	103	.244	3.70	504	575
6	中日ドラゴンズ	136	59	76	1	.437	24.0	115	.243	4.33	510	644

1997年　セ・リーグ順位表

八月は一〇勝一六敗と負け越した。もとよりタイガースは優勝戦線からとっくに脱落していたが、八月にスワローズは五連敗し、一方、ベイスターズが七月下旬から八連勝、と四連勝が二つと急迫して、七月末には一〇だったゲーム差を三・五にまで縮めていた。

八月が終わった時点でタイガースはスワローズに一五・五ゲーム差の四位だった。

ベイスターズの追撃もそこまでで、スワローズは四連勝と八連勝でマジックナンバーを減らしていき、九月二六日からの神宮球場での三連戦で優勝が決まる確率が高くなっていた。これにタイガースが三連敗したら、目の前で胴上げを見ることになる。そして見事に、タイガースは三連敗し、九月二八日、ヤクルトスワローズは本拠地・神宮球場で優勝を決めた。

一九九二年にタイガースとスワローズが優勝を争っていたときは、神宮球場の客席は東京の球場なのにタイガース・ファンのほうが圧倒的に多かったが、この日、神宮球場にやって来た四万六〇〇〇人はほとんどがスワローズのファンだった。何度も優勝している間に、ファンが増えていたのだ。優勝が決まる試合だったのでテレビ中継もされた。タイガースは一対一六で大敗し、日本中にその弱さを見せてしまった。

スワローズは一九九〇年に野村監督が就任して八シーズンで四度目の優勝だった。九二年、もしタイガースがシーズン終盤の死闘でスワローズに勝って優勝していたら、どうなっていただろう。

パ・リーグは西武ライオンズが優勝し、日本シリーズはヤクルトが勝った。

優勝が決まり消化試合となった一〇月、タイガースは五勝一敗と勝ち越して、六二勝七三敗一分、首位ヤクルトスワローズとは二一ゲーム差の五位で終えた。

入場者数は、期待度が高かったのか、四〇万八〇〇〇人増えて、二二六万八〇〇〇人だった。

†亀山の引退

このシーズン、最後の試合は一〇月一二日、甲子園でのベイスターズ戦だった。

亀山は四月一一日を最後に一軍の試合には出ていなかったが、最後に一軍に呼ばれ、代打で出た。一塁にヘッドスライディングをして、アウトになった。すでに戦力外通告されており、これが亀山の最後の試合となる。

一九九二年、新庄とともに「亀・新フィーバー」を巻き起こした後の亀山は、怪我に泣いた。

満足に活躍したのは九二年だけだった。一軍の試合に出るようになった一九八九年からの九シーズンで、一〇〇試合以上出たのは九二年と九四年のみで、通算三七七試合に出て二九一安打、打率・二六五、打点七二、本塁打一四という数字に終わった。しかし、数字以上に人びとの記憶に残る選手ではあった。

亀山もまた、まだやれるとの思いがあり、近鉄バファローズの秋季キャンプにテスト生として参加し、佐々木恭介監督が強く入団を推してくれたが、球団は受け付けなかった。これで諦め、二八歳にして引退した。以後はタレント、リトルリーグのチームの指導者などで活躍する。

タイガースのチーム打率・二四四はリーグ五位で、得点数と本塁打数は最下位。一方、チーム防御率は三・六九八でリーグ三位だった。打線の強化が必要という、毎年同じ結論になる。一〇勝したのが藪(一二敗)と湯舟(六敗)で、竹内は八勝六敗だが防御率はトップの三・〇一だった。

†大型トレード

このオフ、タイガースは久しぶりの大型トレードを断行した。

ドラゴンズの大豊泰昭(一九六三〜)と矢野輝弘(後・燿大、一九六八〜)と、タイガースの関川と久慈とのトレードだった。

ドラゴンズは星野仙一が監督に復帰して一年目の一九九六年は二位だったが、ナゴヤドームに本拠地を移した九七シーズンは広い球場への対応が遅れ、最下位になっていた。星野は機動力と守備を重視するチームへの転換を図り、大豊と矢野を放出し、久慈と関川を得たのだ。

タイガースは打撃力強化を目的に、大豊と矢野を獲得した。

大豊は台湾出身で、中学時代には台湾大会で優勝、高校時代には世界大会で優勝した経験を持つ。一九八四年に名古屋商科大学に入学し、愛知大学野球リーグで活躍した。八八年のドラフトで中日ドラゴンズに入団し、一年目からレギュラーの外野手として活躍する。九四年は落合が入団したのにともないファーストに転じ、本塁打王（三八本）、打点王（一〇七点）となった。九六年は三八本の本塁打を放つが、チームメイトの山崎武司に一本差で本塁打王を取られてしまった。九七年、ナゴヤドームに移ると、ホームランは一二と激減し、打点も三五、打率も・二四〇と不振に陥った。そこでトレード要員となったのである。

タイガースはホームランバッターが欲しい。しかし、甲子園も広い。はたして、大豊はホームランを量産できるのか。

矢野は大阪市出身で、少年野球チームで野球を始めたが、進学した中学に野球部がなかったのでバスケット部に入った。市立桜宮高校に進み野球部に入ると、投手以外のすべてのポジションを経験した。甲子園へは行けなかった。東北福祉大学へ進み、日米大学野球選手権のメンバーにもなった。

大学卒業時、矢野はプロに入るにあたっては、「どのチームに入ったら試合に多く出られるか」を考えた。少し年上の正捕手のいるチームに入っても、その選手が元気な限り出番はなかなかないだろう。ベテランの正捕手がいて数年で世代交代しそうなチームがいいのではないか。一二球団をそういう眼で見ると、一九六二年生まれの伊東勤のいるライオンズか、五六年生まれの中尾孝義や六三年生まれの村田真一のいるジャイアンツ、六一年生まれの木戸のいるタイガースあたりが、よさそうだった。

一九九〇年のドラフトで、矢野はジャイアンツとドラゴンズに二位で指名された。ドラゴンズには矢野の一年上で、高卒で入った中村武志が正捕手の座を得ているので、矢野としては、行きたくないチームだった。しかし、抽選で交渉権を得たのはドラゴンズだった。一年目の九一年は二二試合に出場、九二年は七二試合と増えたが、九三年はまた二四試合。正捕手になるのは難しく、ときに外野手としても起用された。

タイガースでは、正捕手の山田が打撃面が弱いという問題を抱えていた。最も多く出た九二年は打率・二〇四で、年によっては一割にも達しないこともあった。ホームランは最大で四本、ゼロの年もある。また強肩でもないので盗塁阻止率も低い。

そこで、タイガースはドラゴンズの中村を希望した。すると、ドラゴンズは桧山との交換ならば、中村を出してもいいと言う。星野はそうなったら、矢野を正捕手に鍛えるつもりだった。これで話はまとまりかけたが、タイガースの場合、電鉄本社のさまざまな人脈から、横槍が入る。ある役員から、桧山の放出はまかりならぬとの圧力がかかった。

そこで、関川なら出せるとなったので、ドラゴンズは矢野を出すことにした。

関川は器用だったので、捕手と外野の両方で使われていた。このままタイガースにいても、捕手としても中途半端のままだ。外野に専念して出場回数を増やせば打者としてもっといい数字を残せると星野は見込んだ。

久慈は守備能力は評価されていたが、打撃成績が低く、吉田監督はルーキーの今岡を一年、セカンドとサードで使ってみて、打撃を評価し、また守備でもショートを任せられると判断していた。そのため打てない久慈を放出したのである。

選手当人の意向はともかく、両球団の利害は一致し、二対二のトレードが実現した。

矢野はトレードにあたり、星野から何か言葉があるかと思い、待っていたが、何も言われることはなかった。まさかこの後、タイガースに星野が監督としてやってくるなど、誰も夢にも思っていない。

久慈はドラゴンズではセカンドにまわされた時期もあったが、ショートのレギュラーとして活躍する。関川も翌シーズンは外野手としてレギュラーを確保し、打率・二八五を残す。大豊の評価は微妙だが、矢野はタイガースで成功するので、このトレードは双方にとって成功したと言えるだろう。

ドラフト会議でタイガースは六人を指名した。四人が投手だったが活躍するのは二位の井川慶（一九七九〜）しかいない。四位で指名したのが、坪井智哉《ともちか》（一九七四〜）だった。

井川は茨城県出身で県立水戸商業高校へ進学した。甲子園には行けなかったが、一九九七年、三年夏の県大会では一八奪三振の完全試合を達成し、スカウトの間で注目され、タイガースに二位で指名された。

坪井は父がドラゴンズなどで活躍したプロ野球選手で、PL学園に進んだ。一年下にいたのが今岡だった。高校時代は外野手と投手だったが、甲子園には出ていない。青山学院大学へ進み、東都大学リーグで活躍した。イチローに似ている振り子打法を会得していた。大卒の時点ではプロからは声がかからず、社会人野球の東芝へ入社し、九七年のドラフト四位でタイガースに入った。

九七シーズンに在籍した外国人選手は、グリーンウェルをはじめ全員が一年限りだったので、新たに四人を入れた。ひとりはドラゴンズに一九九二年からいたアロンゾ・パウエル（一九六四〜）である。メジャーでは二シーズンしか活躍していなかったが、九四年から九六年は三年連続して首位打者になった大物だが、九七シーズンは膝の故障もあり、打率・二五三に落ち、ドラゴンズは契約更改しなかった。もうひとりがデーブ・ハンセン（一九六八〜）で、メジャーでは九〇年から九七年まで活躍していた。

開幕直前の三月二八日に入団が決まったのが、ダレル・メイ（一九七二〜）だった。一九九五年からメジャーで投げていたが、九七年までの三シーズンでこれといった成績はあげていない。

もうひとり、ドミニカ共和国出身のベン・リベラ（一九六九〜）も抑えの投手として入団している。一九九二年にメジャーに昇格し、九三年にはフィラデルフィア・フィリーズで一三勝九敗の成績を残しながら、九七年は台湾の和信ホエールズで投げていた。

†ムッシュ吉田の架空優勝会見

一九九八シーズン、セ・リーグでの監督交代は横浜ベイスターズだけで、前年二位と健闘したが大矢明彦監督が辞めて、権藤博が就任した。パ・リーグは全員が留任した。

開幕を前にした四月一日、日本外国特派員協会のエイプリルフール企画として、この年は寅年だったのでタイガースが優勝したという架空の設定の記者会見が開かれた。やたらにコミカルになった吉田は、この企画を引き受けて記者会見に臨んだ。

「皆様一年間、応援ありがとうございました。こんなに嬉しいことはないです」と挨拶し、

「優勝したと言え、と裏で言われるんですけれども、心が小さい私には、大変難しいんでございます」とか「身にあまる祝辞を賜りまして、穴があったら入りたい」などと言って、笑わせた。

吉田は楽しそうだった。もしかしたら、この三度目の監督時代、いちばん笑った日だったかもしれない。

開幕は四月三日、タイガースは横浜でのベイスターズとの三連戦でシーズンを始める。開幕戦のスターティングメンバーは、一番セカンド・和田、二番ライト・桧山、三番サード・ハンセン、四番レフト・パウエル、五番ファースト・大豊、六番センター・新庄、七番キャッチャー・山田、八番ショート・星野、開幕投手は藪だった。

いきなり〇対八と完敗し、そのまま三連敗してスタートした。次の名古屋でのドラゴンズ戦は一勝二敗、カープ戦も一勝二敗とあまりいいスタートではなかった。

今岡は開幕戦では最後にショートの守備固めで出ただけだったが、二戦目からスタメンでショートとして出るようになり、レギュラーを獲得する。かつての名ショート吉田は、今岡をショートとして育てることにしたのだ。

また一五日のスワローズ戦から、吉田監督はキャッチャーを山田から矢野に替えた。先発は藪で完封、大豊と八木に一号が出て八点を取って快勝した。またルーキーの坪井も一番ライトでスタメン出場させ、以後、レギュラーに固定する。

坪井と今岡はPL学園の同窓で、高校では坪井が一年上だったが、タイガースでは今岡が一年先輩になる。こうして、タイガースとしては珍しい、PL卒業生コンビが誕生した。

翌一六日も勝ち、次のジャイアンツ戦、ベイスターズ戦（全て二試合ずつとなった）も勝って六連勝した。しかし、よかったのはこの頃までで、四月は一〇勝一一敗で、首位広島に三・五ゲーム差の五位だった。

四月の最下位は、前年の覇者スワローズだった。スワローズは野村克也が監督になって九シーズン目だ。常勝チームのイメージだが、連覇は九二、九三年だけで、あとは九五、九七年は優勝、九四、九六年は四位と、一年おきに一位と四位になる。その順番でいけばこのシーズンは四位になるはずだ。国鉄スワローズ時代から弱小球団だったので、監督もよく代わり、野村の九シーズンは異例の長さだった。そろそろ何かがある頃だった。

タイガースは五月も八勝一三敗と負け越すが、明るい話題として、二六日の倉敷でのドラゴンズ戦で川尻がノーヒットノーランを達成した。

五月が終わった時点で首位カープには六ゲーム差の五位だった。

六月は六連敗し、同時期にスワローズが四連勝したので、五位と六位が入れ替わり、最下位に落ちると、今季は二度と浮上できなくなる。上位チームはベイスターズ、ドラゴンズ、ジャイアンツで、激しい首位争いをしていたが、ベイスターズが抜け出しつつあった。六月のタイガースは七勝一一敗で、首位ベイスターズに一〇ゲーム差の最下位。

七月は四連敗と七連敗があり、七勝一五敗と大きく負け越し、首位ベイスターズとは一七・五ゲーム差となった。

チームが最悪の状態だったので、タイガースの選手でオールスターに出たのは川尻と今岡だけだった。

スター選手である新庄はこの年、最低の成績にあえいでいた。開幕時は六番だったが、打撃不振で七番、ときには八番で出ることもあった。前年までで通算ホームランが九七だったので、あと三本で一〇〇だった。しかし、今季一号が出たのは七月一四日、一五日に二号、二五日に三号が出て、ようやく通算一〇〇号を達成した。結局、このシーズンは一三二試合に出るには出たが、ホームランは六本、打率は・二二二、打点二七と選手生活で最低の成績となってしまう。

八月は四日から一六日まで一二連敗して九勝一七敗、首位とのゲーム差は二二・五。

もはや、これまでである。球団は早くも八月から吉田の後任探しに動き出した。

†オーナーの暗躍

八月二二日、村山実が六一歳で亡くなった。震災で被害を受け、経営していた会社の再建の疲労も重なっていたところ、がんに蝕まれていた。その闘病生活は三年にわたったという。

訃報が届いた二三日、タイガースは負けるわけにはいかなかった。大阪ドームでのスワローズ戦は一対一のまま延長戦となり、一一回裏、今岡のサヨナラホームランで決着した。

八月下旬、三好球団社長は雑誌の記者から、「野村さんと会ったのは本当か」と訊かれた。野村とはヤクルトスワローズの野村監督だという。三好にはまったく覚えのない話だった。その記者は、どこかから阪神が野村に監督をしてくれと打診したとの情報を得て、三好にぶつけてみたのだった。

野村に打診していたのは、三好ではなく、久万オーナーだった。久万は球団のみならず、甲子園球場を管轄する阪神電鉄の運動場遊園部門までが、観客動員数の低迷で赤字になったことで、ついに球団の頭越しに監督選びを始めていたのだ。

野崎勝義の著書『ダメ虎を変えた！』によると、久万のもとに「ヤクルトの野村が辞める、阪神に来てくれるかもしれない」との情報をもたらしたのは、マスコミ関係者のようだ。久万は半信半疑だったが、詳しく聞くと、ヤクルト本社と野村の関係がうまくいっておらず、野村はすでにＮＨＫの解説者になる話が進んでいると、かなり具体的だった。

ヤクルト球団は家族的だと評される。チーム生え抜きの選手を大事にし、外部から来た者には冷淡なのだ。野村の前の優勝監督の広岡も、優勝した時点で球団との関係が悪化し、結局、成績不振もあったが、翌年シーズン途中で退任した。野村もその二の舞いになろうとしていた。

久万は野村招聘を独断で決め、動き出していた。

久万の側近、懐刀と目されていた三好は、自分の知らないところで久万が動いているのを知ると、穏やかではない。三好は一九八四年に久万がオーナーになってから、タイガースに関わるようになり、最初は球団とは無関係の立場で吉田を陰で支え、優勝した直後の八五年一二月に正式に球団取締役となって、九〇年に球団専務、同年一二月に球団社長となった。この間、吉田、村山、中村、藤田、そしてまた吉田と監督は交代してきたが、三好はずっと球団の経営責任を担っていた。社長になって以後の九一シーズンからの八シーズンで、二位一回、四位二回、五位一回、最下位四回で、誇れる成績ではない。

それでも三好は抵抗を試みている。八月三一日、三好は定例の報告のため電鉄本社へ行き、久万オーナーと面談し、「来季も吉田の続投でいきたい」と伝えた。

電鉄本社には、安藤統男の復帰を画策している勢力もあった。三好は吉田続投、久万は野村招聘、さらに第三の候補として安藤を押す動きもあったのだ。

久万は三好以下の球団幹部にも内密に、野村招聘に向けて極秘裏に動いていた。そして、この頃には吉田を切るのと同時に三好も切ると決めていた。

九月七日、三好の退任と後任の球団社長に高田順弘が就任することが内定した。正式発表は一か月先だ。これにより、吉田続投の可能性は潰えた。

高田は一九四〇年生まれで、阪神電鉄に入り、八四年一〇月に球団取締役になった。小津社長が退任した際の人事異動である。八七年には新設された球団本部副本部長を兼任し、八八年六月には常務取締役となる。バース問題でフロントが迷走していた時期で、古屋代表が自殺すると、球団代表に就任した。

一九九〇年に三好が球団社長になった際の人事異動で、タイガースの代表を解任され、阪神総合レジャーに出向し、タイガースゴルフクラブ支配人となっていたところに、タイガースへ社長として返り咲くことになった。三好とは折り合いが悪い。三好がいる限り、高田はタイガースへは戻れなかったろう。

†ムッシュの寂しい退場

まだシーズン中の九月二一日に、ヤクルトスワローズは野村監督が今季限りで退団すると発表した。スワローズの野村体制は九年で幕を閉じた。

順位	チーム	試合数	勝	負	引分	勝率	ゲーム差	本塁打	打率	防御率	得点	失点
1	横浜ベイスターズ	136	79	56	1	.585	–	100	.277	3.49	642	524
2	中日ドラゴンズ	136	75	60	1	.556	4.0	100	.248	3.14	488	458
3	読売ジャイアンツ	135	73	62	0	.541	6.0	148	.267	3.74	632	551
4	ヤクルトスワローズ	135	66	69	0	.489	13.0	97	.253	3.69	493	548
5	広島東洋カープ	135	60	75	0	.444	19.0	131	.265	4.01	578	613
6	阪神タイガース	135	52	83	0	.385	27.0	86	.242	3.95	450	589

1998年　セ・リーグ順位表

タイガースは九月は八勝一二敗、一〇月は三勝四敗で終わり、五二勝八三敗、二七ゲーム差の最下位でシーズンを終えた。

野村のスワローズは一位の翌年は四位というサイクル通り、六六勝六九敗で四位に終わった。

優勝したのは横浜ベイスターズだった。タイガースよりも長く優勝から遠ざかっていたのがこのチームで、大洋ホエールズ時代の一九六〇年以来、三八年ぶりの優勝だった。権藤監督の自由放任野球で、「マシンガン打線」と呼ばれた打線が爆発し、投手陣で「大魔神」と呼ばれた佐々木主浩が抑え切る勝ちパターンで、快進撃した。それは八五年のタイガースを思い出させる「反管理野球」だった。

横浜ベイスターズの優勝が決まったのはシーズン最終盤の一〇月八日の甲子園でのタイガース戦だった。タイガース・ファンにとっては見たくない試合だった。それでも横浜から来たファンもあって、観客数は三万六〇〇〇人。三対四で迎えた九回裏二死、大魔神・佐々木の前に立つ最後のバッターは新庄で、見事に三振してゲームセット。タイガースはまたも目の前で胴上げを見ることになった。

タイガースは翌日、神宮でのスワローズ戦に臨む。スワローズにとっても消化試合だったが、本拠地での最後のゲームで、今季限りの野村監督を見ようと、二万八〇〇〇人がやって来た。試合は二対五でスワローズの勝ちで、野村は有終の美を飾る。スワローズでの九シーズンの通算成績は一一八七試合、六二八勝五五二敗七分、勝率・五三二。

二日あいて、一〇月一二日が甲子園での最終戦で、相手はドラゴンズ。観客数は五〇〇〇人だった。もはや吉田監督をひと目見ようというファンはいない。試合は四対二で勝ち、吉田も有終の美を飾った。

吉田は三期合計八年にわたり監督としてタイガースを指揮し、通算一〇五一試合、四八四勝五一一敗五六分、勝率・四八六という成績で終わる。

翌日の新聞のなかには、この時点でもまだ次期監督には安藤が決定していると報じているものもあった。

タイガース主催試合の年間入場者数は、前年はまだ期待されていたので二二六万八〇〇〇人だったが、一九八万人と再び二〇〇万人を割っていた。久万オーナーが野村招聘に傾いたのは、この数字も関係していた。

ハンセン、パウエルの外国人はともに不振で一年で退団、大豊も打率・二三一、打点六一、本塁打二一と期待ほどではなかった。新庄は前述のように打率・二二二、打点二七、本塁打六とプロ生活最低の成績で、桧山は打率・二二六、打点五二、本塁打一五。桧山は一〇一も三振し、大豊の九四がそれに続く。

チーム打率は・二四二でリーグ最下位、総得点は四五〇で、優勝したベイスターズの六四二と比べて約二〇〇点も少ない。チームで打率トップはルーキーの坪井で、・三二七とリーグ三位、今岡も・二九三でリーグ一〇位となった。すでにベテランに近い和田は・二七二でリーグ二三位、外国人ハンセンが・二五三でかろうじて三〇位に入った。

投手陣も二桁勝利は一一勝一〇敗の藪と、一〇勝五敗の川尻の二人だけで、中込の八勝一三敗がそれに続く。湯舟は骨折で離脱し四試合しか登板できず、一勝一敗に終わり、チーム防御率は三・九五と前年より悪くなった。

暗澹たる結果ではあったが、光明は、前述の坪井、今岡にあった。矢野が正捕手に座るようになったのも大きい。優勝した八五年世代は和田を残すだけとなり、惜しかった九二年の主力たちは、その「惜しい」状態から一向に抜け出せない。

†野村招聘

横浜ベイスターズが優勝を決めた八日の前日にあたる一〇月七日、阪神球団は電鉄本社で臨時株主総会と取締役会を開き、三好社長を含め三人の取締役の退任を決め、後任の社長には正式に高田が就任した。同時に辞めたのは球団本部長の西山と、編成部長の横溝で、ふたりとも三好が現場から抜擢した役員だったが、チームの成績不振の責任を取らされた。

この人事を報じるスポーツ新聞では、次期監督として安藤統男が内定したとも報じられている。ただ、記事にある安藤のコメントには、「話はありません。二年前と一緒。コメントのしようがありません」とあり、正式には打診していないようだ。

恒例のお家騒動が静かに始まっている。久万が野村招聘で動いているのを察知して、OBの一部勢力が、それを潰そうとマスコミ辞令で、安藤監督を既成事実化しようとしていた。

久万は着々と手を打っていく。野村本人には、電鉄本社の秘書部長の竹田邦夫に交渉を委ねた。竹田はスポーツマスコミには顔も知られていないので、密使となるにはふさわしい。一方、球団幹部のなかでは、野崎が久万の密命で動いていた。阪神は野村の前職であるヤクルト球団と再就職先として内定しているNHKへ仁義を切らなければならない。

野崎はヤクルトの田口周球団社長に面談し、野村を招聘するつもりだと言った。田口は「うちがダメと言える筋合いのものではないですが」と、言いながらも、「うちを辞めて、すぐにタイガースへというのはどうなんですか」と困惑していた。

たしかに、田口が「了解」したり「拒絶」できる話ではない。勝手にやってくれとしか言いようがない。阪神としては、ヤクルトの球団社長に会って伝えたという事実が重要だった。

野崎は次にＮＨＫの海老沢勝二会長に会った。「阪神さんが強くなるためでしたら我慢します」と海老沢は言い、「いいチームになることを祈ってます」と激励した。

タイガースがヤクルト、ＮＨＫへの根回しを終えて、野村を監督に招聘すると公にしたのは一四日だった。

高田社長が「このたび野村克也様に監督就任の要請を行なうことになりました」と「様」の敬称で呼んだのが話題になった。

記者に囲まれた野村は「即答できない」と困惑している様子だった。実際は内諾していたと思われる。

日付ははっきりしないが、野村の招聘にあたっては、久万オーナー自らが交渉の場に出た。野村によると、久万は「今まで球団が監督要請をしたなかで、私が直接出てきてお願いするのは野村さんが初めてです。今、タイガースはどん底にあります。来年、一からスタートするのにあたり、監督にふさわしいのは野村克也しかいない。野村さんは球界の第一人者。あなたの右に出る者はいません」と口説いたという。

†新時代へ

パ・リーグの優勝は西武ライオンズで、一〇月一八日から日本シリーズが始まった。シリーズの間は監督人事などは発表しないというのが、球界の不文律である。

一〇月二六日に日本シリーズがベイスターズの勝利で終わると、野村が監督を受諾したと報じられ、二八日、阪神タイガース球団は野村の監督就任の記者会見を開いた。

野村は「大きな期待に応えられるか分かりませんが、いままでの経験を生かして、全知全能を振り絞って、精一杯阪神の監督をやらせていただきます」と述べた。

OBではない外部からの監督は、ブレイザーとその後を継いで八一年まで務めた中西太以来である。また辞めた監督がすぐに同一リーグの別チームの監督になるのは、セ・リーグでは初めてだった。ヤクルトの田口社長は「べつに法律違反ではないが、阪神に禁じ手を使われた感じがする」と述べた。事前に挨拶があったことは明かされない。

ヤクルトとしてはチーム事情、選手の個々の能力、くせまで熟知している野村が敵になるのだから、穏やかではない。

これを防ぐには、辞める監督に巨額の功労金を払い、数年は他チームへ行かないと約束させる以外はない。

野村がタイガースに希望したコーチは、ヘッドコーチに松井優典《まさのり》(一九五〇〜)、投手コーチに八木沢荘六《やぎさわそうろく》(一九四四〜)、打撃コーチに柏原純一の三人だけだった。

松井は一九六八年のドラフトで南海ホークスに入り、最初は捕手だったが、野村がいたので内野手に転向し、七五年にトレードでヤクルトへ行き、七九年に引退した。野村がヤクルトの監督になってからの九四年に二軍監督に抜擢され、九五年から九八年まではヘッドコーチだった。

八木沢は一九六六年のドラフトで東京オリオンズへ入り七九年に引退、以後はロッテオリオンズや西武ライオンズでコーチをし、九二年から九四年はロッテの監督もした。九八年はジャイアンツの二軍の投手コーチをしていた。柏原は野村とは南海時代から親しく、トレードで日本ハムを経て八六年から八八年はタイガースの選手で、八九年から九五年はコーチとして新庄を育てた。九六年と九七年はドラゴンズのコーチだったが、タイガースに復帰した。

一一月二〇日のドラフト会議では、タイガースは五人を獲得した。活躍するのは三人で、一位指名は二〇一九年のいまも現役の藤川球児（一九八〇～）、二位は中継ぎで活躍する金澤健人《たけひと》（一九七九～）、三位は二〇一六年まで投げていた福原忍《しのぶ》（一九七六～）である。

藤川は高知県出身で高知商業高校に進学し、一九九七年、二年の夏に甲子園に出たが、ライト兼控え投手だった。九八年のドラフト一位でタイガースに入るが、野村監督時代は芽が出ず、星野が監督になった二〇〇二シーズンは一軍で一二回先発するも一勝五敗と結果が出せない。活躍するのは岡田監督時代になってからで、二〇〇五年にJFKのひとりとなる。

金澤は茨城県北茨城市出身で、県立磯原高校時代は全国的には無名に近かった。一九九七年に卒業し、社会人野球のＮＴＴ関東に入ってから注目される。同社の野球部が廃部となったので、規定より早くドラフト会議の対象となり、タイガースに二位で指名された。一軍で活躍するのは星野監督になる二〇〇二年からだ。

福原は広島県三次《みよし》市出身で、広陵高校に進学した。ジャイアンツの二岡智宏とは同郷で小学校から高校まで一緒だ。三年の夏の県大会の決勝で県立広島工業高校に負け、このとき同校にいたのが、後にカープとタイガースで活躍する新井貴浩だった。結局、高校時代は甲子園には行けなかった。高校を卒業すると東洋大学へ進み、東都大学リーグで活躍し、タイガースに三位で指名された。ドラフト同期三人の投手のなかでは、福原が最も早く、一年目の九九シーズンから一軍で活躍する。

三好・吉田体制を前提としていた八月のスカウト会議では、社会人なら岩瀬仁紀《ひとき》、福留孝介、大学生なら上原浩治、二岡智宏、高校生では松坂大輔、新垣渚《あらかきなぎさ》を候補として、接触していたが、すべて覆されていた。藤川らの指名は野村の方針と考えていい。

こうして――きれいに言えば――阪神タイガースは久万オーナーの英断で野村克也を監督として招聘し、新たな時代の幕を開けるのだった。

Ⅴ 夜明け前

1999年6月12日、甲子園でジャイアンツ槙原からの敬遠球をサヨナラ安打、野村監督から祝福される新庄(共同)

第12章

狂騒の果て――一九九九年

一九九八年オフ、セ・リーグは、上位三チームの横浜ベイスターズの権藤《ごんどう》博、中日ドラゴンズの星野仙一、読売ジャイアンツの長嶋茂雄の三人は留任し、下位三チームの監督は全て替わった。ヤクルトスワローズは野村が退任しOBの若松勉（一九四七〜）、広島東洋カープは三村敏之が辞めてOBで四四歳の達川晃豊（光男、一九五五〜）、阪神タイガースは吉田義男が辞めて野村克也。野村は六四歳で、この年の監督のなかでは最年長だ。長嶋が六三歳、権藤が六一歳で続き、星野と若松が五二歳、達川が四四歳となる。

パ・リーグは最下位になった千葉ロッテマリーンズでだけ監督が交代し、近藤昭仁が辞めて、元ジャイアンツから移籍したOBの山本功児（一九五一〜）が就任した。西武ライオンズは東尾修、日本ハム・ファイターズは上田利治、オリックス・ブルーウェーブは仰木彬、福岡ダイエーホークスは王貞治、近鉄バファローズは佐々木恭介である。

†新庄の二刀流

一九九九年春のキャンプで最も注目されたのが、タイガースだった。野村の「考える野球」対新庄剛志に代表される「考えない野球」との対決を、無責任なマスコミは煽った。

野村と新庄とが監督と選手として初めて顔を合わせたのは、秋季キャンプだった。野村の熱心な打撃指導に対し、新庄は「いっぺんに言われたらよく分からないので、また明日にしてください」と遮った。「新庄は頭が悪い」を示す逸話として伝わるが、「こんな面白い話は初めて聞いた。一日で終わるのはもったいない、毎日聞きたい」と思ったからだという説もある。いずれにしろ、野村としては最初から頭を抱えることになった。

野村がヤクルトスワローズの監督に就任したときはスター選手はいなかった。古田も池山も広沢も優勝してからスターとなった。まだ何者でもなかった彼らは、砂場の砂が水を吸収するように、野村の言うことを素直に頭に入れた。しかしタイガースは人気チームであり、スター選手がいる。野村は後に、〈ヤクルトと違って、とにかく選手たちが私の話をまともに聞かない。メディアやタニマチに甘やかされ、たいした実力もないのに自分はスターだと勘違いしていた〉と振り返るが、その代表が新庄だった。ということは、スターの代表である新庄さえその気にさせ、「考える野球」を教えれば、うまくいくだろう。

野村は新庄を「その気」にさせるため、投手との二刀流をやらせることにした。

一九九六年のオールスターは、前年優勝したスワローズの野村とブルーウェーブの仰木がセ・パの監督だった。仰木はファンサービスとして、ジャイアンツの松井秀喜の打席になると、ライトを守っていたイチローをマウンドに送った。イチローに限らず、プロになるような選手は中学、高校時代は「エースで四番」だった者が多い。イチローも中学時代はピッチャーだった。イチロー対松井の対決に場内は沸いた。

しかし、野村は仰木のこういう形のファンサービスを嫌悪し、松井に代わり、スワローズの投手、高津臣吾を代打に送った。〈野手をピッチャーに起用するなどということはオールスターに対する冒瀆であり、対戦バッターにとっても最大の侮辱でしかない〉と思ったからだと説明する。

その野村が、お祭りであるオールスターではなく、公式戦で新庄に投手としても投げさせると言い出したのだ。たしかに新庄は強肩で知られる。しかしこの目立ちたがり屋は、中学、高校時代も投手はしていない。やろうと思えばできただろうが、あえて目立たないポジションで目立つことを考えてきた野球少年である。

野村から「ピッチャーをやってみないか」と言われたとき、新庄は、「これはおもしろいかもしれない」と思った。誰もやったことのないことをやるのは、この青年がいちばん好きなことだった。メーカーに投手用のグローブを発注し、本気で挑戦した。

キャンプでは打撃練習と外野の守備だけでなく、投球練習も始めた。

新庄は本気のようだが、野村がどこまで本気なのか。野村は新庄の投げる球を絶賛した。「うちのピッチャーで一五〇キロ出せる可能性があるのは新庄だけだ」と持ち上げていた。他の本職のピッチャーたちが機嫌を損ねるのではと心配になるほど、褒めまくる。新庄は楽しそうに投球練習を続けた。

そんな話題もあり、高知県安芸市の阪神のキャンプには大勢の見学客が押し寄せた。旅行代理店が企画したツアーまであった。報道陣も例年の倍以上の二〇〇人以上が来た。

キャンプではグラウンドでの練習の後、「野村の考え」と題された講義も行なわれた。タイガースの選手たちは、ノートと筆記用具を持参して、その講義を聞いた。野村が用意したテキストは一四〇ページ、一説には一九〇ページとも言われるが、野球の技術論だけでなく、「人生論」も記されていた。

講義は何日も続いた。はたしてタイガースの選手たちが、どれだけ理解できたかは、分からない。質疑応答の時間になっても、誰も質問しなかったという。シーズンが始まって、負けが多くなった頃、野村は「浸透度？　五パーセントあるかないか」と記者にぼやく。

「ピッチャー新庄」はオープン戦で実現した。三月五日、藤崎台県営野球場でのジャイアンツ戦で、四回に二人目として登板し三者凡退に討ち取った。球速は最高で一四三キロ。しかし、新庄が考えていた以上にマウンドには傾斜があった。慣れない体勢で投げたため、膝を痛め、さらに肘も痛めていた。

二回目は三月二一日の福岡ドームでのホークス戦で、八回に登板すると、いきなり、一三七キロのストレートを松中にホームランにされた。一方、ベイスターズの佐々木に教わったフォークボールで三振も奪った。球速も一四五キロを記録した。

しかしオープン戦で二試合登板しただけで、新庄の二刀流への挑戦は終わった。〈膝を痛めた時点で、自分には向いていなかったんだとあきらめがついた〉と著書『ドリーミングベイビー』にある。プロ野球での二刀流は大谷翔平の登場まで待たねばならない。

野村は、新庄を投手として使う気はなかったと、後に明かす。新庄に投手を経験させることで、投手が何を考えて投げているか、どういう気持ちで投げているかなどを学んで欲しかったからだと、説明する。それには、本気で投手として試合に出るつもりで投球練習をする必要があった。そのため野村は報道陣から「本気で二刀流をやらせるのか」としつこく質問されても、「本気だ、新庄の投手としての素質はすばらしい」と言い続けたのだ。

新庄の二刀流挑戦はキャンプでの話題作りにはなったが、それだけで終わった。翌年トライしたわけではないので、野村が本気ではなかったのは、明らかだ。

†野村再生工場

二刀流騒動で投球練習では新庄ばかりが注目されたことで、他の投手は静かに練習ができた。そのなかには、前シーズンからタイガースに復帰した遠山奬志もいた。

遠山は優勝した一九八五年オフのドラフトでタイガースに入り、一年目の八六年から先発ローテーション入りして八勝を挙げたが、二年目からは故障もあり低迷、九〇年のオフにトレードでロッテオリオンズに移籍した。しかし投手としては活躍できず、九五シーズンからは外野手に転向したものの、九七年オフに自由契約となり、タイガースの入団テストを受けて、再び投手として入団していた。出戻り一年目の九八年は大半は二軍にいたが、野村監督はサイドスローに転向させてシュートを習得させていた。長く投げるのは無理でも左打者へのワンポイントリリーフならいけると踏んだのだ。

野村は南海ホークス時代から、成績不振で自由契約になったり、トレード要員となっていた選手を獲得して復活させるのが得意だった。吉田監督が使いこなせず追い出した江夏を、リリーフ専門のピッチャーにしたのが、最大の成功例だが、ヤクルトスワローズでも何人もの選手を蘇らせ「野村再生工場」と呼ばれていた。タイガースで最も成功するのが遠山で、とくにジャイアンツの松井や高橋を完全に封じ込める。

また、西武ライオンズを自由契約になりかけた佐々木誠を、金銭トレードで獲得していた。佐々木は一九八三年のドラフトで南海ホークスに入団し、三割を打つ外野手として活躍していたが、チームが福岡ダイエーホークスとなってからの九三年オフに、三対三の大型トレードで西武ライオンズへ移籍した。ライオンズでは一年目からレギュラーだったが、九八年は故障もあり何度も一軍登録を抹消され、戦力外となっていた。

このシーズンの外国人は野手二人、投手三人。

マイク・ブロワーズ（一九六五〜）は一九八六年からマイナー・リーグにいて、八九年にメジャーに上がり、ニューヨーク・ヤンキース、シアトル・マリナーズなどで一一シーズン活躍し、通算七八本の本塁打。九八シーズンは一一本を打ち、通算打率は・二五七という選手だった。後に流れた噂では九八シーズンで引退していたのを、タイガースがよく知らずに獲得したらしい。二年契約で二億円と伝えられる。

マーク・ジョンソン（一九六七〜）は一九九五年にメジャー・デビューし、四シーズン活躍して、タイガースに入った。九八年の打率は一割に満たず、ホームランもゼロ。よかったのは九六年で、ホームラン一三本、打率・二七四だった。

前年入った投手のダレル・メイとベン・リベラは残留しており、もうひとり、カート・ミラー（一九七二〜）という投手が入団した。

†宿敵ジャイアンツを討つ

開幕は四日二日、東京ドームでのジャイアンツとの三連戦だった。ドームには連日五万五〇〇〇人がやって来た。タイガースのスターティングメンバーは、一番センター・坪井智哉、二番セカンド・和田豊、三番レフト・大豊泰昭、四番サード・ブロワーズ、五番ファースト・ジョンソン、六番ショート・今岡誠、七番ライト・佐々木誠、八番キャッチャー・矢野輝弘、開幕投手は藪恵壹。新庄はオープン戦での膝の故障で開幕には間に合わなかった。

野村はジャイアンツとの開幕カードを重要視していた。長嶋のジャイアンツを倒すことが野村の目標となる。ヤクルトは本社が「巨人に勝つと、巨人ファンがヤクルトを買ってくれなくなる」という考えが根強く、打倒巨人を看板にできなかったが、タイガースのファンは優勝よりも巨人に勝つことを求めている。タイガースが巨人に勝っても阪神電鉄の客足が落ちる構造にはない。野村は安心して打倒巨人を看板にでき、ことあるごとに長嶋を批判し揶揄し、苛立させる作戦に出る。選手たちにもジャイアンツは恐れなくていいと吹き込んだ。

二日の開幕戦、タイガースは二回に今岡の一号ソロで先制した。藪は七回まで二失点に抑えていたが、八回にリリーフした伊藤淳規、弓長、福原が二点ずつ、この回に六失点して、藪の好投を活かせなかった。打線もジャイアンツ先発のガルベスに三安打しかできず、一対八での黒星スタートとなった。

三日は桑田を相手に二回に六安打を集中させて六点を奪い、ジョンソンに一号も出て、九対四で勝った。投げては川尻が八回途中までジャイアンツ打線を三失点に抑え、吉田豊彦、リベラとつないで逃げ切った。四日はメイが先発し、二回に清原の二塁打の後、高橋由伸にツーランを打たれて先制されたが、四回に同点とし、七回に佐々木の二塁打などで二点、八回にはジョンソンに二号が出て、八点。メイは五回を投げて降板し、遠山、舩木、弓長、福原、伊藤、リベラと細かくつないで、逃げ切り、八対四で勝った。

ジャイアンツとの開幕カードを勝ち越したので、優勝したような大騒ぎとなり、大阪を中心に「野村フィーバー」が巻き起こる。

六日からは広島でのカープ戦だった。第一戦は中込が三本のホームランを打たれて負けたが、第二戦は相手のミスを逃さずに勝った。一死一・三塁でジョンソンが打ったファーストへのゴロを、併殺を取ろうと二塁へ投げたのが悪送球となり、その間に三塁ランナーが生還。さらに、一死満塁で、星野がツーランスクイズを決めて、六対二で勝った。しかし、このゲームが終わると、タイガースは「外国人選手の一時帰国」に見舞われた。ブロワーズが帰ってしまったのだ。もっとも今回は本当に「一時」で、二三日から復帰した。

八日の第三戦は負けて、カープとは一勝二敗。これで開幕から三勝三敗だった。

甲子園での最初の試合は一〇日が雨で流れ、一一日だった。相手はドラゴンズで、四万一〇〇〇人が、野村によって変わったかもしれないタイガースを見にやって来た。大豊の一号が出たが、三対六で負けた。続く甲子園でのベイスターズ戦は三連敗して、これでカープ戦から五連敗。

一六日からは福岡ドームでのスワローズ戦だった。スワローズとしては前年までの監督を相手にした、負けられない試合だ。

故障していた新庄が、この故郷での試合で今季初出場となり、六番センターでスタメン出場した。両チームの先発の藪と石井一久による投手戦となった。藪は七回二死まではパーフェクトに抑えていた。〇対〇のまま九回裏となり、二死満塁にされて、代打の佐藤真一に打たれてサヨナラ負けして、六連敗。一七日も負けたので七連敗に沈んだ。やはり今年もダメなのか。

セ・リーグは中日ドラゴンズが開幕一一連勝で、首位にあった。

一八日のスワローズとの第三戦は打線が一六安打と爆発して一〇対三で勝ち、連敗を七で止めた。坪井が五安打と大当たりした。

一日おいて長崎でベイスターズと二連戦。甲子園では三連敗しているので、もう負けられない。先発はメイで、五回までを二点に抑えて降板、葛西が一回投げて、七回からは遠山が九回までゼロに抑えた。坪井はこの日も好調で四安打、うち二つがタイムリーとなり、新庄は一号ツーラン、ジョンソンも三号ホームランと、先発全員の一八安打で、九対三で勝った。

二一日は四対四で延長戦となり、ベイスターズは大魔神・佐々木を投入してきた。一一回表、先頭の一番・坪井が二塁打、二番・和田がプッシュバントで生きて無死一・三塁として、三番・新庄の打球はライト・ゴロとなったが、その間に坪井が生還して勝ち越すと、九回から投げていた葛西が一一回裏も抑えて、五対四で勝った。

二三日からは甲子園でのスワローズ戦で、一時帰国していたブロワーズが戻ってきた。初戦は藪が完封して五対〇で勝った。これで福岡から四連勝。二四日はブロワーズに一号が出て、六対二と勝って、五連勝。二五日は日曜日で四万七〇〇〇人が入り、先発の川尻が完封して五対〇で、スワローズを三タテで倒し、六連勝、勝率も五割に戻した。

次のカードはドラゴンズ戦。二七日は岐阜県長良川球場で、矢野と坪井に一号ホームランが出るなど五点取ったが、ドラゴンズ打線がメイ、葛西、山崎に二二安打して、五対一三で負け、連勝も六で止まった。翌日からはナゴヤドームで、二八日は負けた。二九日は大豊とブロワーズのホームランなどで三点、投げては藪、遠山、伊藤、リベラのリレーで二点に抑えて、連敗は二で止めた。

三〇日からは甲子園でカープ戦。二回に三点先制されたが、坪井が二安打、新庄が三安打、矢野が二安打と当たり、打線もつながって、七対三で勝ち、これで四月は一一勝一一敗の勝率五割、首位ドラゴンズに五ゲーム差の三位で終えた。

†復活する選手たち

四月三〇日からのカープとの三連戦の第二戦の五月一日は負け、三戦目の二日は七対七で延長戦となり、一〇回裏、一死から、矢野と新庄の連打で一・二塁、代打・大豊が三振して二死となるが、坪井が四球を選んで二死満塁、途中から和田の代打で出ていた田中秀太の打球は左中間へのサヨナラヒットとなり、これで五割に戻した。

三日からは甲子園でジャイアンツとの三連戦だ。祝日なので五万五〇〇〇人の超満員となり、ジョンソンが三試合連続の七号、メイが七回を二失点と二人の外国人の活躍で三対二で勝った。四日は雨で中止、五日は先発・藪が八回まで三点に抑え、新庄の三号ツーラン、藪のタイムリー、ジョンソンの八号で四点取って四対三と連勝した。ジャイアンツはこの試合で六連敗。

移動日があって、七日からは横浜でのベイスターズ戦。初戦は〇対一六と大敗、八日の第二戦は乱打戦となり、一二対一二の同点で迎えた九回表、代打で出た八木が一号ソロで勝ち越し、矢野のタイムリーで追加点、九回はリベラが抑えて、一四対一二で勝った。

一九九二年の快進撃の立役者のひとりだった八木は、九三年は一〇三試合に出たが、以後は代打が多くなっていた。藤田監督の九六年は一軍の試合には一度も出ず、戦力外になりかけたが、後任の監督になった吉田が、代打としてまだできると残し、九七年は打率・二七五、九八年は打率・二八二で「代打の神様」と呼ばれていた。代打として二〇〇四年まで在籍し、優勝も経験する。

九日は坪井のタイムリー、ジョンソンの一〇号ツーラン、新庄の四号などにより六対五で勝ち、貯金を今季最大の三に増やした。五月は二位を快走する。

甲子園に戻り一一日からのスワローズ戦は、初戦は藪が奪三振八で完封、今岡のタイムリー、矢野のスクイズなどで、四対〇で勝って三連勝。しかし翌一二日はスワローズの高木晃次にプロ初完投初完封を喫して〇対七で完敗。

一四日からは首位ドラゴンズとゲーム差三・五で、甲子園での首位決戦だった。第一戦は四点入れ、先発の吉田豊彦が八回まで無失点に抑えていたが、九回に捕まり同点にされた。九回裏二死ランナーなしで、代打で出た大豊がサヨナラホームランを打って、これで二・五ゲーム差。一三日は土曜日なので五万三〇〇〇人が入ったが負けてしまい、三・五ゲーム差に戻る。一五日も五万三〇〇〇人が甲子園に来た。四対五とリードされて迎えた七回、新庄のタイムリーで同点とすると、八回には二死三塁から坪井のタイムリーで勝ち越し、さらに新庄にこの試合二本目のタイムリーが出て、七対五で勝って、再び二・五ゲーム差にした。新庄は調子がいい。

一八日、一九日は米子でのカープ戦で、第一戦は坪井の二号場外ツーランなどで八点、投げては藪が一失点で完投して四勝目を挙げた。ドラゴンズがベイスターズに負けたので、一・五ゲーム差になった。

一九日は二年目の井川が先発して、七回途中まで二失点、和田の二号、ジョンソンの一一号を含めて一〇点入れた。井川は六回まではよかったが、七回は先頭打者に四球を与え、一番・緒方、二番・野村に連打を浴びて満塁になった。次が左の前田だったので、野村監督は遠山をマウンドに送り、セカンドゴロに仕留めると、次は右の江藤だったので、伊藤に交代させる。しかし、その次が左の金本なので、遠山をベンチには下げず、一塁を守らせた。伊藤が江藤をサードゴロに仕留めると、再び遠山がマウンドへ行き、金本をサードゴロに打ち取り、この回をしのいだ。ドラゴンズは試合がなく、一ゲーム差となった。

これが成功したので、以後、遠山は、相手打線が左・右・左となるときは、この方法で二人の打者へのワンポイントリリーフをする。

二〇日はタイガースは試合がなかったが、ドラゴンズが勝ったので、ゲーム差は再び一・五となり、二一日金曜日から、甲子園でのジャイアンツ戦となる。

第一戦は負けたが、六点リードされた五回に田村勤がリリーフし、四球を二つ与えたが、三人を抑えてこの回を無失点で切り抜けた。ドラゴンズも負けたのでゲーム差は一・五のまま。

田村はチームが快進撃した一九九二年の前半は大活躍したが、七月に左肘の痛みで離脱し、翌九三年六月まで一軍では投げられなかった。九四年も一一試合にしか登板できず、九五年は一軍では登板なし、九六年は復活して四〇試合、九七年も五〇試合に投げたが、九八年はまたも一軍では一度も登板できず、この日が九七年一〇月一二日の最終戦以来、五八六日ぶりの登板だった。このシーズンは四〇試合に投げるが、翌シーズンはまたも一軍登板ゼロで、そのオフに自由契約となり、オリックス・ブルーウェーブへ入る。

二二日は土曜日で五万五〇〇〇人が入った。六回までに三対三の同点で、七回表、タイガースは四人目のピッチャーとして遠山をマウンドに送り、無失点に抑えると、その裏に暴投で一点入り、これが決勝点となったので、遠山は一〇年ぶりの勝利投手となった。ドラゴンズも勝ったのでゲーム差は変わらない。

二三日、メイが先発し、伊藤、遠山、福原、リベラと小刻みな継投でジャイアンツ打線を松井のツーランだけに抑え、三対二で勝った。六回のジャイアンツの攻撃では一死一塁からの元木に、ヒットエンドランのサインが出ているのを見抜いて、ウエストして阻止した。ドラゴンズが負け、これで〇・五ゲーム差となり、次のカードはドラゴンズとの直接対決だ。

五月二五日、福井県営球場でのドラゴンズ主催試合は、藪と山本昌の先発で始まった。藪は三回裏に一点先制されたが、その後は七回まで抑えた。八回表に和田の三塁打と新庄の二塁打で一点入れて同点にすると、その裏は遠山が抑えた。しかし九回裏、福原が四球とヒットで満塁にされた。中村武志がセンター前に弾き返して、サヨナラ負け。ゲーム差は一・五。

二六日は金沢の石川県立野球場で、川尻と川上憲伸の先発。二回表に川尻の内野安打がエラーを誘い、一点先制。その裏に同点とされるも、四回に和田のタイムリーで勝ち越し、六回にはブロワーズの二〇試合ぶりの三号スリーランで試合を決めた。川尻が三回途中で右肩痛で降板してからは、竹内、田村、伊藤、リベラとつないだ。これでまた〇・五ゲーム差。

二七日は富山市民球場アルペンスタジアムで、吉田豊彦とサムソンが先発だった。後に悪い意味で「新庄ワンマンショー」と呼ばれるゲームで、一回、坪井と和田の連打で無死一・二塁で三番・新庄の打席。打ったボールはサードへのゴロとなり、一瞬にしてトリプルプレーでチェンジ。三回裏のドラゴンズの攻撃では、満塁からのセンター前の当たりを後逸し、三失点を招いた。そうかと思うと、〇対七で迎えた六回表に五号ツーランを打ち、一点差まで追い上げた九回の攻撃では九球ねばった後にセンター前ヒットで一打同点のチャンスを作りはした。よくも悪くも、新庄ばかりが目立つゲームだったので、ワンマンショーと呼ばれたのだ。これでまた一・五ゲーム差。

二九日と三〇日は東京ドームでのジャイアンツ戦を連敗し、三連敗してしまった。三連敗で五月を終え、一三勝九敗、ドラゴンズとのゲーム差は二・五。

甲子園に戻り、六月一日からベイスターズ三連戦。ドラゴンズは名古屋でジャイアンツと闘っている。タイガースが三連勝してドラゴンズが三連敗すれば首位が交代する状況ではあった。

第一戦の先発は井川だった。まだ一失点だったが四回途中で竹内に代わり、遠山、伊藤とつないで、二点に抑えた。打線は三回に敵失で同点に、四回に桧山の二号で逆転すると、五回は今岡のタイムリーなどで三点取り、七回はジョンソン、今岡、桧山の連打で二点と、着実な試合運びで二対七で勝った。

だが、第二戦、第三戦とも落とし、一勝二敗、ドラゴンズも一勝二敗だったので、ゲーム差は二・五のままだった。

四日からはスワローズ戦で、これまでは福岡ドームと甲子園での試合だったので、初の神宮球場での試合となった。野村監督にとって九年間通った球場だが、三塁側ベンチに座るのは初めてだった。「景色が全然違うな、おかしな感じや」と言った。今岡の四号ツーランと大豊の四号ソロで三点取り、投げては山崎が八回途中まで一失点で、福原、遠山、リベラとつないで、三対一で勝った。ドラゴンズは試合がなかったので、ゲーム差は二。

五日は土曜日で、神宮には四万五〇〇〇人が強くなったタイガースを見に来た。しかし、スワローズの石井の前に毎回ランナーを出しながらも、大豊の五号ソロでの一点だけしか取れず、一対五で完敗。ドラゴンズも負けたのでゲーム差は二のまま。

六日も四万人が入った。新庄が七号、八号を打ったが、いずれもソロでその二点のみ。二対四で負けてこのカードも負け越した。

この三連戦での得点は六点で、すべてホームランでのものだった。タイムリーが三〇イニング出ず、四カード連続で負け越した。しかしドラゴンズも連敗していたのでゲーム差は二のままだが、ジャイアンツが連勝して二位になり、タイガースは三位に転落した。

だが、この年のタイガースはまだ終わらない。

大阪に戻ったが、甲子園ではなく大阪ドームにカープを迎えた。八日の第一戦は四万八〇〇〇人が入った。一対二とリードされての四回、二死満塁から田中秀太の三塁打で逆転し、七回にブロワーズの六号などで四点入れた。メイが七回まで三点に抑え、福原、リベラとつないで、八対三で勝った。ドラゴンズが負けたので、一ゲーム差になった。新庄が五月の月間MVPに選ばれた。

九日も四万八〇〇〇人が入った、先発の吉田が六回まで無失点に抑えると、その裏、新庄の三塁打と今岡のタイムリーで先制した。七回に追いつかれたが、その裏は、桧山が四球で歩くと、田中秀太はピッチャーゴロに倒れたが、坪井がヒット、新庄が敬遠で、一死満塁とする。

ブロワーズはセカンドゴロになったが、ランナーの新庄がセカンドの視界をさえぎる好プレーで、エラーを誘い、その間に一点入れ、これが決勝点となった。福原、リベラで逃げ切って二対一で勝つと、ドラゴンズが負けたので、ついに同率で首位となった。

タイガースの首位は一九九二年以来二二〇九日ぶりだった。

一〇日はゲームがなかったが、ドラゴンズが負けたので、単独首位に立った。

一一日からは、首位で迎える甲子園でのジャイアンツ戦だった。清原が三本のホームランを打ち、五万三〇〇〇人の観客の前で、三対九で完敗した。しかしドラゴンズも負けていたので、首位のままだった。

†敬遠球サヨナラヒット

一二日は土曜日だったので五万五〇〇〇人が甲子園に押し寄せた。先発は川尻と斎藤雅樹で、ともに七回までに三失点で降板した。タイガースは八回表に一点失ったが、その裏、新庄の九号ホームランで同点となり、延長戦になった。

一一回裏、新庄の三塁打が出ると、ジャイアンツはジョンソン、佐々木の二者を敬遠して満塁策を取った。その狙いは当たり、山田は三振、代打の大豊はキャッチャーフライ、ブロワーズも一塁へのファールフライに討ち取られ、無得点に終わった。

そして一二回裏、タイガースは坪井が一塁内野安打で出塁すると、送りバントと暴投で、一死一・三塁とチャンスを作り、新庄の打席となった。ジャイアンツのピッチャーは七人目の槙原。ジャイアンツは一一回に満塁策で成功したので、ここでも新庄を敬遠するつもりだった。しかし、キャッチャーの光山は立つわけではなかった。

槙原の初球は外角へ外れ、新庄は見逃した。だが「外し方が甘い」と感じた。二球目も同じような球がきた。いまだ——左足を大きく踏み込んで打つ。一・三塁なので、ショートはセカンドベースのすぐ近くにいて三遊間が大きく空いていた。狙って打ったボールは三遊間を破り、レフト前まで抜けていった。三塁ランナーの坪井が帰る。サヨナラ勝ちだ。

申告敬遠の制度ができた今となっては、二度と見ることのできないシーンだ。

タイガースベンチが喜び、五万五〇〇〇人のうちのタイガースファン五万人が大はしゃぎしているなか、ジャイアンツの原辰徳コーチが、「打つ際に左足がバッターボックスからはみ出していた」と猛抗議し、ジャイアンツの野手もホームベース付近に集まる。しかし、球審は「バッターボックスの白線に左足のかかとは残っていた」と説明する。

長嶋監督もベンチから出て、キャッチャーの光山に確認すると、「足は出ていないようでした」と言う。長嶋は引き下がり、新庄のサヨナラヒットで試合は終わった。

この敬遠球を打ったのは、その場の思いつきではなかった。三日前の九日のカープ戦でも新庄は敬遠されたのだが、そのときに「この程度の外し方なら、打てるのではないか」と思いついた。柏原コーチに相談すると、「俺なんか、敬遠の球をホームランにしたことがあるぞ」と言われた。柏原が日本ハムファイターズにいた一九八一年七月一九日の西武ライオンズ戦のことだった。敬遠の三球目が外れなかったのを見逃さず、バットを思いっ切り振ったところ、ホームランになったのだ。

この話を聞いている新庄の目は輝いていた。

柏原は一九九〇年から九五年までタイガースの二軍打撃コーチだったときに新庄を育て、新庄が最も敬愛し信頼しているコーチだった。その柏原がコーチとして復帰していたのが、この年の新庄の好調の理由でもあった。新庄は翌日から、打撃練習でわざと大きく外れた球を投げてもらい、悪球打ちの練習をしていた。

こうした準備をした上で、この日の一二回裏を迎えたのだ。新庄は、敬遠の球を打とうとしていると見破られないよう、一球目はホームベースから離れたところに立ち見逃した。二球目は、さり気なくバッターボックスの線ギリギリのところに立った。一塁コーチスボックスにいる柏原を見ると「行け」との合図が出ていた。

柏原は野村監督に「新庄は敬遠のボールを打つ練習をしているから機会があれば、打たせたい」と伝え、了解を得ていた。

楽しいこと、面白いことをやりたいという新庄の感覚野球と、野村の考える野球とが、奇跡的に一致した。

何も知らない槙原の二球目は、初球と同じコースだったが、高めの、まさに打ちごろとなり、三遊間を抜かれたのだ。

槙原は完全試合を達成したことから、テレビに解説者として出る際には「完全試合男・槙原さん」と紹介されるが、阪神タイガース史においては、「バース・掛布・岡田のバックスクリーン三連発」と「新庄の敬遠球サヨナラヒット」の投手である。

ヒーローインタビューはもちろん、新庄だった。このゲームでは六打数四安打二打点、さらに代打を出し過ぎたため、内野手がいなくなり、一二回の守備ではプロでは初のセカンドを守るなど、何かと話題が多かった。

インタビューの最後に、「明日も勝つ!」と宣言すると、大きな喝采を浴びた。

思えば——これがこのシーズンのタイガースの最高の瞬間だったのである。

†叛乱

「明日も勝つ」はずの一三日は、それを信じる五万五〇〇〇人が甲子園にやって来たが、ジャイアンツ先発の上原の前に、新庄は三振三つにセカンドゴロと打てず、九回裏に登板した槙原にはサードライナーで討ち取られた。試合は一対四で負けた。

一五日からは広島でのカープ戦で、初戦は今岡が三安打と当たり九対六で勝った。この日までは首位を守っていた。

しかし翌一六日は一四残塁の拙攻で二対三で負け、首位から転落。一七日は雨で二度中断し、先発の藪がリズムを乱して崩れて一対五で負け、あっという間に三位に転落した。二三日まで五連敗し、完全に首位戦線からは脱落、勝率五割も割ってしまった。

六月は結局、八勝一三敗と負け越し、ドラゴンズとのゲーム差は四・五、ジャイアンツに抜かれて三位で終えた。

七月は四連勝で始まり、巻き返すかと見えたが、二連敗、ひとつ勝って四連敗、またひとつ勝って四連敗と、どんどん借金が増えていく。オールスター直前も二連敗して折り返すことになる。

二四日からのオールスター戦では、好調だったタイガースからは、和田、新庄がファン投票で選ばれ、監督推薦で藪と矢野、合計四人が出た。新庄は第二戦の甲子園では三安打、倉敷での第三戦ではタイムリーとホームランを打ち、サードとレフトを守って最優秀選手賞を得た。

これで気分もよく、三〇日からの後半戦がスタートするかという期待は裏切られ、八月六日まで、オールスターをはさんで、九連敗してしまう。

七月は七勝一四敗、首位とは一二・五ゲーム差で、ベイスターズ、スワローズにも抜かれて五位に落ちた。

負けだすと、恒例のお家騒動が勃発する。電鉄本社や球団フロント内では野村解任の動きは起きないが、選手の叛乱が頻発するのだ。

野村は選手を褒めず、辛辣に言うことで、目を覚まさせるという育成法を取る。それも、直接言うのではなく、新聞記者たちの前で「ボヤキ」、それが記事になって選手が読むという、まわりくどい方法を取っていた。スワローズではそれで成功したのだろうが、タイガースではそうはいかない。まず、大豊が野村のボヤキをストレートに受けて、プライドがズタズタになって、確執が生じた。すり足打法か一本足打法かという打撃理論での対立もあったのだが、最後は感情面での対立になる。

調子を落としていたプロワーズは八月一日までスタメンで出ていたが、二日は外され、代打で出て併殺打に倒れた。そして四日、ブロワーズは解雇された。二軍で調整させたくても、「ファームには落とさない」ことが契約条項にあったからとも伝えられる。外国人との契約には、こういう条項があることが多く、監督を困らせる。プロワーズは七三試合に出て二九二打席で打率・二五一、本塁打一〇。

これで四年連続して外国人選手がシーズン途中で解雇された。

外国人選手とのトラブルがさらに続く。八日にメイ投手が退団したいと言い出したのだ。伏線となるのは七月一八日の甲子園でのジャイアンツ戦だった。メイが先発し一失点で六回まで投げていたが、二死二塁で迎えた高橋由伸がファーストゴロとなり、メイが一塁のベースカバーに入ったが、セーフになった。メイは怒って審判に抗議すると、その間に二塁ランナーが生還。さらに抗議中に審判の胸を突いたのでメイは退場処分となり、この試合も負けてしまった。

球団は暴力行為を見過ごせず、メイを二週間の謹慎処分とした。ところが、その謹慎処分の間、メイが恋人を連れてグァム島に行っていたと発覚する。歯の治療に行ったと弁解したが、野村は厳しく批判した。これでメイは野村を敵視するようになり、「あの監督は勝てば自分の手柄、負ければ選手の責任だ」と書いたビラを報道陣に配った。選手の監督批判は認められない。球団としては、処分を下さねばならない。罰金一二〇〇万円と無期限謹慎を言い渡されると、メイは帰国してしまった。

こうして先発ローテーションのひとりがいなくなった。在籍中のメイは一八試合に先発し、六勝七敗だった。この年のオフ、ジャイアンツに移籍し、翌シーズンは一二勝七敗と活躍し、「タイガースを退団した翌年、他チームで活躍する外人選手リスト」に名を連ねる。

八月は七月三〇日からの七連敗、ふたつの三連敗もあって一一勝一三敗。首位とは一五ゲーム差の五位で終わる。

†二年連続最下位

どうにか二年連続の最下位だけは避けたいが、九月は一二連敗して四勝一七敗と大きく負け越し、カープに抜かれて最下位に転落した。

ファンが喜んだのは九月一〇日の甲子園でのジャイアンツ戦だ。清原のセンターへの当たりはバックスクリーンに突き刺さったが、大きく跳ね返ってグランドに戻った。新庄はそのボールを捕ると、セカンドへ送球した。あまりに自然だったので審判も気づかず、打った清原もジャイアンツベンチも何も抗議せず、清原のホームランは二塁打として記録されてしまう。この試合は二対一でタイガースが勝った。ホームランだったら少なくとも同点だったわけで、新庄の名プレーだった。

一〇月六日が甲子園での最終戦で、二万三〇〇〇人が見に来た。タイガースは優勝を決めていたドラゴンズを相手に、二対一で勝った。翌七日は横浜で今季最終戦を闘い、二対三で負けて、一〇月は一勝三敗。

野村監督一年目は、五五勝八〇敗で最下位となった。野村が監督として初めて経験する最下位だった。首位ドラゴンズとのゲーム差は二六もあった。

順位	チーム	試合数	勝	負	引分	勝率	ゲーム差	本塁打	打率	防御率	得点	失点
1	中日ドラゴンズ	135	81	54	0	.600	–	120	.263	3.39	598	488
2	読売ジャイアンツ	135	75	60	0	.556	6.0	182	.265	3.84	618	553
3	横浜ベイスターズ	135	71	64	0	.526	10.0	140	.294	4.44	711	639
4	ヤクルトスワローズ	135	66	69	0	.489	15.0	141	.264	4.23	584	610
5	広島東洋カープ	135	57	78	0	.422	24.0	152	.260	4.78	586	712
6	阪神タイガース	135	55	80	0	.407	26.0	97	.259	4.04	490	585

1999年　セ・リーグ順位表

キャンプから六月半ばまでの野村フィーバーは嘘のように落ち着いた。野村はシーズン終了の報告のため、久万オーナーに会うと、進退伺を提出した。「三年契約ではあったがファンの期待を裏切ったので、責任をとらなければいけない」という理由だったが、オーナーが慰留したので、辞任しなかった。

タイガースの主催試合の観客動員は前年は一九八万人だったが、野村フィーバーのおかげで、二六〇万一〇〇〇人となり一九八五年とほぼ同じにまで回復した。

セ・リーグは中日ドラゴンズが一一年ぶりの優勝を果たし、パ・リーグでは福岡ダイエーホークスがダイエーになってから初めて優勝した。王貞治は監督に就任して五年目でようやく優勝でき、以後黄金時代を築く。日本シリーズはホークスが勝った。

新庄は打率・二五五と五年ぶりに二割五分台となり、打点五八、本塁打一四の成績だった。守備ではゴールデングラブ賞を受賞し、翌シーズンの年俸は推定で七八〇〇万円になった。新庄は打撃三〇傑では二六位で、タイガースでトップは坪井の八位。矢野が一〇位で、ジョンソンが二七位、今岡が二八位と続く。そのジョンソンを、しかしタイガースは解雇してしまう。

投手では先発で一〇勝した者はなく、リリーフの福原が一〇勝七敗九セーブ、先発では藪が六勝したが一六敗、途中で退団したメイが六勝七敗、リリーフの伊藤が六勝一敗で、あとは五勝以下だった。

チーム打率は・二五九でリーグ最低、防御率は四・〇四でリーグ三位。前年より打率は上がったが、防御率は下がっている。

このオフの補強にあたっては、野村監督の息子、野村克則（カツノリ）が金銭トレードでスワローズから移籍し、公私混同の親バカぶりが話題になった。野村が球団に頼んだのではなく、球団が忖度したトレードだったようだ。

スワローズの四番だった広沢克実は、FAでジャイアンツに移籍したが、活躍の場はなく、飼い殺しにされていたが、このオフ、自由契約になりタイガースへ入団した。

はたして野村は自分の子とかつての教え子を再生できるのか。

第13章 去りゆく九二年組——二〇〇〇年

二〇世紀最後の年となる二〇〇〇年、セ・リーグは六球団とも監督は替わらなかった。パ・リーグは五位だった日本ハムファイターズが上田利治から大島康徳に、最下位の近鉄バファローズが佐々木恭介から梨田昌孝へ交代した。

セ・リーグの開幕は三月三一日だったが、その直前、二九日と三〇日に、東京ドームでメジャーリーグの開幕戦、カブス対メッツの二連戦が行なわれた。メジャーリーグがアメリカ以外の国で開幕戦を開催するのは史上初めてだった。日本の野球ファン、選手にとって、メジャーがより近い存在となっていく。すでにピッチャーでは野茂をはじめ何人かがメジャーリーグで活躍しているが、まだ野手ではいない。

†活躍しない「助っ人外人」

前年のような期待と興奮もないままに、阪神タイガースは開幕を迎えた。

開幕カードは横浜でのベイスターズ戦で、三月三一日が第一戦だった。

開幕戦のスターティングメンバーは、一番レフト・坪井、二番サード・和田、三番ライト・タラスコ、四番センター・新庄、五番ファースト・大豊、六番キャッチャー・矢野、七番セカンド・今岡、八番ショート・田中秀太、開幕投手は星野伸之だった。

新庄の開幕四番は初めてだった。一九八九年のドラフトで入り、一軍初出場は二年目の九一年、それから数えて一〇シーズン目だった。このオフにはFAの資格を持つ。

先発の星野伸之（一九六六〜）は前年オフにオリックス・ブルーウェーブからFAで移籍してきたベテランだ。北海道出身で旭川工業高校から八三年のドラフトで阪急ブレーブスに入団し、二年目の八五シーズンから活躍し、一五シーズンで一六六勝一二七敗二セーブ。

トニー・タラスコ（一九七〇〜）は九三年からメジャーリーグで活躍していた選手だ。最も活躍したのは一九九五年のモントリオール・エクスポズで、打率・二四九、本塁打一四だったが、一九九九シーズンはニューヨーク・ヤンキースにいて、一四試合に出て打率・一六一という成績。タイガースでは守備は評価されたが、安打数九一で、本塁打一九、打率・二三九と外国人としては低い数字で今季限りとなり、ニューヨーク・メッツに復帰する。

打者では他にハワード・バトル（一九七二〜）、ジェイソン・ハートキー（一九七一〜）、マイカ・フランクリン（一九七二〜）らもいたが、活躍したとは言えない。この時期のタイガースの外人選手は国籍が日本ではないだけで、「助っ人外国人」のイメージとはかけ離れた選手ばかりを入団させていた。野村監督は、なぜいい外国人を取れないのか海外スカウトに不審を抱くが、ファンも同じだった。

投手では、グレッグ・ハンセル（一九七一〜）が活躍した。メジャーリーグ四シーズンで、四勝四敗しかしていないのに入団させた。当初は抑えのつもりだったが、先発になり、二〇試合に登板して七勝八敗で、二〇〇二シーズンまで在籍する。この時期のタイガースの外国人としては成功したほうだった。

他にロベルト・ラミレズ（一九七二〜）、カート・ミラー（一九七二〜）もいた。

五月で最下位

開幕戦は、一回に先発星野が五点を失い、二回で降板、三回と四回は藤川球児が投げ、五回は吉野誠が投げていた。タイガースは三回に一点返し、六回には一挙五点を入れて逆転したが、その裏に一点入れられて同点、そのまま延長戦となり、一一回裏にサヨナラ負けした。

これで開幕戦は一九九一年から一〇年連続して落としたことになる。ベイスターズ戦は三連敗した。次のスワローズ戦は第二戦が雨で中止になったが二連勝し、カープ戦は一勝二敗で、一一日からの甲子園でのジャイアンツ戦を迎えた。

一一日の甲子園には四万六〇〇〇人が入ったが、三対一〇で大敗し、翌一二日も一対七、一三日にようやく三対二で勝てた。

これで波に乗り、二七日まで引き分け一つをはさみ一四年ぶりの九連勝をし、二七日には前年六月以来の首位に立った。

だが、ここまでだった。三月・四月は一二勝一〇敗一分で勝ち越したが、五月は八勝一四敗と大きく負け越し、早くも最下位に落ちた。

六月は八勝一三敗、七月は九勝一〇敗だった。オールスター戦には、新庄がファン投票で、藪、遠山、坪井が監督推薦で選ばれた。新庄は球速コンテストで投げて一四二キロを出した。

この年の新庄はこれまでで最高の成績だった。開幕から四番を任され、前半戦最後の試合は七月二〇日の甲子園でのジャイアンツ戦だったが、この時点でホームラン一七本、打率は・二八六だった。

八月は五連勝したかと思うと、九連敗して、一三勝一四敗。一六日のジャイアンツ戦に負けて、早くも一五年連続の対ジャイアンツ戦負け越しが決まった。

九月一日に、ジャイアンツにマジックナンバー17が出て、あとは一気に勝ち進み、二四日に優勝を決めた。ジャイアンツは前年オフにFAでカープの江藤智を獲得し、松井、清原、高橋らによる強力打線は二〇三本のホームランを量産して、この打撃力で優勝した。

順位	チーム	試合数	勝	負	引分	勝率	ゲーム差	本塁打	打率	防御率	得点	失点
1	読売ジャイアンツ	135	78	57	0	.578	–	203	.263	3.34	689	497
2	中日ドラゴンズ	135	70	65	0	.519	8.0	111	.266	4.19	544	617
3	横浜ベイスターズ	136	69	66	1	.511	9.0	103	.277	3.92	576	559
4	ヤクルトスワローズ	136	66	69	1	.489	12.0	137	.264	3.62	581	515
5	広島東洋カープ	136	65	70	1	.481	13.0	150	.256	4.48	591	675
6	阪神タイガース	136	57	78	1	.422	21.0	114	.244	3.90	473	591

2000年　セ・リーグ順位表

一九八五年のタイガースのホームランは二一九本だったのに、このシーズンは一一四本と、ジャイアンツの半分程度しかない。

甲子園での最終戦は一〇月一日のスワローズ戦で、一万八〇〇〇人が来てくれたが、〇対三で負けた。これで僅かに残っていた五位の可能性がなくなり、三年連続の最下位が決定した。観客動員も、前年の二六〇万人から二四一万人に落ちていた。

パ・リーグは福岡ダイエーホークスが優勝し、日本シリーズはON対決となり、長嶋の読売ジャイアンツが勝った。

†新庄、メジャーへ

シーズンが終わると、トレード、戦力外通告が相次いだ。

すでに、九月二一日、田村勤が戦力外通告されていた。

湯舟敏郎、山崎一玄、北川博敏の三人が、近鉄バファローズの酒井弘樹、面出《めんで》哲志《てつじ》、平下晃司との三対三のトレードで移籍した。湯舟と山崎はバファローズを一年で引退し、酒井はタイガースでは一回も一軍の試合に出ないまま自由契約、面出は二年で自由契約になるので、実質的には北川と平下とのトレードと言っていい。

大豊は契約更改で大幅ダウンを提示されると、「納得がいかない。自由契約にしてくれ」と申し出て退団し、古巣のドラゴンズへ入団する。

和田は来季はコーチ兼任となり、もう一年現役を続けるが、試合に出る機会は減る。

ドラフト会議では八人を指名した。全員が入団したが、活躍したのは一位の川崎製鉄千葉の藤田太陽（一九七九〜）、二位のプリンスホテルの伊《だ》達《て》昌司《まさし》（一九七五〜）、三位の前橋工業高校の狩《か》野《のう》恵輔《けいすけ》（一九八二〜）、四位のＪＲ東日本の赤星《あかほし》憲広《のりひろ》（一九七六〜）、六位のＮＴＴ東日本の沖原佳典（一九七二〜）、七位のデュプロの藤本敦士《あつし》（一九七七〜）の六人で、成功率の高いドラフトだった。

新庄は八月にＦＡ権を得ていた。一一月九日にそれを行使すると宣言し、タイガース残留も選択肢のひとつだが、横浜ベイスターズとヤクルトスワローズとも交渉していた。阪神は五年契約総額一二億円を提示し、ヤクルトと横浜は契約金二億、年俸は四年で一〇億と提示した。関東の二球団からの提示は嬉しかった。しかし、何かが違った。〈僕はスーパースターになりたかった。そのためには、全国レベルの大きな舞台に出たほうがいいと思っていた。だけど、実はそれよりもっといい方法を思いついていたんだ〉と『わいたこら。』にはある。

それは、メジャーリーグだった。最初にその気持ちを抱いたのは、藤田平監督の下ではやりたくないと思い、引退宣言をした九五年オフの騒動のときだった。だが、すぐには行けないので、メジャーリーグへ行けるような選手になるのを目指すことにしていたのだ。

このオフ、一一月三日から一二日まで開催された日米野球に、新庄は日本チームのひとりとして参加した。メジャーの関係者も多く来ているので、ここで活躍すればオファーが来ると思い、二二打数九安打、打率・四〇九と打ちまくった。

すると、ロッテマリーンズの黒木知宏から、メッツのスカウトの大慈彌功が会いたいと言っていると、紹介された。その二日ほど後に大慈彌と会うと、「メジャーに行く気はあるのか」と訊かれ、「行きたいです」と答えた。

後に分かるが、七月にメッツのゼネラルマネージャー補佐のオマール・ミナヤが来日し、新庄を見て、「メジャーでも使える」と報告していたという。そこで、大慈彌は黒木を通して、新庄と会ったのだ。しかし、メッツとしてはどうしても欲しい選手ではなかった。来たければ入れてやろう、という程度の扱いだったらしい。

大慈彌は、「それならばオファーするから、待っていてくれ」と言った。新庄は待つことにした。それまでは、阪神やヤクルト、横浜には返事もできない。

数日たって、ようやくオファーが届いた。新庄は提示された契約書の年俸の金額を見て、二〇〇万ドル、当時のレートで約二億円だと思った。その金額なら、文句はない。しかし、よく見ると、ゼロがひとつ足りない。二〇万ドルだった。〈なに、それ?! 豆鉄砲くらったような気分になった〉と『ドリーミングベイビー』に当時の心境を記している。タイガースからは五年契約一二億円の提示を受けている。メジャーの年俸は日本よりもずっと高いというイメージなので、最低でも一億円だろうと勝手に思い込んでいた。

同時期にメジャーと交渉しているイチローの場合、初のポスティングシステムで、シアトル・マリナーズは独占交渉権を得るために約一三〇〇万ドルを出し、イチローとは一一月三〇日に三年総額一四〇〇万ドルで正式契約していた。単純に三で割ると、年俸四六六万ドル、約四億六六〇〇万円だ。

新庄の二〇〇〇シーズンの年俸は七八〇〇万円と報じられているので、約四分の一に減ってしまう。払わなければならない税金が四〇〇〇万円ある。どうしたらいい。結婚も決めていたので、その費用もかかる。〈頭の中は真っ白になった。〉

「この金額にはびっくりしたので、ちょっと考えさせてください」と正直に言うと、「四八時間以内に返事をください」と言われた。

二日間、考えて、婚約者とも相談し、「行く」と決めた。

一二月一六日、新庄は記者会見を開いた。記者たちには事前には何も知らされていなかった。

新庄がメッツと交渉していることも知らないので、阪神に残るのか、ヤクルトか横浜に行くという発表だろうと思い込んでいた。

「やっと自分の考える野球のできる環境が見つかりました。その球団は、ニューヨーク・メッツです」と言うと、会見場はどよめいた。

後に「暗黒時代」と称される一九九〇年代のタイガースの最大のスター、唯一の明るい存在は、こうして去ってしまった。

†九二年組のその後

あと一歩で優勝だった一九九二年の最後の試合、一〇月一一日のスワローズ戦のスターティングメンバーと、主な投手の二〇〇〇年オフの状況とその後について記そう。球団名のないものはタイガースのことである。

一番セカンド・和田豊――二〇〇一年は現役でコーチ兼任、〇一年で引退しコーチ専任。二〇一二年から一五年まで監督。

二番ライト・亀山努――一九九七年で引退。タレント、枚方リトルの監督となり、九九年にリトルリーグ・ワールドシリーズで優勝。

三番サード・オマリー——一九九四年までタイガース、九五年からスワローズ、九六年で現役引退。米国独立リーグのニューアーク・ベアーズ監督、〇二年にコーチで復帰し〇三年までと、一四から一六年も。
四番ファースト・パチョレック——一九九三年で引退。
五番レフト・八木裕——二〇〇四年まで現役。〇九年から一五年までコーチ。
六番センター・新庄剛志——二〇〇〇年オフ、FAでメジャーへ行き三年活躍し、二〇〇四年から日本へ復帰。ファイターズへ入団し、〇六年に優勝を花道に引退。球界を離れる。
七番・ショート・久慈照嘉——九七年からトレードでドラゴンズ、〇二年に自由契約となり二〇〇三年にタイガースに復帰。〇五年に引退し、〇九年から一三年と一六年からコーチ。
八番キャッチャー・山田勝彦——二〇〇二年までタイガース、トレードで〇三年にファイターズへ移籍し、〇五年に引退。一三年にコーチとして復帰。
仲田幸司——FAで九六年からマリーンズへ移籍、九七年に引退。
中込伸——二〇〇一年オフに自由契約、台湾球界へ。
湯舟敏郎——二〇〇〇年オフにトレードでバファローズへ。〇一年で引退、〇二年にコーチになるが一年で退団。一二年から一四年、再びコーチ。
野田浩司——トレードで九三年からブルーウェーブで活躍し、二〇〇〇年に引退。

弓長起浩――二〇〇二年オフに自由契約となり引退。整骨院を開業。
御子柴進――九七年で引退。九八年から〇二年までコーチ。〇四年に岡田監督の専属広報となり、以後スコアラーに。
嶋尾康史――一軍に出たのは九二年まで。九六年に引退。芸能界へ。
葛西稔――二〇〇二年に選手兼任コーチ、同年引退。コーチとして〇八年まで勤め、後、スカウトに。
猪俣隆――九七年に戦力外通告を受け九八年にドラゴンズに入るが一年で引退。寿司職人に。
田村勤――二〇〇〇年までタイガース。自由契約となり〇一年からブルーウェーブ。〇二年に引退。整骨院を開業。
中西清起――九六年で引退。〇四年にコーチとして復帰、一五年まで。

一九九二年にフィーバーを起こした選手たちは、誰ひとり選手としては二〇〇三年の優勝を経験しない。

まるで彼らが去るのを待っていたかのようだ。

第14章 夜明けの明星——二〇〇一年

†F1セブン

二〇〇一年三月に、阪神球団のトップが異動した。この時期の異動は異例だった。

高田社長が成績不振を理由に解任され、野崎勝義が社長に就任したのだ。高田は球団代表だった時もフィルダーの残留に失敗し、スワローズのパリッシュと契約したがシーズン途中で帰国されてしまうという不手際があった。社長になってから獲得したブロワーズとジョンソンについては一軍でしか出場させないなどの契約をしたため野村と対立していた。高田の指示で獲得する外国人選手のほとんどが活躍せず、トラブルを起こしていたのだ。野村と高田の関係が悪化すると、久万オーナーは野村を選び、高田を解任した。

後任社長の野崎は、九六年七月、藤田監督解任騒動の直前に、当時の社長の三好に見込まれて、阪神電鉄航空営業本部から出向して球団常務となった。藤田の後任にメジャーリーグの優勝監督であるスパーキー招聘に動き、この件は実現しなかったが、この動きが久万に評価されていた。三好は九八年一〇月、吉田監督が退任するのと同時に事実上の解任に追い込まれ、そのときの異動で野崎は専務になった。そして密かに進行していた野村招聘にあたり、久万の密使として動いていた。

野村体制の影の立役者である野崎が社長として、いよいよ前面に出てきたのである。それは、野村体制強化のためのようでもあるが、抜け目のない野崎は、野村の次を視野に入れて動く。

チームとして三年連続の最下位、野村としても二年連続の最下位は初めてのことで、久万の信頼が篤くても、優勝は無理でも、将来性を感じさせる闘い方をしなければならない。

新庄がいなくなったので、新たな戦力と同時に、新たなスター選手も必要となった。

野村は広い甲子園でホームランバッターを育てるのよりも、機動力のある選手を育てることにした。足を鍛えれば、守備にも活かせる。

こうしてキャンプで命名されたのが、「F1セブン」と呼ばれた七人である。一九八五年に、横浜大洋ホエールズが俊足の高木豊、加藤博一、屋鋪要の三人を、当時ブームだったスーパーカーにあやかり、「スーパーカートリオ」と名付けていたのを思い出し、スーパーカーはもう古い、いまはF1だというので、「F1セブン」とした。

選ばれたのは、前年のドラフトで野村自身が獲得を決めたとされる赤星憲広、藤本敦士、沖原佳典の三人と、上坂太一郎、平下晃司、松田匡司、高波文一の合計七人だった。

ところが、俊足で知られている田中秀太の名がないことに気づき、「F1エイト」と訂正された。この七人も本当に全員が俊足だったかは疑問がもたれていた。

このなかで赤星、藤本、上坂、沖原の四人はこの後、数年以内に活躍するので野村の選手を見抜く眼力は落ちてはいなかったが、彼らを育てる時間まではなかった。

†脱税疑惑

一方、野球とは関係のない問題で野村監督は渦中のひととなっていた。妻の野村沙知代の「脱税疑惑」事件である。スポーツ選手、監督の妻のなかで最も有名な人物である野村沙知代は常にメディアを騒がせ、一九九六年に衆議院議員選挙に立候補した後は、経歴詐称疑惑が起き告発されたが、これは不起訴となっていた。だが、今回は逃れられないのではないかと週刊誌などは書き立てていた。脱税は野村沙知代個人ではなく、経営する会社の問題で、その会社が野村監督のマネージメントもしていることから、野村も無関係ではなかった。三月に東京国税庁は野村家の立入検査をし、一二日から一五日にかけては、阪神タイガース球団の事務所にも調査が入った。

はたして疑惑で終わるのか、立件されるのか、予断を許さないまま、シーズン開幕へと向かう。

セ・リーグの開幕は三月三〇日。

前年五位だった広島東洋カープは達川光男監督が辞任して、山本浩二が復帰した。三位だった横浜ベイスターズも、優勝監督の権藤博が辞めて森祇晶が後任になった。放任野球から管理野球への大転換である。パ・リーグは監督の異動はなかった。

タイガースの開幕カードは東京ドームでのジャイアンツとの三連戦だった。観客は五万五〇〇〇人で、この年もジャイアンツは満員の観衆のもとで闘う。

タイガースのスターティングメンバーは一番レフト・平下、二番センター・上坂、三番ライト・坪井、四番ファースト・クルーズ、五番サード・ペレス、六番キャッチャー・矢野、七番セカンド・今岡、八番ショート・沖原、開幕投手は前年に続き星野だった。

三五歳で、前年は五勝一〇敗の星野を開幕投手としなければならないところに、厳しい投手事情が窺える。ジャイアンツの開幕投手はエースの上原である。穿った見方をすれば、どうせ相手はエースで勝てそうもないから、いい投手はあとに回そうという戦術なのかもしれない。

就任一年目の九九年も開幕はジャイアンツ戦で、野村は必勝態勢で藪を先発させたが、二回で降板した。二年目の二〇〇〇年の開幕投手は星野で、一回に五失点して二回で降板した。その星野を二年連続で開幕投手にした。

そして――星野はこの年も二回に四点取られて降板した。これで三年連続、開幕投手が二回しかもたないという記録になる。

後続のピッチャーは藤田太陽、西川慎一、伊藤敦規、井川慶、川尻哲郎で、藤田が七点、西川が一点、川尻が五点取られて、三対一七で大敗、これで一一年連続して開幕戦は負けた。翌三一日は九対七で勝つが、四月一日は五対六で惜敗し、一勝二敗でのスタートだ。

希望としては、負けはしているが、点は入れていたことだ。目立つホームランだけでも、三〇日には矢野の一号、勝った三一日には今岡とクルーズに一号、一日は沖原、福原に一号、今岡に二号が出ていた。

次のカープ戦とベイスターズ戦は二勝一敗で、これで五勝四敗と貯金は一にしていたが、甲子園でのスワローズ戦は一勝二敗、ドラゴンズ戦は三連敗と、波に乗れない。甲子園の最初の試合には四万人が入ったが、第三戦は一万八〇〇〇人だった。

一七日からベイスターズとドラゴンズに四連勝した。次の甲子園での最初のジャイアンツ戦は連日四万人を超える観客が来ていたが、一勝二敗と負け越し、次のスワローズ戦は三連敗で、三月・四月は一一勝一五敗となった。首位はジャイアンツで六ゲーム差の四位。まだ絶望には早い。

だが、四月二五日のジャイアンツ戦から五月三日までに七連敗し、四日は勝ったが、五日から三連敗で、ゴールデンウィークは一勝しかできなかった。

五月一三日の甲子園でのカープ戦は一対三とリードされて迎えた九回裏に、濱中のスリーランでサヨナラ勝ちし、甲子園は狂喜に包まれた。こういう試合もあったが、五月は八勝一四敗で、首位ジャイアンツに一〇ゲーム差の五位になっていた。

中日ドラゴンズは五月は二位か三位にいたが、監督の星野仙一は今季で辞めると親しい人に語っていた。前年にオーナーになった白井文吾は、星野の後ろ楯だった元オーナーの加藤巳一郎とは仲が悪く、星野を辞めさせようという動きが出ていたのだ。

一方、野村監督は妻の脱税疑惑事件で、五月下旬から東京国税局に関係者として事情を聴取されていた。自分は何も知らないと答え、その旨を記した書類にも署名捺印した。国税局としては、社会問題化しているので、このまま何もしないわけにはいかないが、著名人である野村については慎重だった。

†御家騒動勃発

六月は九日と一〇日の東京ドームでのジャイアンツ戦は連敗したが、二〇日と二一日の甲子園では連夜のサヨナラ勝ちもあった。二〇日のジャイアンツの先発は前年にタイガースにいて謹慎中に恋人とグァム旅行をして解雇されたメイで、この年はジャイアンツで一二勝七敗と大活躍する。タイガースは井川だった。両チームとも一回の一点だけで、延長になった。メイは七回まで、井川は一〇回途中で降板していた。一二回裏、すでに試合開始から四時間半が過ぎていたが、赤星のサヨナラヒットで勝った。

翌二一日は上原とハンセルが先発し、両チームとも得点できないまま九回裏となった。上原は九回途中で下りて岡島秀樹がマウンドに立った。野村監督がクルーズに代えて、広沢を代打で送ると、その打球はセンターを越えて、サヨナラ打となった。二日連続、ジャイアンツにサヨナラ勝ちしたのは、二一年ぶりだった。この連勝で順位も四位に上がった。

このように、ひとつの勝利に、「何年ぶり」「何回目」という付加価値をつけることしか、ファンには楽しみがなくなっている。もちろん、それだけの歴史があるということでもある。

二日連続のサヨナラ勝ちの翌日から六連敗し、六月は九勝一三敗、首位ジャイアンツに一二・五ゲーム差で最下位になってしまった。

その渦中の六月二八日は阪神電鉄の株主総会だった。株主にとってはタイガースの動向は他人事ではない。九九年の野村フィーバーの時には阪神電鉄の株価も上昇したし、タイガースの成績、観客動員数は電鉄本社の経営にも少なからぬ影響がある。

野村監督の去就について質問された電鉄社長（球団オーナー代行でもある）の手塚昌利は、「今後、どう進めていくか検討している」と続投と断言しなかった。この発言は、野村監督が来季もやるかどうか分からないと言うのと同じで、他の球団ならその言葉通りだが、タイガースの場合、解任内定を意味していた。マスコミはその論調で憶測していく。

野崎球団社長は「監督の去就についてはシーズン中は言うべきではない」と言ったが、そんな一般論では火消しにはならない。

野村当人は「沈黙は金」と言うだけで、一切、去就問題には答えない。

こうなると、マスコミは久万オーナーに取材する。そして、このオーナーがいつもそうであるように、問題をさらに複雑化させる。

七月二日、久万は「来年以降も野村でいきたいと思っている。あれほど腕のいい監督はいない。替えずにやらせたいもんなんです。今年は土台を作ってもらい、そのひとが次の監督を指名するのがいちばんいい」と、交代があるとしても、まだ先だと言った。しかし「一位でずっときてて、健康面も大丈夫なら問題ないが、六位なら、さあ、どうですかな」と思わせぶりなことを言った。最下位であれば、話は別だという意味にもとれる。

これによって、少なくとも「最下位であれば更迭」というのがオーナーの意向であると解釈された。

だが七月は一一日からオールスター前までに七連勝した。なかでもファンが狂喜乱舞したのが一七日からの甲子園でのジャイアンツ戦での連勝だ。一七日は井川と上原の先発で、二対二で迎えた九回裏に、上坂のヒットでサヨナラ勝ち。これでジャイアンツ戦は三試合連続のサヨナラ勝利。再び四位になった。

一八日はカーライルと桑田の先発で、五対三で勝ち、一九日はハンセルと河原の先発で六対五でリードしていたが、九回に同点とされて延長戦になり、一一回裏、カツノリのヒットでサヨナラ勝ちした。

こうして七連勝、最後はジャイアンツに三連勝したところで、オールスター戦になる。

オールスターにはタイガースからはファン投票ではひとりも選ばれず、監督推薦で、井川と成本年秀（一九六八～）の二人の投手だけが出た。この年、新人王を獲る赤星だが、一般的知名度はまだ高くなかった。

成本は西宮市の生まれで幼少期からタイガースファンだった。西宮東高校に進学するが甲子園には行けず、京都産業大学へ進学し、社会人野球の大阪ガスへ進み、活躍した。一九九二年のドラフトで千葉ロッテマリーンズに入団し、リリーフピッチャーとして活躍し、九六年には二六セーブを達成した。しかし二〇〇〇年オフに自由契約となった。このオフからマリーンズの監督だった八木沢荘六がタイガースの投手コーチになった縁で、タイガースのテストを受けて入団した。前半戦が終わった時点で、二勝一六セーブとリリーフとして見事に再生されていた。

オールスターが終わり、二七日からベイスターズ戦で後半戦が始まったが、このカードは三連敗し、七月は一一勝七敗で終える。首位がスワローズになり、一二・五ゲーム差で五位だった。

†トップ会談

野村の進退をめぐり憶測記事が乱れ飛び、OB会の一部も不穏な動きを始め、スポーツ紙のなかでは野村解任を加速させようと野村采配を批判する記事が増えるなど、毎度おなじみの光景が蘇っていた。

去就についてはシーズン中は決めないと言っていた野崎も、こうなったからには、はっきりさせる必要があると考えるようになる。そんな時、野村から、久万オーナーと手塚電鉄社長に会いたいので会談をセットしてくれと頼まれた。

野崎は自分を含めた四者会談を七月三〇日にセットした。『ダメ虎を変えた！』によれば、三時間にも及ぶ会談だった。久万は脱税問題について問うたが、野村は「自分は本当に何も知らない。カネのことは女房にまかせている」と答えた。問題になっているのは、収入をごまかしているかではなく、経費の解釈のようだとも説明した。

タイガースをどうするかという本題に入ると、野村は交代させたいコーチの名前や、トレードに出すべき選手、獲得したい選手など、かなり具体的に話した。

久万から、「来季も監督を」との正式な続投要請があり、野村は受諾した。ただし、契約期間については、野村から「一年でいいです」と言って、久万も了解した。

さらに、念のためとして、万一、脱税だと国税局が決定した場合は、かばいきれないので、覚悟してくれという趣旨のことも言った。久万には独自の情報ルートがあるらしく、「国税局が動くとなれば九月から一一月でしょう」と思わせぶりに言った。

八月二日、野崎は、野村に来季の監督を要請し受諾してもらえたと、発表した。

野崎は「将来を担う若手が育ちつつある。三年目にしてようやく監督の目指す野球が浸透してきた」と記者たちに、続投の理由を説明した。この八月の時期に来季のことを決めたのは、「チーム作りの結論が出た以上、早くはっきりしたほうが、チームも戦いに集中できるし、編成も長期的な視野で対処できる」からだとした。

野村も甲子園球場で会見し、「結果を出していないし、ファンの期待も裏切っているので、辞任するのが筋だと考えていたが、オーナーや野崎社長の熱心な要請があり、それに心を動かされた」と続投要請を受けた理由を説明した。

これで進退問題は決着したはずだった。

しかし同時に野村続投には「最下位ではないこと」「野村沙知代が無罪であること」の二つ

の条件があることもはっきりした。

野村夫妻は人気もあるが、嫌うひとも多い。メディアは脱税という、どう批判、攻撃してもいいネタを手に入れたので、沙知代バッシングを強めていく。週刊誌は久万オーナーに取材し、「脱税摘発なら監督は白紙」という言質をとった。阪神球団のみならず、野村の前職であるヤクルト球団にも国税局の調査が入ったと報じられ、さらに野村沙知代の息子のケニー野村による告発記事まで出た。週刊誌だけだった報道は新聞も取り上げるようになり、いよいよワイドショーも騒ぎ出す。

そんななか、野村は球場に行きファンからのヤジを浴びながら指揮を執る。

八月は連敗しても三つまで、連勝も三つまでだったが、八勝一四敗一分と負け越し、首位スワローズに一四・五ゲーム差で最下位となる。

八月一七日の横浜でのベイスターズ戦では、先発した井川がプロ入りして初の完封勝利で、七対〇で勝った。このゲームでは赤星が一試合で三盗塁も記録した。

前年二位だった中日ドラゴンズは低迷し、五位にあった。監督の星野仙一は八月下旬の段階で白井オーナーに会い、今季限りで辞めると申し出た。

†仰木か星野か

たとえ最下位でも、野村の続投は野崎と久万がしっかりしていれば可能だが、野村沙知代の脱税問題については、阪神としては何もできない。久万と野崎は情報を集め、摘発は避けられそうもないと、覚悟していた。となれば、後任の監督を決めなければならない。田淵、安藤、中村といったOBの名がスポーツ新聞では取り沙汰されていた。しかし野崎も久万も、彼らの起用は一瞬も考えなかった。電鉄本社では岡田二軍監督の昇格を画策する動きがあった。

選手たちも、連日の脱税疑惑報道で動揺していたのか、九月は七勝一四敗一分と負け越し、最下位だった。

一〇月一日の甲子園でのジャイアンツ戦には五万人がやって来た。この日が和田の引退試合だったのだ。今季はコーチ兼任で、出場機会は少なく三七試合で、打率も一割台だった。一九八四年のドラフトで入団し、一年目にいきなり優勝を経験した和田の引退で、八五年を知る選手はいなくなり、同時に九二年の快進撃を経験した選手もいなくなった。

二日のスワローズ戦が甲子園での最終戦で、三日と四日は神宮球場でスワローズ戦、五日は横浜でベイスターズとの最終戦で七日と八日の広島でのカープ戦でシーズンを終えた。

一〇月は三勝三敗一分と五分だった。

優勝したのはヤクルトスワローズで、タイガースは二〇・五ゲーム差だった。

二位はジャイアンツ、三位はベイスターズ、四位はカープ、五位はドラゴンズだった。

順位	チーム	試合数	勝	負	引分	勝率	ゲーム差	本塁打	打率	防御率	得点	失点
1	ヤクルトスワローズ	140	76	58	6	.567	–	148	.274	3.41	645	531
2	読売ジャイアンツ	140	75	63	2	.543	3.0	196	.271	4.45	688	659
3	横浜ベイスターズ	140	69	67	4	.507	8.0	94	.267	3.75	560	565
4	広島東洋カープ	140	68	65	7	.511	7.5	155	.269	3.82	619	596
5	中日ドラゴンズ	140	62	74	3	.456	15.0	98	.253	3.48	483	513
6	阪神タイガース	140	57	80	4	.416	20.5	90	.243	3.75	467	598

2001年　セ・リーグ順位表
＊この年の順位は勝率ではなく勝利数順で決定。

ドラゴンズの星野監督はシーズン閉幕前の九月二五日に辞任すると発表した。次の仕事としては、NHKから解説者にと打診され、内諾していた。

†星野仙一

星野仙一は一九四七年一月に、岡山県の、いまの倉敷市に生まれた。岡山は隣の広島東洋カープのファンよりも、阪神ファンが多く、星野もそのひとりだった。なかでも、村山実に憧れていた。県内ではそれほど野球の強豪校ではない岡山県立倉敷商業高校にあえて入り、甲子園を目指したが、叶わなかった。明治大学へ進み、東京六大学リーグで通算六三試合に出て、二三勝二四敗、防御率一・九一という成績だった。同時期に法政大学には田淵幸一・山本浩司・富田勝の「法大三羽ガラス」がいて、とくに、星野、田淵、山本の三人は親しくなった。

一九六八年のドラフト会議にあたっては、星野はタイガースに行きたい気持ちがあったが、当時、明治大学はタイガースのスカウトを出入り禁止にしていた。六五年のドラフトで、明治大学に進学すると決まっていた藤田平を指名し、入団させたことで、関係がこじれたのである。もしタイガースが星野を指名したら、社会人野球へ行くことになっていた。

東京生まれの田淵は巨人を希望しており、巨人も背番号は2と決めて指名すると約束していた。一方、巨人は星野にも「田淵を指名できなかったら指名する」と言っていた。当時は抽選で指名順位を決めて、一番になったチームから指名していく方式だった。

タイガースは三番で、田淵を指名した。巨人は八番目だった。星野は、自分の名が呼ばれると思っていたが、巨人が指名したのは島野修だった。そして、一〇番目の中日が星野を指名した。この日から、星野は「打倒巨人」を自分の生涯のテーマとした。

星野は一年目から一軍の先発投手として活躍し、八二年の引退までに、五〇〇登板、うち先発が二四三で、一四六勝一二一敗三四セーブ、防御率三・六〇の成績を残して引退した。

引退後の一九八六年一九八七年にドラゴンズの監督となり、九一年までの五シーズン指揮を執り、二年目の八八年に優勝した。その後は解説者をしていたが、一九九六年に再びドラゴンズの監督となり、九九年に優勝した。通算一一シーズンで、優勝二回、二位が五回、三位・四位・五位・六位が一回ずつだった。

現役時代から「燃える男」と呼ばれ、熱血漢として知られていたが、人間心理を読む名人でもあり、政治家になっても成功すると言われ、政財界の人脈も持つ。

†野村辞任

タイガースの野崎社長は野村続投はほぼ無理と判断し、まず仰木彬に打診した。野村沙知代が逮捕されたらという前提ではあったが、仰木は前向きだった。間に人を介して、契約期間、年俸、付帯条件まで伝え、仮契約寸前までいっていた。

その一方、マスコミ関係者から、「もしかしたら星野が阪神にいくかもしれない」という驚愕の情報がもたらされた。ドラゴンズの監督を辞めたのは健康上の理由となっているが、実際は中日新聞本社を巻き込んでの派閥抗争のせいで、本人はまだやる気があるとのことだった。誘い方、話の持って行き方次第では、可能性があるというのだ。

一〇月下旬、久万は秘書に、星野との会談をセットするよう指示した。星野は「久万オーナーと会ってくれないか」との連絡を受けると、監督就任の話だなと察して、二度、断った。しかし、「タイガースを強くするための意見を聞きたい」と言うので、三度目には会うことにし、一一月九日、梅田のリッツ・カールトンホテルで会うことになった。

星野は「人事権も金庫も持っているオーナーが、成績が悪ければ監督を替えて、別の監督を据えています。選手たちは、『このおっさんは、一年か二年で終わるんだ』と思って監督の指示なんか聞きませんよ」と言った。

さらに、「ドラフトでは阪神のスカウトには驚かされていた」とも話した。ドラゴンズがノーマークの選手ばかり指名していたからだ。最初、星野は自分のところのスカウトが見逃している逸材を阪神は見つけ出しているのかと思ったが、数年たっても阪神が一位や二位で指名した選手たちがまったく活躍できず、消えていくので、見る目がないんだと分かった――と、そんなことを久万に話したのだ。

久万は、面白くなかったが、自分にこんなにもはっきりと物を言う星野に、こいつならタイガースを立て直せるかもしれないと、思った。

星野は、会談のなかで、野村監督の後任を考えているのなら、島野育夫を監督にしてくれないかと、売り込んだ。島野が一年か二年やった後なら、自分がやってもいいとも言う。島野は星野の右腕である。星野がドラゴンズの監督の時はそのコーチとなり、星野がドラゴンズにいないときは、タイガースのコーチもしていた。来季はドラゴンズの二軍監督に内定していた。野崎は島野の手腕は認めるが、タイガースの監督にはスター性が必要なので、無理だと断る。

野村沙知代の脱税問題は、いよいよ逮捕は避けられないとの見方が強まっていた。一一月二九日、阪神球団は取締役会で、沙知代逮捕の場合は野村監督には辞任してもらうことを確認した。

そして一二月五日、野村沙知代は脱税容疑で東京地検に逮捕された。その日の深夜、球団は野村を球団事務所に呼んだ。記者たちも野村の会見があるというので集まってきた。

野村は「辞任させていただきます」と言って、その場で辞任が決まった。そのまま野村は記者の前で、辞任すると発表した。

†明けの明星

野村辞任決定の時点では、野崎は仰木彬を監督にと決めていた。だが、久万の最終決裁を受けようとすると、ダメだという。仰木に女性スキャンダルが出るのではと警戒したようだが、久万は星野に惚れ込んでいたようだ。

星野はもともとタイガースのファンだったので、早い段階で、監督を受ける気になっていたようだ。

久万と野崎は、星野から、ドラゴンズとNHKへ挨拶をしておいてくれと、言われていた。野村の時と同じだった。法的には問題ないとしても、仁義を切らなければならない。

野崎がドラゴンズに挨拶に行ったと確認すると、一二月一〇日、星野はドラゴンズの白井文吾オーナーと大島宏彦名誉オーナーに、タイガースから監督にとの話が来ていることを伝えた。星野を追い出したのが白井だが、大人同士なので、そんなことはおくびにも出さない。白井と大島からは「伝統ある球団から誘われるのは名誉なことだ」などと言われた。

そして一二月一二日、久万と野崎は名古屋へ向かい、ウェスティンナゴヤキャッスルホテルで星野と会い、正式に監督就任を要請した。

これはもうセレモニーに過ぎず、記者たちが待ち受けている前での監督要請となり、星野は「オーナー、勝ちたいんでしょう。一緒に戦いましょう」と受諾した。

午後三時に同ホテルで星野が会見し、監督就任が発表された。久万と野崎はその足で中日新聞社を訪問し、白井オーナーに挨拶した。

こうして――一二月五日から六日の夜に野村監督が辞任し、その六日後に、星野仙一が監督に就任したのである。

星野は野村のもとへ電話をかけた。野村は「迷惑かけて悪いな」と謝った。

「敵としてタイガースを見ていて、光が見えてきた気がしていました。その光を大きくします」と星野は言った。

野村は何度も「頼む」と言った。

星野から球団へはコーチについての要求もあった。ドラゴンズ二軍監督に内定している島野育夫もそのひとりだった。またも野崎はドラゴンズに頭を下げることになる。

そして、もうひとりいた。星野はタイガースがＯＢの発言力が強く、またいくつもの派閥がある複雑な球団であることをよく知っていた。昨日までの敵である自分を監督として、仲間として受け入れてくれるかどうか。

それには緩衝材となる人物が必要だった。星野と親しく、タイガースのOBとも親しくできる人物。その条件に合うのは、ただひとり、田淵幸一だった。

一九七八年、阪神タイガースが球団史上初めて最下位になった年のオフ、深夜二時に球団に呼び出されトレードを通告され、目を真っ赤にして記者会見をして、西武ライオンズへと去った、あの田淵が、四年連続最下位になった年に、再び縦縞のユニフォームを着るのだ。

夜は明ける。ひとつの物語が終わろうとしていた。そして、新たな物語が始まる。

Ⅵ 復興《ルネサンス》

2003年9月15日、甲子園でリーグ優勝決定日に殊勲打を放った赤星を抱きしめる星野監督（共同）

第15章　闘将と若虎たち——二〇〇二、〇三年

†新体制

二〇〇二年のペナントレースは、前年までとは異なる陣容で始まった。

最下位だった阪神タイガースの監督は、野村克也から、前シーズンまで中日ドラゴンズの監督だった星野仙一に交代した。

そのドラゴンズの監督には山田久志が就任した。山田は阪急ブレーブスのエースとして活躍し、後身のブルーウェーブのコーチを経て、星野に誘われてドラゴンズの投手コーチとなり、監督に昇格した。後ろ楯となるはずの星野がライバル球団へ移ってしまったので、苦労する。

そして、読売ジャイアンツでは、長嶋茂雄が退任し原辰徳が後を継いだ。この球団だけは、いまもなお、生え抜きのOB、それも四番打者かエース格の投手だった者しか監督にはならない。長嶋はジャイアンツの終身名誉監督に就任した。

横浜ベイスターズの森祇晶、ヤクルトスワローズの若松勉、広島東洋カープの山本浩二はそのままだった。

　パ・リーグは西武ライオンズが東尾修から伊原春樹に交代した。西鉄ライオンズ時代からの選手で、ジャイアンツに在籍したこともあるが、ライオンズに戻って引退、以後は同チームのコーチをしていた。二〇〇〇シーズンはタイガースのコーチだったが、野村監督と確執があり、一年で辞めた。オリックス・ブルーウェーブは仰木彬が退団して、石毛宏典が後任になった。タイガース監督の話もあった仰木は、解説者となる。

　タイガースは野村監督が続投する予定だったので、すでにコーチとの契約は済ませていた。当初はヘッドコーチに木戸克彦、投手コーチに佐藤義則と葛西稔（選手兼任）、打撃コーチに和田豊と平塚克洋、守備走塁コーチに松山秀明、バッテリーコーチに嶋田宗彦、守備走塁コーチに吉竹春樹だった。

　星野は監督就任が決まると、ドラゴンズの二軍監督に決まっていた島野育夫を強引に引き抜こうとした。そもそも島野を二軍監督に押し込んだのが、星野である。中日としては、とうてい認められない。だが島野本人の気持ちもタイガースに傾いており、年が明けてから、島野を手放すことにした。星野は島野をヘッドコーチにし、木戸はバッテリーコーチになる。そして、盟友・田淵幸一をチーフ打撃コーチのポジションに就かせた。野村体制下に決まった他のコーチもそのまま星野体制を支えることになった。二軍監督は岡田彰布が留任し、三シーズン目を迎える。岡田が育てた選手が一軍で活躍するようになっている。

ドラフト会議も野村体制のもとで八人を獲得していた。この年から、「逆指名制度」は「自由獲得枠」と呼び方が変わり、この枠でトヨタ自動車の安藤優也（一九七七〜）と法政大学の浅井良（一九七九〜）が入団した。安藤の法政大学時代のキャッチャーが浅井だった。この二人以外はタイガースで活躍したと言える選手はいない。星野は久万オーナーに「タイガースはドラフトで、なぜ、こんな選手をというのばかりを指名していた」と言ったそうだが、この年もそうだったようだ。

星野が獲得に動けたのは、FAと外国人だけだった。

FAでは、日本ハムファイターズの片岡篤史《あつし》（一九六九〜）を獲得した。片岡は一九九一年のドラフトでファイターズに入り、一〇シーズン活躍した後でのFAである。二〇〇一年の打率は・二五四、打点六二、本塁打一六だった。FA宣言していた片岡に、星野が直接会ったのは一二月一九日だった。星野は「苦しんでいるタイガースを一緒に再建しよう」と口説き、翌二〇日の午後、片岡から「お世話になります」と電話があった。

外国人ではブルーウェーブにいたジョージ・アリアス（一九七二〜）が入団した。アリアスは二〇〇〇年からブルーウェーブにいて、〇一年は三八本のホームランを打っていたが、球団が年俸アップを拒んだために退団していたので、星野が強く求めて、獲得した。年俸は二億五〇〇〇万円プラス出来高払いで、二年契約だった。

「新監督」ではあるが、九六年から〇一年までの六シーズン、星野はタイガースを「敵」として研究していたので、まったく馴染みがないわけではない。誰に見込みがあり、誰を鍛えればいいのかは、ある程度、把握していた。

星野なりに勝算はあったのだ。

†キャンプでの覚醒

プロ野球のキャンプは二月一日に始まる。選手たちはその前日の一月三一日に集合した。星野が監督に就任したのは一二月で、秋季キャンプは終わっていたので、選手たちと顔を合わせるのは、この日が初めてだった。一〇月まで敵として闘っていた星野を前に選手たちは緊張していた。とかく「ぬるま湯」と呼ばれる若虎たちと、「燃える男」「熱血漢」「鉄拳制裁」で知られる星野――いつ対立、確執が生まれてもおかしくない。

星野の最初の言葉は「俺たちは、優勝するためにプレイするんだ」だった。

若い選手たちは、驚いた。タイガースに入ってから、監督の口から「優勝」という言葉が出たのは初めてだったのだ。和田が引退したので一九八五年を体験した選手はもういない。九二年を経験した者も、ほとんどいない。「優勝」の二文字とは縁がなくなってから一〇年が過ぎようとしていた。

そうか、俺たちは優勝するためにプレイするのか——若虎たちは、闘将の言葉で、自分たちが何のために野球をしているのかを思い出した。

星野は、「考える野球」の野村とは逆に、「闘うんだ。勉強する前に闘え」と繰り返した。キャンプでは選手たちに、大声を出させた。まるで高校野球みたいだった。声を出せば、自然に戦う気分になってくる。それが狙いだった。

さらに「前進あるのみ」と積極的に出るように、繰り返し言った。

野村が記者たちに「ボヤキ」、選手を批判していたのとは逆に、星野は記者たちに、今岡や藪といった、野村から貶され、やる気を失っていた選手たちを褒めまくった。それが記事に出る。自分が監督に期待されていると知り、ますます張り切る。選手たちの動きが変わってきた。

タイガースには負け犬根性が染み込んでいた。それを払拭させるためには、選手に自信を持たせるしかない。そこでオープン戦から勝ちにいった。他のチームは調整のつもりで試合に臨む。そこにつけこみ、本気で闘ったのだ。その結果、二〇試合を一五勝三敗二分の一位となった。

選手たちは「試合に勝つ」ことを体験した。星野が監督なら勝てると思い込んだ。まずは、それでいい。

オープン戦でいい成績のチームが優勝するとは限らない。むしろ、その逆のほうが多い。長いペナントレースでは、どこにチームの力のピークを持っていくかが重要だった。春先はよくても、夏になると失速していくチームが多いのは、体力的、精神的なピークが過ぎてしまうからだ。前回タイガースがオープン戦で一位になったのは、大震災のあった一九九五年、中村監督の最後のシーズンで、その年は最下位だった。

星野はオープン戦の勝敗があてにならないことを分かった上で、意図的にオープン戦で勝負に出た。今年は優勝は無理と考えていたからだ。チームの雰囲気を、とにかく変えたかったのだ。さらに、開幕カードがジャイアンツとなので、オープン戦の勢いのまま勝ちたかった。

開幕戦で勝っても、七月の試合で勝っても一勝は一勝である。しかし、開幕戦は、やはり特別な意味を持つ。とくに相手がジャイアンツならば、絶対に勝ちたい。タイガースにとってジャイアンツはライバルだが、星野にとっては、ドラフトで自分を裏切った宿敵だった。

†若虎たち

開幕戦のスターティングメンバーは、一番センター・赤星憲広、二番セカンド・今岡誠、三番サード・片岡篤史、四番ファースト・アリアス、五番ライト・桧山進次郎、六番レフト・坪井智哉、七番キャッチャー・矢野輝弘、八番ショート・藤本敦士。開幕投手は井川慶だった。

赤星は一九七六年に愛知県刈谷市で生まれ、県立大府高校に進学し、二年の夏と三年の春に甲子園に出た。高校卒業時もプロから誘われたが、亜細亜大学に進み、東都大学リーグでの優勝も経験した。だが大学卒業時は、体が小さいのでプロは無理と判断されたらしく、どこからも声がかからず、社会人野球のJR東日本に入り、二〇〇〇年のシドニー・オリンピックの日本代表にも選ばれた。タイガースがドラフトで指名したのは野村監督の意向だった。入団会見は新庄がFAで移籍した直後だったので、「新庄さんの穴は僕が埋めます」と宣言した。一年目の〇一年は野村の「F1セブン」のひとりとして開幕から一軍で、一二八試合に出て、打率・二九二、三九の盗塁で、盗塁王となり、タイガースの選手としては九四年の藪以来の新人王にも選ばれた。この年、二五歳。

今岡は吉田が監督になったオフのドラフトでタイガースに入り、一年目の一九九七年から一軍で活躍し、九八年からトレードで出た久慈に代わり、ショートを守っていた。しかし野村監督時代は、確執とまでは言わなくても、野村と関係が悪化し成績も悪くなり、〇〇年は打率が・二一二にまで落ちた。悪循環に陥っていたのだ。〇一年は守備の負担を減らすためにサードに転じ、打率を・二六八にまで戻した。

「星野は野村の遺産で優勝した」と言われるが、今岡と藪の場合はそうではない。野村に潰されかけていたのが、星野によって救われた。今岡は引退時に、「野村監督には、何をやっても批判的なことを言われた」と振り返っている。二軍に落とされたこともあり、腐りかけていたときに、「大丈夫や」と励ましたのが、二軍監督の岡田だった。星野体制になった今季はキャンプから認められ、セカンドとして開幕を迎えた。この年、二八歳。

三番の片岡は三三歳、四番のアリアスは三〇歳。

五番の桧山は野村監督時代の九九、〇〇年はレギュラーを外され、代打要員となっていたが、〇一年はレギュラーに戻り、後半は四番も任され、一二二安打、一二本塁打で打率も三割ちょうどにした。ホームランの数は減ったが、三振も減っていた。この年、三三歳。

六番の坪井は入団一年目の九八年は、一三五安打で打率・三二七、野村監督に替わった九九年も、一六一安打で打率・三〇四と好調だった。〇〇年も前半は好調でオールスターにも選ばれたが、後半は左肘を故障し調子を落とし、一三三安打で打率・二七二と、三割を割ってしまった。左肘は手術をしたが悪化してしまい、〇一年は新人の赤星が活躍し、桧山も復活、濱中もブレイクしたので出番が減り四三試合にしか出られず、二八安打で打率も・二一九と下げてしまった。星野監督は復活を期待して、開幕スタメンのひとりにした。この年、二八歳。

七番の矢野はドラゴンズから移籍して五年目を迎えた。移籍一年目の九八年は打率・二一一だったが、九九年は・三〇四を打った。〇〇年は・二六九、〇一年は・二四二と少しずつ下げているが、正捕手の座を手に入れている。三四歳。

八番の藤本は二年目だ。ドラフトでは七位での指名だったので、それほど期待されていたわけではないが、一年目の〇一年は四月に沖原佳典が骨折したので起用され、チャンスを摑んだ。七五試合に出て、二〇二打席、五〇安打で打率は・二六九だった。二五歳。

井川は前年から先発ローテーション入りし、二八試合に先発、九勝一三敗で、防御率二・六七という成績で、二桁勝利の投手がいないタイガースのなかでは、リリーフの福原と並ぶトップの勝ち数だ。二三歳。

星野が先発の柱にしたのは、井川と藪、そして外国人のムーアだった。藪は〇一シーズンは一七試合に出たが、右肩の故障もあって一勝も出来ず四敗し、防御率は四・〇九。〇二シーズンは背番号を、かつて川藤幸三が現役時代に付けていた4に変更して、新たな体制のもとでの復活に挑む。三四歳。

新入団のトレイ・ムーアは一九七二年生まれの三〇歳。九八シーズンからメジャーリーグで投げ、三シーズンで二三試合に登板、三勝一〇敗、〇一シーズンの防御率は一一・二五もあり、またも阪神得意の活躍できない外国人かと思われていた。

ジャイアンツとのシーズン開幕戦は三月三〇日。タイガースは東京ドームへ乗り込んだ。どちらのチームも新しい監督であり、人気のある監督、しかも「伝統の一戦」として、注目されていた。この年もドームでの開幕戦には五万五〇〇〇人がやって来た。

ジャイアンツの先発投手は上原。一回表のタイガースの攻撃は、三者三振に終わった。その裏の井川は得点圏にランナーを進めてしまったが、無得点に抑えた。

二回表、桧山が一号ソロ・ホームランを打って、タイガースが先制した。さらに四回表には一死一塁から、アリアスが一号ツーランを放ち、三対〇。しかしその裏、清原の一号ソロが出て、三対一。上原は八回でマウンドを下りたが、井川は九回裏も投げていた。しかし一死一・二塁のピンチを迎える。阿部の打球はライナーで左中間へ向かった。だがショートの藤本がジャンプして食らいつく。グラブはボールに届いたもののはじいてしまう。すかさず拾って二塁へ投げて、まず一塁走者がフォースアウト、さらに飛び出していた二塁ランナーにもタッチして、一瞬にしてダブルプレーでゲームセットとなった。井川は一二五球を投げて、九奪三振で完投した。

タイガースは開幕戦を一二年ぶりの白星で飾った。

三一日の第二戦、タイガースの先発はムーア、ジャイアンツは工藤公康で始まった。タイガースは四回裏に清原の二号で先制されたが、六回に一点入れて同点にした。七回、一死二塁で、八番・藤本の打順となったので、星野はデリック・ホワイト（一九六九〜）を代打で送った。キャンプ中に来日してテスト入団した選手だ。ホワイトはキャッチャーへのファウルフライで、二死。九番はムーア。好投を続けているが、勝負に出るなら、ここは代打だった。しかし次の一番・赤星はこの日、ショートゴロ二つに三振と当たっていないし、一塁は空いているので、代打を出しても敬遠される確率が高い。

しかし星野は、勝負を賭ける。「前進あるのみ」と選手たちに言っていたので、ここで止まるわけにはいかない。星野は「代打、八木」と告げた。

一九九二シーズンの快進撃の立役者のひとりの八木だったが、以後は出番も減り、九六年は一度も一軍の試合には出られず、戦力外になりかけた。ところが監督に就任した吉田が残留させ、代打として活路を見いださせた。九七シーズンは代打成功率四割、九八シーズンは一時は五割という驚異的な数字で「代打の神様」と呼ばれるようになっていた。〇一年も八五試合に出て一三六打席、二四安打、一一の四球で出塁率は・二六三だった。

ジャイアンツは八木を敬遠した。これで二死一・二塁。バッターボックスへ向かおうとした赤星を、星野は呼び止め、「初球からいけ。足が速いんだから、転がせばなんとかなる」と言った。

初球は外角低めのストレートだった。赤星が食らいついて、右手一本で打つと一・二塁間を抜けた。二塁から矢野が凄まじい勢いで走り、生還する。タイガースベンチは大騒ぎだ。星野も喜びを隠さない。

これで勝ち越したが、一点差。ムーアを下ろしたのであとはリリーフでつなぐしかない。七回裏は伊藤敦規、弓長起浩、伊達昌司の三人を投入し、八回は高橋由伸と松井秀喜の打順なので、左キラーの遠山奬志をマウンドへ送った。遠山は高橋を一塁ゴロに仕留めたが、珍しく松井にはセンター前ヒットを打たれた。そこで星野はマーク・バルデスを送った。

バルデスは一九七一年生まれの三〇歳。九五年にメジャー昇格して、六シーズンで一四四試合に出て、一二勝一五敗四セーブ、防御率四・九五の成績で、キャンプ直前に来日して、入団した。星野は制球力と変化球がいいので、抑えとして使うことにしていた。それが早くも試される。バルデスは八回を抑えきると九回も投げて、逃げ切った。

このときタイガースベンチには、もう金沢健人しか投手はいなかった。もしバルデスが打たれて同点とされ、延長戦になったら投げるピッチャーがいなくなっていたのだ。

試合後、星野は記者たちに「同点にされたらどうするかって、そんなことは考えなかった。巨人と接戦になったら総力戦や。先に仕掛けなければやられる」と語った。

かくして開幕二連勝。

だが、この年のタイガースはこれでは終わらない。一日おいて四月二日からの横浜でのベイスターズ三連戦もすべて勝った。第一戦では藪が一失点で完投した。前年は一勝もできなかったので、六六三日ぶりの勝利投手だった。第二戦はホワイトが二打席連続でホームラン、濱中、矢野、片岡にもホームランが出た。第三戦は一対一のまま延長戦になり、一一回表に二死満塁から押し出しで勝ち越して、バルデスで逃げ切った。

開幕五連勝は、実に六四年ぶりだった。記者からそう言われた星野は「そんな昔、生まれとらん」と笑った。

五日からの神宮球場でのスワローズ戦も最初の二つを勝って、七連勝した。三戦目は負けたが、九日からの甲子園でのカープ戦も連勝した。しかし観客動員では東京ドームのように満員とはならず、平日でもあったので、九日は三万七〇〇〇人、一〇日は三万二〇〇〇人だった。

一二日からは甲子園でのベイスターズとの三連戦で、初戦は井川が一対〇で完封勝利。これで開幕から一〇勝一敗となり、春先ではあるが、タイガースは首位を独走していた。一九九九年の野村フィーバーに負けないくらいの星野フィーバーとなる。

一三日は土曜日だったので、五万人が甲子園にやって来た。試合は同点で迎えた九回表に一点入れられて、三対二で負けてしまうのだが、それだけではなかった。矢野がホームベースでのクロスプレイで左肩を脱臼してしまったのだ。このシーズンは怪我人が続出するが、その最初だった。

三・四月は一七勝八敗一分で、堂々の首位。二位はジャイアンツで二ゲーム差。

五月も前半は好調だったが、一八日から四連敗して、同時期にジャイアンツは四連勝したので、首位から落ちた。だが月末には首位に返り咲いていた。五月も一二勝一〇敗と勝ち越していたのだ。貯金は一一あった。

六月に入ると勝てなくなる。七日から一二日までに四連敗し、一三日は勝ったが、一五日から八連敗。一六日を最後に二度と首位には立てない。サッカーのワールドカップのため日程が変則的になったのも一因とされる。二二日には三位に落ちてしまった。六月は四勝一三敗。井川、藪、ムーアが勝てなくなっていた。貯金は二に減っていた。

†怪我人続出

七月はオールスター前までを四勝三敗で勝ち越し、貯金三で、前半戦を終えた。

オールスター戦には、井川、矢野、今岡、片岡、桧山の五人がファン投票で選ばれ、ムーアとアリアスが監督推薦と、合計七人も出た。

一六日の後半戦の初戦は勝ち、三連勝もあって、七月は一〇勝一〇敗一分で終えた。

だが怪我人が続出した。七月一八日には坪井が左足甲裂骨折で今季絶望、八月一〇日には脱臼から復帰していた矢野が左尺骨骨折で全治六週間、一三日にはホワイトが左尺骨骨幹部骨折で今季絶望となり帰国する。桧山も左肩亜脱臼、濱中も左手親指を骨折した。タイガースは満身創痍である。だが、これは見方を変えれば、選手たちが怪我を恐れぬ積極的なプレイをしたからでもあった。星野はそれなりに手応えを摑んでいた。

八月はまたも大きく負け越して、八勝一四敗二分で、首位ジャイアンツに一六ゲーム差の四位になっていた。九月はハンセルが右肘の違和感を訴えて帰国、カーライルも腰椎ヘルニアで帰国した。

ジャイアンツは六月に首位を奪い取ると、八月一三日に、戦後二番目の早さでマジックナンバーを点灯させた。二位のスワローズが一一連勝していったん消えたが、優位であることには変わりなく、九月二三日に甲子園にやって来た。この試合には五万三〇〇〇人が集まり、五対一でジャイアンツが勝って、マジックを1とした。

二四日も甲子園には五万人がやって来た。試合は二対一でジャイアンツがリードしていた。すでにスワローズが負けていたのでジャイアンツの優勝が決まっていた。しかしタイガースもふんばって、九回裏に濱中の一八号で同点にし、延長一二回裏、ジャイアンツのピッチャー前田幸長のワイルドピッチでサヨナラ勝ちした。阪神ファンが「六甲おろし」を大合唱するなかで、ジャイアンツの選手たちが原監督を胴上げするという、前代未聞のシーンとなった。

九月のタイガースは一一勝一三敗。一〇月一四日が今季最終戦で、甲子園には三万六〇〇〇

順位	チーム	試合数	勝	負	引分	勝率	ゲーム差	本塁打	打率	防御率	得点	失点
1	読売ジャイアンツ	140	86	52	2	.623	–	186	.272	3.04	691	485
2	ヤクルトスワローズ	140	74	62	4	.544	11.0	142	.263	3.39	554	528
3	中日ドラゴンズ	140	69	66	5	.511	15.5	125	.257	3.19	546	502
4	阪神タイガース	140	66	70	4	.485	19.0	122	.253	3.41	527	524
5	広島東洋カープ	140	64	72	4	.471	21.0	154	.259	4.36	543	674
6	横浜ベイスターズ	140	49	86	5	.363	35.5	97	.240	4.09	472	620

2002年　セ・リーグ順位表

人が来てくれ、一〇対五で勝った。九回表二死ランナーなしの場面で、星野は今季限りで引退が決まっていた遠山をマウンドに送った。遠山は最後のバッターを三振させ、マウンドを下りると、星野に肩を抱かれた。タイガースに戻ってからは五シーズン、ワンポイントリーフとして投げた。今季は二三試合で六三人の打者を相手に被安打二一で、防御率九・四二と、戦力外通告されても仕方のない数字だった。

星野はファンに「今年の悔し涙を、来季は嬉し涙に変えます」と宣言した。

一〇月は四勝二敗で、このシーズンは六六勝七〇敗四分と負け越したが、四位となった。首位ジャイアンツとは一九ゲームの差、二位はスワローズ、三位はドラゴンズ、五位はカープ、六位はベイスターズだった。

パ・リーグは西武ライオンズが勝って、新人監督同士の決戦は、ジャイアンツの勝利で終わった。原辰徳は就任一年目にして日本一である。

チームの総得点は五二七で前年の四六七から増えた。失点も五九八だったのが五二四になり、投打とも前年から改善されている。だが、ジャイアンツは得点六九一、失点四八五である。打倒巨人のためには戦力のさらなる強化が必要だった。

星野は、球団に選手の大幅な入れ替えを求める。

†血の入れ替え

戦力外通告での引退、自由契約、トレードなどで、二〇〇二年オフ、支配下選手七〇人のうち二四人がタイガースから去っていった。

なかでも、ピッチャーは一八人が出た。主な選手を挙げると、コーチ兼任だった葛西稔は引退して二軍コーチになった。バルデスは残留が決まっていたが、新たにジェフ・ウィリアムスを獲得したので解雇され、中日ドラゴンズに入団する。戦力外通告されたなかで、舩木聖士は千葉ロッテマリーンズ、成本年秀はヤクルトスワローズ、西川慎一は広島東洋カープへテストを受けて入団した。弓長起浩、伊藤敦規、星野伸之は引退した。

トレードでドラゴンズに入団した久慈照嘉が自由契約になったので、獲得した。

日本ハムファイターズとの間で、山田勝彦・伊達昌司と、下柳剛・中村豊との二対二のトレードが成立した。さらに、坪井智哉と野口寿浩のトレードも成立した。別のトレードだが、結果として、山田と野口の捕手同士が入れ替わった。

トレード組で活躍するのは、下柳だった。長崎県出身で、瓊浦高等学校から八幡大学（現・九州国際大学）に進むが、一年で中退して新日本製鐵君津に入り、一九九〇オフのドラフトで福岡ダイエーホークスに入団した。九五年オフにトレードで日本ハムファイターズへ移籍し、〇二シーズンは不調で二勝七敗、防御率五・七五の成績で終わっていた。ところが、タイガースに入ると活躍する。

最大の補強はFAで、広島東洋カープの金本知憲（一九六八〜　）を獲得した。また投手でも、千葉ロッテマリーンズからメジャーリーグへ行った、伊良部秀輝（一九六九〜二〇一一）を獲得した。

金本は広島市出身で、広陵高校に進学した。甲子園には出られなかったが、広島県大会では決勝に進み、通算二〇本塁打を打っていた。法政大学のセレクションを受けるつもりだったが、すでに終わっていて受けられず、一年浪人して、中央大学のセレクションを目指したが、浪人生はセレクションを受けられなかった。どちらも野球部の監督のミスというか勘違いだった。ヤクルトスワローズの入団テストにも不合格と、お先真っ暗なところ、知人の紹介で東北福祉大学を一般受験して合格、野球部に入った。仙台六大学リーグで活躍し、一九九一年のドラフトでカープに指名されて入団した。

カープに入団しても、金本はすぐに芽は出なかったが、二〇〇〇年には四番を打つようになっていた。〇一年は打率・三一四、ホームラン二五本だったのを、〇二年は打率は・二七四に落としたが、ホームランは二九本に増やしていた。ＦＡ権を獲得したが、行使するかどうか悩み、球団に相談すると、行使した上での再契約での残留は認めないという方針だと言われ、行使した。

星野は金本に「プロ野球全体のことを考えて、来い」「俺とお前は一緒に歩むようになっている」と言って口説き、獲得に成功した。「縦縞のユニフォームを横縞にする」では選手の心は動かせない。こういう熱い言葉、書いていて恥ずかしくなるような言葉が、必要なのだ。それが様になる点で、星野は長嶋に近い。

伊良部は沖縄に生まれ兵庫県で育った。香川県の尽誠学園高校に入り、二年と三年の夏の甲子園に出た。一九八七年のドラフトでロッテオリオンズに一位指名されて入団し、九六年まで活躍し、そのオフにニューヨーク・ヤンキースへ移籍した。ヤンキースで三シーズン、モントリオール・エクスポズで二シーズン、テキサス・レンジャーズで一シーズン投げた後、デトロイト・タイガースに入団した。〇二シーズンは三八試合に投げて、主にリリーフで、三勝八敗一六セーブ、防御率五・七四。五月までは防御率〇・六四だったが、六月から調子を落としていた。肺血栓も見つかっていた。それなのに阪神タイガースは二億円で契約したが、はたして大丈夫なのか。

ＦＡでは他にバファローズの中村紀洋の獲得にも動いたが、残留したので果たせず、またスワローズと契約更改で揉めていたペタジーニの獲得にも動いたが、ジャイアンツが獲得した。

外国人ではロサンゼルス・ドジャースにいたジェフ・ウィリアムス（一九七二〜）が入団した。オーストラリア出身で、一九九九年からメジャーリーグのロサンゼルス・ドジャースで投げていた。四シーズンで三七試合に登板し、四勝一七敗四七セーブ、一四一ホールドで、防御率は七・四九。

ドラフトでは一一人を獲得した。活躍したと言えるのは、自由獲得枠の龍谷大学の杉山直久（一九八〇〜）と、専修大学の江草仁貴（一九八〇〜）の二人、常磐大学の久保田智之（一九八一〜）、日本ＩＢＭ野洲の中村泰広（一九七八〜）くらいで、成功とは言い難いドラフトだった。

〇二シーズンのコーチ陣は大半が野村体制で決まったもので動かせなかったが、このオフに星野は大胆に入れ替えた。留任したのはヘッドの島野育夫とチーフ打撃の田淵幸一、投手の佐藤義則、打撃の和田豊、ブルペンの嶋田宗彦の五人で、新たに投手コーチに元ジャイアンツの西本聖、守備走塁コーチに二軍監督だった岡田彰布と、カープで長く活躍し最後はタイガースで現役生活を終えた長嶋清幸、バッテリーコーチにカープの監督もした達川光男、そして特命コーチとしてトーマス・オマリーがタイガースに戻ってきた。退団したのが、吉武、松山、木戸である。

好スタート

二〇〇三シーズン、新しい監督で闘うのは最下位だった横浜ベイスターズだけだった。西武黄金時代を築いた森祇晶だったが、ベイスターズでは結果を出せず、山下大輔に交代した。パ・リーグでは日本ハムファイターズが、大島康徳から外国人のヒルマンに交代した。

タイガースの開幕カードはベイスターズ戦で、三月二八日からの三連戦だった。

スターティングメンバーは、一番セカンド・今岡誠、二番センター・赤星憲広、三番・レフト・金本知憲、四番ライト・濱中おさむ、五番ファースト・桧山進次郎、六番サード・アリアス、七番キャッチャー・矢野輝弘、八番ショート・藤本敦士。

開幕投手は昨年に続いて、井川慶。第二戦は伊良部秀輝、第三戦はムーア、次のカープ戦は藪恵壹、藤田太陽、第三戦で井川に戻るというのが開幕当初のローテーションだった。

第一戦は井川が六回まで三失点としていたが、打線が嚙み合わず、二対四で負けた。黒星スタートとなったが、第二戦は伊良部が先制されながらも七回途中まで三点に抑え、アリアスの一号、金本のタイムリーなどで七点を取り、移籍組の活躍で勝った。第三戦も勝って、開幕カードを勝ち越した。

四月一日からは広島でのカープ戦で、第一戦で四番・濱中に今季初ヒットが出て、一〇対五で快勝して三連勝。この時点で首位に立った。第二戦は落とすが、第三戦は井川が完投して七対二で勝ち、このカードも勝ち越した。

八日が甲子園での最初の試合だ。相手はドラゴンズで観客数は四万人。藪と前シーズンはタイガースにいたバルデスが先発で、四対六で負ける。第二戦は勝ったが、第三戦は負けて、初めて負け越してしまった。

一一日からが今季初のジャイアンツ戦で東京ドームへ乗り込んだ。観客数は五万五〇〇〇人。九回表を終わって七対一と勝っていたが、九回裏にリリーフ陣が崩れて六点取られて同点となって延長戦になり、一二回表に一点入れ、これで勝てたと思ったが、その裏に同点にされて引き分けた。負けも同然の引き分けだ。第二戦は九対二と快勝し、ムーアが三連勝、アリアスのホームランはこの試合で早くも五号、今岡にも一号が出た。

一三日は下柳が先発して、アリアスに六号が出て七対三で勝ち、このカードは負けなしだった。これで単独首位に立つ。

一五日からのスワローズ戦は先に二敗したが、一七日は金本と濱中にホームランが出て、五対四で勝った。まだ、二連敗はしても三連敗はしていない。

一八日からのベイスターズ戦は三連勝し、二二日からのドラゴンズ戦第一戦も、濱中の八号満塁ホームランで勝って五連勝した。そのあと二つ負けたが、カープ戦は一勝一敗。

こうして二九日から甲子園に今季初めてジャイアンツを迎える。

四月二九日は祝日でもあり、甲子園には五万三〇〇〇人がやって来た。ムーアと桑田の先発で、ムーアが六回に四失点で降板、その裏、桑田も五点目を取られて降りて、継投戦となった。八回裏、二死満塁から代打・八木のタイムリーなどで勝ち越すと、ウィリアムスが抑えて、八対六で勝った。ウィリアムスは早くも七セーブ。これで対ジャイアンツ戦四試合連続七得点以上という球団新記録を樹立した。第二戦は井川が八回まで二失点、矢野の二号などで、六対二で勝った。あと一点で記録更新だった。

五月一日は金本、片岡のタイムリーなどで三対一でジャイアンツを倒し、これで開幕からジャイアンツ戦は負けなしの五連勝だ。

三月・四月は一七勝一〇敗一分で、貯金七。二位ヤクルトに二ゲーム差の首位で終えた。

前年に次いで、開幕ダッシュに成功した。あとは息切れしないかどうか。

†阪神特急

五月はジャイアンツ戦の後のスワローズ戦にも勝ち越した。伊良部は開幕から負けなしの四連勝。タイガースは五月五日には二〇勝に達した。次のドラゴンズ戦は第一戦、二点リードされた五回に、井川がスクイズを決めて、今岡の犠牲フライで同点にすると、さらに追加点を入れて一〇対二で勝った。残り二試合は負けたが、九日からのベイスターズ戦は三連勝。九日の第一戦では、濱中、片岡、アリアスに三者連続ホームランが出て、「八五年の再現だ」とファンは歓喜した。

カープ戦は雨で一試合しかできなかったが、一七安打して一二対二で勝ち、井川は五勝目。一六日からは甲子園での二度目のジャイアンツとの三連戦だ。連日五万三〇〇〇人が押し寄せた。第一戦は伊良部が清原と直球で勝負してホームランを打たれ、〇対四で、今季初めてジャイアンツに負け、開幕からの連勝は止まった。第二戦は打線が湿り、先発したピッチャーのムーアが打ったタイムリーでの一点だけ。ムーアは投げては八回まで完封、九回はウィリアムスが抑えての完封リレーで、一対〇で逃げ切った。これでムーアは七勝。

第三戦は六回まで二点リードされていたが、金本、アリアスのホームランで同点にし、今岡と代打・八木のタイムリーなどで追加点を入れて六対三で勝った。

二〇日からのカープ戦では、濱中が負傷するアクシデントもあったが、桧山が決勝打を打って勝ち、井川は六勝。二一日は藪が三勝目を挙げた。片岡に五号、矢野に四号も出た。これで四連勝して貯金は一五、二位スワローズとは七ゲーム差になった。スポーツ紙には「阪神特急」の文字が踊る。優勝へ向けて一直線だ。

二三日のカープ戦も勝って、両リーグ一番での三〇勝。

二四日からは松山でスワローズとの二戦。二四日は久保田がタイガースの投手としては初の一五六キロを出したが三対五で負けた。翌二五日は、リードされていたが金本の逆転タイムリーが出て勝った。

二七日、七日ぶりに甲子園に帰り、ベイスターズを迎えた。負傷していた濱中が代打で出て逆転のタイムリーで、ベイスターズ戦九連勝。二八日は接戦となったが一〇対九で勝ち、二九日は伊良部が一三奪三振で完投して、ベイスターズ戦は一一連勝。

三〇日からは東京ドームでのジャイアンツ戦で、第一戦は落としたが、三一日は二対四でリードされて迎えた九回に一一点を入れての大逆転勝利。金本はこの日、五打点と大暴れした。六月一日の第三戦は負け、今季初めてジャイアンツ三連戦での負け越しとなった。

五月は一八勝六敗と大きく勝ち越して、二位になっていたジャイアンツとのゲーム差は八、タイガースに勝てない六位のベイスターズとは二〇ゲーム差もあった。

六月三日からのドラゴンズ戦の第一戦は倉敷で行なわれ、地元出身の八木は四番スタメンで出た。その期待に応えて四安打五打点と打ちまくり、五対一〇で勝った。四日からは甲子園で、四万八〇〇〇人が待っていた。二対五で勝って、一九八五年以来の貯金二〇とした。阪神ファンには何もかもが八五年と重なってみえてくる。

五日も勝って、伊良部が日米通算一〇〇勝を達成した。チームとしては甲子園で一〇連勝。この年のタイガースはホームで強く、五〇勝二〇敗になるのだが、甲子園では四六勝一五敗で勝率七割五分四厘という驚異的な数字となる。甲子園へ見に行けば、四回に三回勝つのである。

六日からは神宮でのスワローズ戦で、東京の阪神ファンが押し寄せて四万五〇〇〇人の超満員となった。桧山に五号・六号、矢野に六号が出て七対四で勝った。しかし七日は完封負けしてしまい、八日はサヨナラ負けで、一か月ぶりに連敗した。

前年も六月に崩れたので要注意である。

一〇日と一一日は福井と岐阜でのドラゴンズ戦で、これを連勝。ドラゴンズ戦五連勝は八年ぶりだった。

一三日からは甲子園でジャイアンツ戦。第一戦は五万二〇〇〇人の観客。濱中が右肩脱臼でまたも戦線離脱した。試合も二対六で負けてしまう。一四日は中止で一五日も五万三〇〇〇人と満員が続いた。試合は投手戦となり、下柳が七回まで、安藤、久保田と完封リレーし、延長になった一〇回裏に、片岡のタイムリーでサヨナラ勝ち。

一七日からはベイスターズ戦だ。第一戦は、一対四とリードされて迎えた九回裏、無死満塁のチャンスを作ると矢野が走者一掃の三塁打を打って、二試合連続のサヨナラ勝ち。一九日も勝って、これでベイスターズ戦は開幕戦に負けただけで一三連勝。

二一日からは東京ドームでジャイアンツ戦。第一戦は七回まで四対四の同点だったが、八回に桧山の七号ソロが出ると、四球をはさんで八連打、打者一五人を繰り出して一挙に一〇点取って、一六対五で圧勝、貯金を二五、ジャイアンツとのゲーム差を一〇とし、その勢いで翌二二日も勝った。

二五日から大阪ドームでカープと二連戦。連日、四万八〇〇〇人の満員となった。第一戦は井川が一五〇球投げて完封、今岡、赤星、桧山、藤本らのタイムリーなどで七点取って、七対〇。これで六連勝。二六日は負けて連勝は六で止まった。

この日は大阪ドームに四万八〇〇〇人が集まっていたが、甲子園には三〇〇〇人、阪神百貨店には一六〇〇人が徹夜で並んでいた。八月二六日からの二か月先の甲子園でのジャイアンツ三連戦の前売り券の発売日だったのだ。この調子では八月中に優勝が決まるのではないかとの声も出ており、甲子園のみならず、ビジターの試合でも、チケットの争奪戦が展開される。

当時はシーズン一四〇ゲームなので、六月二七日の七〇試合目が、折返しにあたる。横浜でのベイスターズ戦には二万八〇〇〇人が入り、大半がタイガースファンだった。それに応えてアリアスの一六号スリーランと矢野の八号ソロが出て、一一対五と快勝、貯金を二七とした。とにかくベイスターズに強い今季のタイガースは、二八日、二九日とこのカード三連勝、開幕からのベイスターズ戦の連勝を一六とした。二九日で五〇勝で、六月での五〇勝到達は球界新記録だった。

去年の二の舞いかと心配された六月は、一五勝五敗。二位はドラゴンズに替わっていたが、一二・五ゲーム差と独走体制に入っていた。ベイスターズとは三〇ゲーム差だ。

†マジック点灯、オールスター一位独占

七月は雨で中止も多く、三連戦とはならない。

二日の甲子園でのドラゴンズ戦は、桧山がサイクル安打を達成し、一四点取って井川が完投で一〇勝目。五日はスワローズ戦だが五万三〇〇〇人も入った。ジャイアンツ戦以外でも満員になっている。チーム打率は三割に達していて、その強力打線が一三点取ったので、先発の藪が三回までに六失点しても勝って、これで六月二七日から五連勝。

六日は下柳、久保田、吉野、安藤、リガンとつないで二失点に抑え、好調な打線は七点取って勝った。下柳は完投はないが、五勝。ジェロッド・リガンは不振のルー・ポートの代わりとして六月一八日に獲得した投手だ。

七月八日、倉敷でのカープ戦は、今岡が史上初の二試合連続初回先頭打者初球本塁打を放った。八対四で勝ち、七連勝。早くもマジックナンバー49が点灯した。この早さはセ・リーグ最

速記録だ。二年前まで四年連続最下位だったことなど、もう誰も覚えていなかった。「ダメ虎」も死語になった。最短では八月半ばに優勝が決まるペースだった。

九日は広島に移動してのカープ戦で、延長一〇回裏に押し出しでサヨナラ負けを喫し、連勝は七でストップ。翌一〇日は勝って、ムーアが一〇勝、ウィリアムスが二一セーブ。マジックは48。

一一日からは甲子園でジャイアンツ戦。金本の久しぶりの一一号スリーラン、沖原が猛打賞で、一四対一で勝ち、藪が七勝目。一二日も一四対三と打線が爆発し、マジックを46とした。これでジャイアンツ戦は一三勝四敗一分。

いわゆる前半戦はここまでで、一五日と一六日はオールスター戦だった。絶好調のタイガースはファン投票で一位を独占、井川、矢野、桧山、今岡、アリアス、藤本、金本、赤星、濱中の九人が選ばれた。濱中は故障していたので辞退し、監督推薦で伊良部が出た。こんなことは八五年にもなかったことだった。

†星野、倒れる

後半戦の最初は一八日からで、カープを甲子園に迎える。今岡八号、矢野一一号、桧山一二号が出て三対四で勝ってマジックは45。一九日は下柳が八回まで初回の一点に抑えていたが、九回に久保田が前田にツーランを打たれて負けた。二〇日は出戻りの久慈のサヨナラヒットで五対四で勝ち、マジックは43。日替わりでヒーローが生まれる。

二一日からはスワローズ戦で、井川が勝って、これで一〇連勝。タイガースの投手では村山実以来だった。これでタイガースは六〇勝でマジックは41。二二日は伊良部が勝って、一〇勝目。金本は二安打放ち、四対一。甲子園は連日、五万人は入っている。二三日の第三戦は沖原がサヨナラヒットを打って、一対〇の投手戦を制した。マジックは38になっている。

二五日からは名古屋でドラゴンズ戦。四番で出た八木とアリアスの連続二塁打などで七点を入れて七対一で勝ち、下柳は七勝目。貯金は四〇になった。油断したのか、二六日は今季ワーストの一五失点で完敗。

二七日は八対一で勝ったが、星野監督が体調を崩し、一時間半にわたりベンチから消えた。星野はもともと健康不安を抱えていた。試合の前や後は横になっていることも多かった。血圧が一六五を超え、嘔吐した。試合中だけはがんばっていたのだが、限界に達していた。比喩ではなく、本当に命がけで闘っていたのだ。星野はこの頃すでに、たとえ優勝しても今季で辞めようと決めていた。

甲子園に戻り、二九日からはベイスターズを迎えた。ここで三連勝してマジックを一気に減らしたいが、第一戦は三対六で負けた。九回裏二死で、藤本の打球がレフトへのファウルフライとなった。ベイスターズのレフト多村が捕ろうとしたとき、レフトスタンドからメガホンが投げられる事件があった。星野はファンのマナーの悪さに激怒し、「こんなことなら、甲子園では胴上げはやらんぞ」と言った。星野が公の場で「優勝」を意味する言葉を発したのはこれが初めてだった。

三〇日は三対二で勝ち、三一日は負けてしまったが、マジックは32に減っていた。七月は一五勝五敗で、これで四月から四か月連続して一五勝しており、これはプロ野球史上初だった。数年前まで連敗や負け数の記録ばかり作っていたチームが、大変身だ。

高校野球前は甲子園での試合が続く。八月一日からはドラゴンズ戦で、一日は負けてしまい、五四日ぶりに連敗した。しかし二日は勝って三連敗はしない。井川はついに一二連勝した。金本は夏になって調子を上げて猛打賞。三日は桧山の一三号ツーランなどで七点、投げては伊良部が七回まで一失点で勝ち、貯金を再び四〇として、マジックも29にした。

これでしばらく、甲子園を留守にする。

†死のロード

いわゆる死のロードが始まった。神宮、広島、札幌（ベイスターズ戦）、東京ドーム、大阪ドーム（ドラゴンズ戦）、横浜と旅をしながらの六カードだ。

意気込んで出発したが、最初のスワローズ戦二つを連敗してのスタートとなった。さらに九日のカープ戦も負けて、初の三連敗。それでも止まらず、一〇日も負けて四連敗で、井川の連勝記録も一二で止まった。

一二日、札幌でのベイスターズ戦でようやく勝って、連敗は四で終わった。マジックは、対象チームが負ければ減るので、25になっていた。一三日も勝って、札幌で連勝。

しかし東京ドームでのジャイアンツ戦は一五日は負け、一六日は勝って、一七日は負ける。井川は一五勝目となったが、一方で藪が右肘に違和感を訴えて登録抹消になる。ここに来て、疲労もあるのか故障者が続出し、ムーア、桧山、矢野、片岡が、戦線離脱している。

一九日からは大阪ドーム。甲子園ではないが、半分帰ってきたのと同じだ。ドラゴンズを迎えての三連戦だったが、これを三連敗してしまう。第二戦の二〇日の夜は、緊急ミーティングをして、星野は「チャレンジャー精神を思い出せ」と喝を入れた。それでも翌日は負けてしまう。

二二日からは横浜でのベイスターズ戦だ。一九勝三敗とカモにしているチームなので、連敗も止まるかと思いきや、四対一〇と大敗し、ついに五連敗。だが、二三日、金本が先制の一六号を打って、猛打賞の活躍をして、投げては下柳が六回途中まで、あとはリガン、ウイリアムス、安藤と完封リレーして連敗を止めた。だが翌日は負けて、この長期ロードは四勝一一敗と大きく負け越した。貯金が四〇あったので、優勝戦線には変化はなく、相手チームの負けもあり、マジックは17に減っていた。

甲子園での久々のゲームは二六日からのジャイアンツ戦だ。二か月前の前売り発売日に徹夜組が出ていた試合だ。二六日は中止となり、二七日、五万人を超える満員のなか、帰ってきた虎たちは、ジャイアンツを六対四でくだした。金本は逆転スリーランと猛打賞で大活躍だ。

二八日のヒーローは広沢だった。一九九九年オフに野村前監督が入れて二〇〇〇シーズンからタイガースに入り、出場機会は少ないのに、〇二オフの星野による粛清でも解雇されずにいた。今季は三七試合に出て六八打席、一九安打で打率・三〇六で引退する。四一歳になっていた。

その広沢の最後の晴れ舞台となった。四番でスタメン出場すると、一回に先制の三号ツーラン、三回にはスリーランと大活躍した。これに刺激されたのか、アリアスも二六号と二七号を打って、一一対〇で大勝した。

二九日からは甲子園にスワローズを迎えた。この日も戦力外通告から蘇った男がヒーローとなった。四〇歳になる早川健一郎（一九七三〜）だ。東海大相模高校、日産自動車を経て一九九五年のドラフトで千葉ロッテマリーンズに入り、レギュラーにはなれなかったが、二〇〇二年まで在籍し、自由契約になっていたのを入団させた。その早川を星野監督は二七日のジャイアンツ戦からスタメンで出していた。二七、二八日はいいところがなかったが、二試合だけで判断するのはかわいそうだと、この試合にも出したところ、五回にツーランホームランを打った。このシーズン、早川は一二試合に出て三一打席七安打、三本塁打の成績となる。

三〇日も早川は二号ソロを打ち、復帰した矢野の一二号も出て九対三で勝った。

三一日のヒーローは七八七日ぶりに先発で勝利投手になった福原だ。一軍で登板するのも三八〇日ぶりだった。

八月は一一勝一二敗とひとつ負け越してしまったが、マジックナンバーは11になっていた。

†カウントダウン

九月最初のカードは広島でのカープ戦。七対四と快勝し、伊良部が一三勝目、矢野は完全に復調して四安打。三日は片岡の逆転二点タイムリーで勝って、マジックは7に減った。アリアスは三一号、赤星の盗塁は五二になっていた。

四日は一対四で負けて、マジックは7のまま。

甲子園に戻って、五日からベイスターズ戦。矢野の一三号ツーランが逆転サヨナラ弾となって、これでマジックは6。ベイスターズにも意地があるので六日は負けたが、七日はアリアスの三二号満塁弾が出て、福原が二勝目を挙げた。マジックは5。

これで一気に優勝かと思われたが、またも足踏みしてしまう。

九日からは神宮でのスワローズ戦で、二敗一分と、ひとつも勝てなかった。それでもマジックは2になっており、次は名古屋へ向かう。

一二日から一四日のドラゴンズ戦も、まさかの三連敗。これで引き分け一つをはさんで五連敗。マジックは2のまま、一五日の甲子園でのカープ戦を迎えることになった。タイガースが勝ち、スワローズが負ければ、三九年ぶりの甲子園での胴上げとなる。

その栄光まであと数日という一三日、星野監督の母が肺炎で急死した。妻を喪った星野をまたも不幸が襲う。一四日の試合が終わってから、星野は通夜に駆けつけた。しかし翌日の葬儀には試合があるので参列できない。

†胴上げ

九月一五日は月曜日だが敬老の日で祝日。甲子園は午後二時に試合開始のデーゲームだ。しかし徹夜組を含め数千人が並んでいたので、朝八時に開門することとなった。開門と同時に入場した数は約八三〇〇人。

テレビ局のレポーターの「いつから待っていたんですか」の質問への答えはひとつしかない。

「一八年前からや」。

二時の試合開始時には五万三〇〇〇人の超満員となっていた。この日でタイガース主催試合の観客動員数が三〇〇万人を超えた。

カープは三回にシーツのツーランで二点を先制した。タイガースは五回に沖原のタイムリーで一点差にしたが、六回、七回は三者凡退に終わる。八回、片岡の一一号ソロで同点にして、九回裏を迎えた。投手陣は先発の伊良部が七回途中で降板したが、二点に抑え、リガン、安藤が無失点でつないだ。

九回裏、先頭の矢野はショートゴロに倒れたが、藤本がセンター前ヒット、続く片岡の打球はライトへのヒット、沖原が敬遠されて、一死満塁となって、次は赤星。

沖原が敬遠されている間、星野は赤星を呼ぶと、肩を抱いて、耳元で囁いた。「内野も外野も前進守備や。ミートしたら必ず、頭上を越える」

赤星は自分が決めてやると決意して、バッターボックスへ向かった。カープのピッチャーは五人目の鶴田。初球、カーブだった。フルスイングすると、バットに当たり、その球はライトの頭上を越えた。三塁ランナーが帰って、サヨナラ勝ちだ。

しかし、まだ優勝ではない。スワローズの試合が終わっていない。横浜でのベイスターズ対スワローズは甲子園に二時間遅れて四時から試合開始だった。

横浜の試合の様子は球場内の大型スクリーンに映し出される。五万三〇〇〇人の観客は、誰も帰らない。監督、選手たちと一緒にその時を待つ。

スワローズが負けたのは、タイガースがサヨナラ勝ちして二時間八分後だった。

その瞬間、ジェット風船が乱れ飛び、大歓声のなか、選手たちはマウンド近くへ向かった。

星野仙一の身体が、その背番号77に合わせたのか、七回、宙に舞った。

エピローグ

二〇〇三シーズンのタイガースは八七勝五一敗二分で優勝した。

二位ドラゴンズとのゲーム差は一四・五もあった。得点は七二八で前年の五二七から二〇〇点も増やした。失点は五三八で前年は五二四だったのでほとんど同じだから、打って勝った一年だった。

投手部門の個人成績では、井川が二〇勝五敗、奪三振一七九、防御率二・八〇で、最優秀防御率、最優秀勝率、最多勝利、沢村賞。伊良部が一三勝八敗、防御率三・八五三。

打撃部門では今岡が打率・三四〇で首位打者になった。矢野は打率・三二八で三位、赤星は六一盗塁で盗塁王になり、打率は八位の・三一二、藤本が打率・三〇一で一一位、金本が・二八九で一六位。桧山が・二七八で二二位、アリアスが・二六五で二五位。アリアスのホームランは三八本で、ホームラン王のラミレスとウッズの四〇本にあと二本だった。

パ・リーグは福岡ダイエーホークスが優勝し、日本シリーズは七戦までもつれ、ホークスが

順位	チーム	試合数	勝	負	引分	勝率	ゲーム差	本塁打	打率	防御率	得点	失点
1	阪神タイガース	140	87	51	2	.630	-	141	.287	3.53	728	538
2	中日ドラゴンズ	140	73	66	1	.525	14.5	137	.268	3.80	616	578
3	読売ジャイアンツ	140	71	66	3	.518	15.5	205	.262	4.43	654	681
4	ヤクルトスワローズ	140	71	66	3	.518	15.5	159	.283	4.12	683	627
5	広島東洋カープ	140	67	71	2	.486	20.0	153	.259	4.23	558	653
6	横浜ベイスターズ	140	45	94	1	.324	42.5	192	.258	4.80	563	725

2003年　セ・リーグ順位表

勝ち、星野仙一の「日本一」はお預けとなった。

日本シリーズが一〇月二七日に終わると、二八日、星野は退任を発表した。すでにシーズン中に辞意は申し出ており、日本シリーズ直前にスクープされていた。

後任の監督には、星野は田淵を推したが、本人が固辞し、岡田彰布が就任する。

阪神球団は星野の健康問題を疑っていたわけではないだろうが、かつて、自分たちが辞めたばかりの他チームの監督をすぐに監督にしたので、星野が他球団へ行かないよう、オーナー付シニア・ディレクターという役職を与え、高額の年俸も払い、囲い込んだ。

久万オーナーは就任して一年目の一九八五年に優勝を経験し、その後の暗黒時代、監督、球団社長、球団代表が何人替わろうとも、その座にいて、二〇〇三年、二度目の優勝を経験した。だが翌二〇〇四年六月、明治大学野球部の学生が複数の球団から現金をもらっていたことが発覚した「一場問題」で、引責辞任した。

岡田監督一年目の二〇〇四シーズンは四位だった。

二〇〇五年、岡田監督のもとで優勝したのを最後に、阪神タイガースは優勝していない。

新庄剛志はメジャーリーグで三シーズン活躍すると、日本へ帰ってきた。二〇〇一年はニューヨーク・メッツで一二三試合に出て、打率・二六八、打点五六、本塁打一〇の成績だった。オフにトレードでサンフランシスコ・ジャイアンツへ移籍すると、二〇〇二年、日本人選手としては初めてワールド・シリーズへの出場を果たし、一本だけだがヒットも打った。二〇〇三年はヤンキースに戻ったが、打撃不振でマイナー落ちし、このシーズンでアメリカでの選手生活を終えた。日本球界への復帰を表明し、最初にオファーのあった北海道日本ハムファイターズに入団した。タイガースは外野手の選手層が厚いこともあり、獲得に乗り出さなかった。ファイターズの二〇〇六年の優勝に貢献すると、新庄はこのシーズンで引退、球界からも離れた。

野村克也は著書『愛とボヤキの平成プロ野球史』で、〈「人生で後悔していることはあるか」と訊かれたら「阪神の監督を引き受けたこと」と答えるだろう〉と書いている。

星野仙一は『完全燃焼――闘将日記　完結編』の二〇〇三年一〇月二七日に〈いまはただ、阪神の監督をやって本当によかったと思っている〉と記している。

あとがき

二〇〇五年の優勝から一四年が過ぎようとしている。

この間、一度も優勝していないという意味では「ダメ虎」の歴史が続いているが、「暗黒時代」のように最下位が続いたわけではない。

二〇〇六年は二位、〇七年は三位、〇八年も二位と、岡田彰布監督時代は常に優勝争いをしていた。〇八年はファンにとってはあまり思い出したくないが、二位ジャイアンツに一三ゲーム差をつけ、「また優勝か。ありがたみがうすくなるなあ」などと言っていたら、ジャイアンツに逆転優勝されてしまった。責任をとって、岡田は辞任した。

二〇〇九年からは真弓明信が監督となり、四位、二位、四位。二〇一〇年は首位ドラゴンズと一ゲーム差だった。二〇一二年から和田豊が監督となり、五位、二位、二位、三位。二〇一四年はクライマックスシリーズで一位のジャイアンツに勝ち日本シリーズに出場した。二〇一六年から金本知憲が監督となり四位、二位、六位。

このように「暗黒時代」というよりも「万年二位」だったのである。

ちくま新書編集部の松田健氏と会ったのは、久しぶりに最下位になった二〇一八年一一月だった。話しているうちに、暗黒時代というけれど九二年は面白かったとか、野村が監督になってすぐの年も新庄の敬遠球サヨナラとか楽しかったという話になり、この本を書くことになった。その時点では、二〇一九年秋のタイガースがどうなっているかなど、まったく分からない。矢野監督になって優勝すると見込んでの企画では、毛頭ない。優勝しようがしまいが出すということで、準備を始めた。


タイガースの本を書くのは前作『阪神タイガース　1965―1978』に続き、二冊目となる。

前作にも記したが、私は東京生まれで東京育ち、関西圏には親戚もいない。それなのに阪神ファンになったのは、村山、江夏、田淵の時代に野球に親しむようになったからにほかならない。あの頃の阪神は、優勝はできなかったが、弱くはなかったのだ。前作は、その強いけれど優勝できなかった時代へのオマージュだった。

この続篇は、強くなくなり、本当に弱く、ダメだった時代へのノスタルジーである。暗黒時代を「想い出」として語れるだけの時間が過ぎたのだ。

前作は村山実、江夏豊、田淵幸一の三人を「主人公」とした、スター中心の本だったのに対し、こちらは群像劇となった。どこかの校歌ではないが、甲子園に集まり参じて人は変われど、という感じになったのは、この時代、スターと呼べるのは新庄と、監督の野村、星野くらいしかいなかったからだ。それを実感していただくためにも、群像劇とした。

八五年の優勝は燦然と輝いているが、実は、この優勝が暗黒時代を招いたとも言える。そして二〇〇三年の優勝は、その後の「万年二位」時代を生んだ。これは球団経営としては正しい道だった。それゆえにビジネス書のテーマにはなっても、物語性に乏しいように思う。

最後に——知人に、小学二年生の男の子がいる。この子は、東京で生まれ育っているのに、広島にいる母方の祖父の影響で、熱烈なカープファンなのだ。カープは彼が幼稚園の頃から三連覇しているので、この子は八歳にして三回も優勝を経験している。

私はというと、人生で優勝を経験したのは三回だ。一九六二年と六四年の優勝は、生まれてはいたが二歳と四歳なので何も覚えていない。八五、〇三、〇五の三回しか知らない。

私の五九年にわたる人生は、カープ少年の八年の人生と等価なのだと気付き、愕然としている日日である。

参考文献（サブタイトル、シリーズ名などは省略したものもある）

プロ野球界全体

『週刊プロ野球セ・パ誕生60年「1985」から「2003」』（ベースボール・マガジン社、二〇〇九～一〇年）
『日本プロ野球監督列伝 1936-2014』（ベースボール・マガジン社、二〇一四年）
『平成プロ野球史』共同通信社運動部編（共同通信社、二〇一九年）

阪神タイガースの歴史

『阪神電気鉄道百年史』（阪神電気鉄道、二〇〇五年）
『阪神タイガース　昭和のあゆみ』（阪神タイガース、一九九一年）
『阪神タイガース80年史　PART.1～3』（ベースボール・マガジン社、二〇一五年）
『阪神タイガース栄光の75年』（ベースボール・マガジン社、二〇一〇年）
『猛虎の80年　喜怒哀楽の歩み』日刊スポーツ新聞西日本編（日刊スポーツ出版社、二〇一五年）
『猛虎に挑んだ「メビウスの将」たち』水本義政著（ベースボール・マガジン社、二〇一五年）
『猛虎襲来　秘伝阪神タイガースの男たち』平井隆司・佐々木憲昭著（日本文化出版、一九八五年）
『ライバル伝説　阪神vs巨人』日刊スポーツグラフ著（日刊スポーツ出版社、二〇一〇年）
『今日も阪神タイガース！　雑学366日』近藤道郎著（展望社、二〇〇〇年）
『これがタイガース　阪神タイガース研究』玉置通夫著（創英社、一九九一年）
『阪神タイガースへえ～77連発』一ツ橋猛虎会編著（小学館、二〇〇三年）

『阪神タイガースの正体』井上章一著（太田出版、二〇〇一年）
『猛虎伝説　阪神タイガースの栄光と苦悩』上田賢一著（集英社新書、二〇〇一年）
『阪神タイガースの謎』唐渡吉則監修／造事務所編（実業之日本社、二〇一五年）
『トラ番記者が見た！　阪神タイガース事件の真相』産経新聞歴代トラ番編（産経新聞出版、二〇一二年）
『阪神タイガース「黒歴史」』平井隆司著（講談社＋α新書、二〇一六年）
『実録猛虎伝説』歴史群像シリーズ（学研、二〇〇三年）
『ダメ虎を変えた！』野崎勝義著（朝日新聞出版、二〇一一年）
『1985　猛虎がひとつになった年』鷲田康著（文藝春秋、二〇一五年）
『阪神タイガース栄光への道85』グループ「トラキチ21」企画・制作（上田印刷、一九八五年）
『そして、猛虎が甦った』五百崎三郎著（東都書房、一九八五年）
『やった！　阪神タイガース　悲願21年ぶり!!　Vの軌跡』平本渉著（リイド社、一九八五年）
『猛虎Vへ　阪神タイガース怒濤の快進撃』デイリースポーツ社著（神戸新聞総合出版センター、一九九九年）
『阪神タイガースの歩み　新聞紙面でみる猛虎の挑戦』（上田印刷、二〇〇二年）
『猛虎大逆襲！　1999前半戦・阪神タイガースかく闘えり』タイガースを熱烈に支持する会編（河出書房新社、一九九九年）
『タイガース中毒読本』亀山努／中込伸／新庄剛志著／阪神タイガース編（ワニブックス、一九九二年）
『星野タイガース読本』（洋泉社、二〇〇二年）
『プロ野球〈猛虎復活〉読本』（宝島社、一九九九年）
『阪神タイガース　猛虎完全復活!!』完全復活したトラ番記者グループ（リム出版、一九九二年）
『阪神タイガース　暗黒のダメ虎史』山田隆道著（ミリオン出版、二〇〇九年）
『阪神タイガース変革論』大下英治著（ＫＫベストセラーズ、二〇一〇年）
『阪神優勝祈念本』虎ペンクラブ編（ＫＫベストセラーズ、一九九三年）

『元・阪神』矢崎良一編（廣済堂文庫、二〇〇六年）
『猛虎なり　阪神タイガース記憶に残る14人の男たち』高橋繁行著（洋泉社、二〇〇二年）
『阪神ナインのないしょ話』平成5年こそ阪神を優勝させたい記者グループ（ブックマン社、一九九二年）

選手関係

『タテジマ』田淵幸一著（世界文化社、二〇一〇年）
『ホームランアーティストの美学と力学』田淵幸一著（ベースボール・マガジン社新書、二〇一〇年）
『ホームランだけが人生だ』田淵幸一著（光文社／カッパ・ノベルスノンフィクションシリーズ、一九八三年）
『新猛虎伝説』田淵幸一著（光文社、二〇〇三年）
『魅せて勝つ』田淵幸一著（大阪書籍、一九八六年）
『男・川藤・どアホ野球』川藤幸三著（リイド社、一九八五年）
『猛虎が吼えた　熱球志願』掛布雅之著（恒文社、一九八二年）
『豪打爆発！われらが掛布雅之』（講談社、一九八二年）
『バースの日記。』ランディ・バース著、平尾圭吾訳（集英社、一九九〇年）
『頑固力　ブレないリーダー哲学』岡田彰布著（角川SSC新書、二〇〇八年）
『オリの中の虎　愛するタイガースへ最後に吼える』岡田彰布著（ベースボール・マガジン社新書、二〇〇九年）
『〝ジョー〟の野球讃歌』真弓明信著（恒文社、一九八二年）
『タイガースに捧ぐ』真弓明信著（ザ・マサダ、一九九六年）
『猛虎は死なず』真弓明信著（ベースボール・マガジン社、一九九一年）
『GOOD BYE! 真弓明信』本多史泰著（一番出版、一九九六年）
『俺が亀山努だ！』亀山努担当記者グループ編（世界文化社、一九九二年）
『ドリーミングベイビー』新庄剛志著（光文社、二〇〇一年）

『わいたこら。』新庄剛志著（学研プラス、二〇一八年）
『逆風を切って走れ　小さな僕にできること』赤星憲広著（主婦と生活社、二〇〇八年）
『新庄くんは、アホじゃない！』中田潤著（飛鳥新社、二〇〇一年）
『球童　伊良部秀輝伝』田崎健太著（講談社、二〇一四年）
『新たな挑戦猛虎復活』和田豊著（宝島社、二〇一二年）
『虎の意地　和田コーチの野球日記』和田豊著（集英社、二〇〇三年）
『考える虎』矢野燿大著（ベースボール・マガジン社新書、二〇一一年）
『左手の記憶』矢野燿大著（竹書房、二〇一四年）
『男道』清原和博著（幻冬舎、二〇〇九年）

村山実・吉田義男関係

『背番号11への決別　ミスター・タイガースの告白』村山実著（恒文社、一九七三年）
『村山実「影の反乱」』水本義政著（ベースボール・マガジン社、二〇一四年）
『海を渡った牛若丸　天才ショートの人生航路』吉田義男著（ベースボール・マガジン社、一九九四年）
『監督がみた天国と地獄　一丸野球が崩れるとき』吉田義男著（エイデル研究所、一九八九年）
『牛若丸の履歴書』吉田義男著（日経ビジネス人文庫、二〇〇九年）
『阪神タイガース』吉田義男著（新潮新書、二〇〇三年）
『〝ムッシュ〟になった男　吉田義男パリの１５００日』川上貴光著（文藝春秋、一九九七年）

野村克也・星野仙一関係

『野村　星野　岡田　復活の方程式』永谷脩著（イースト・プレス、二〇〇五年）
『愛とボヤキの平成プロ野球史』野村克也著（角川新書、二〇一七年）

『阪神タイガース暗黒時代再び』野村克也著（宝島社新書、二〇一二年）
『阪神タイガース黄金時代が永遠に来ない理由』野村克也著（宝島社新書、二〇一四年）
『無形の力　私の履歴書』野村克也著（日本経済新聞社、二〇〇六年）
『野村克也の「仕事術」』西田二郎著（オーエス出版、一九九九年）
『野村マジック阪神再生の秘策』江本孟紀著（二見文庫、一九九九年）
『勝利への道』星野仙一著（文春文庫、二〇〇二年）
『闘将日記』星野仙一著（実業之日本社、二〇〇三年）
『完全燃焼　闘将日記完結編』星野仙一著（実業之日本社、二〇〇三年）
『迷ったときは、前に出ろ！』星野仙一著（主婦と生活社、二〇〇二年）
『僕しか知らない星野仙一』江本孟紀著（カンゼン、二〇一八年）
『星野仙一「闘い」の方程式』永谷脩著（イースト・プレス文庫ぎんが堂、二〇一八年）
『星野仙一　勝ちたいんやッ』大下英治著（徳間書店、二〇〇三年）
『星野仙一猛虎革命』田尾安志著（小学館文庫、二〇〇二年）
『優勝へ！　星野阪神「大躍進の秘密」』田尾安志著（小学館文庫、二〇〇三年）

阪神タイガース主要選手の在籍時期

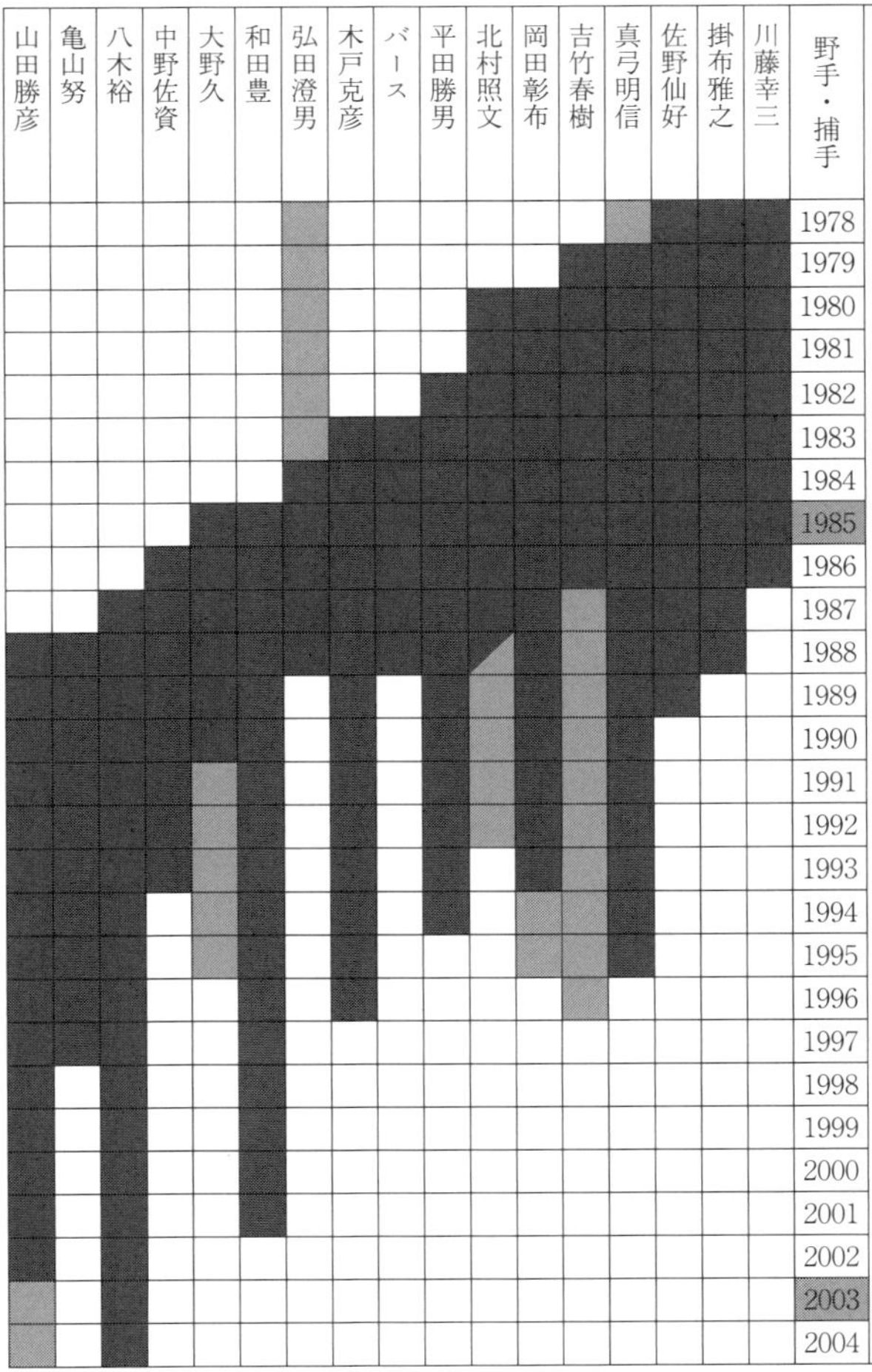
野手・捕手
川藤幸三
掛布雅之
佐野仙好
真弓明信
吉竹春樹
岡田彰布
北村照文
平田勝男
バース
木戸克彦
弘田澄男
和田豊
大野久
中野佐資
八木裕
亀山努
山田勝彦
1978
1979
1980
1981
1982
1983
1984
1985
1986
1987
1988
1989
1990
1991
1992
1993
1994
1995
1996
1997
1998
1999
2000
2001
2002
2003
2004

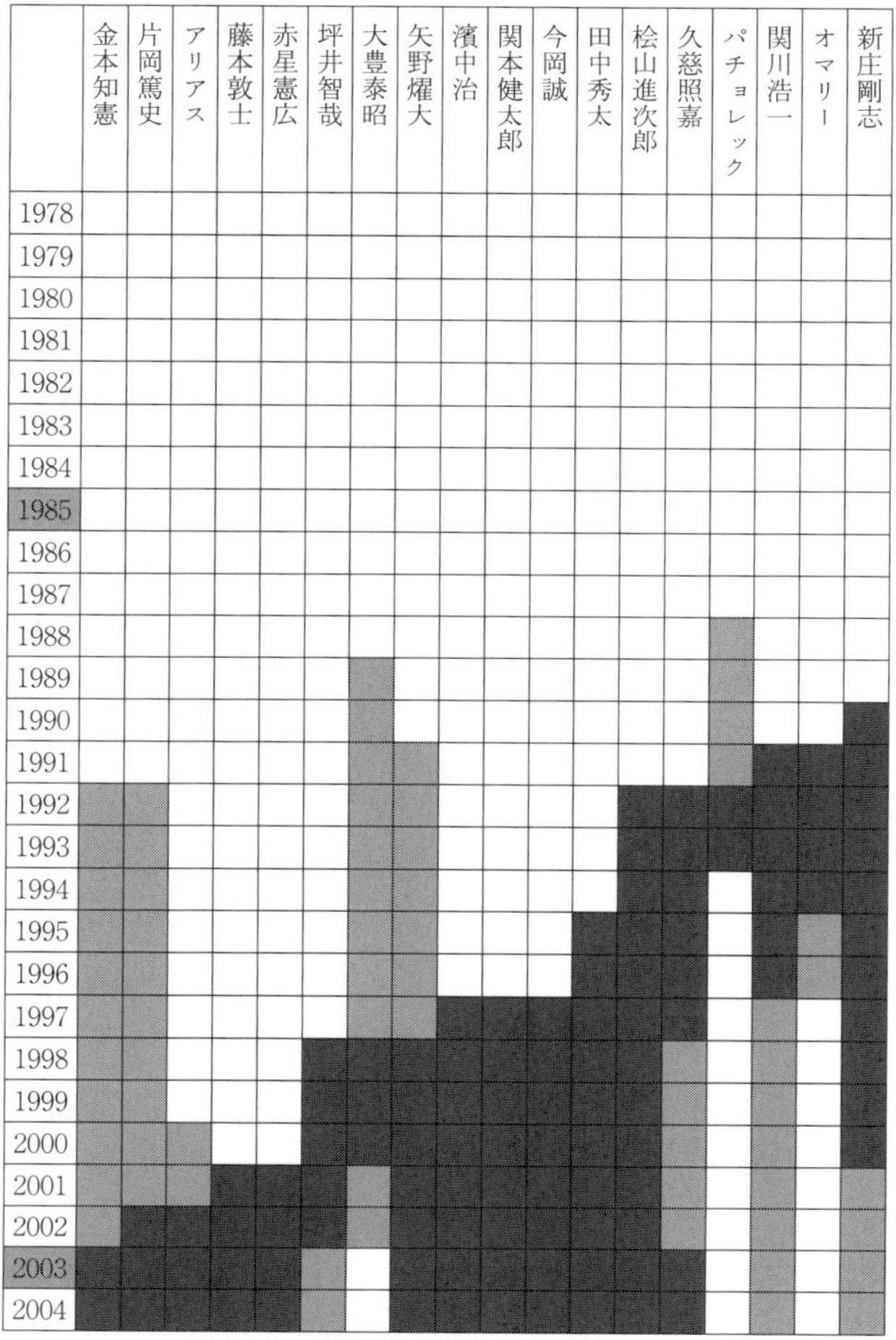

＊黒がタイガース在籍期間、灰色は他球団在籍期間。
外国人選手は日本球界での期間のみ。

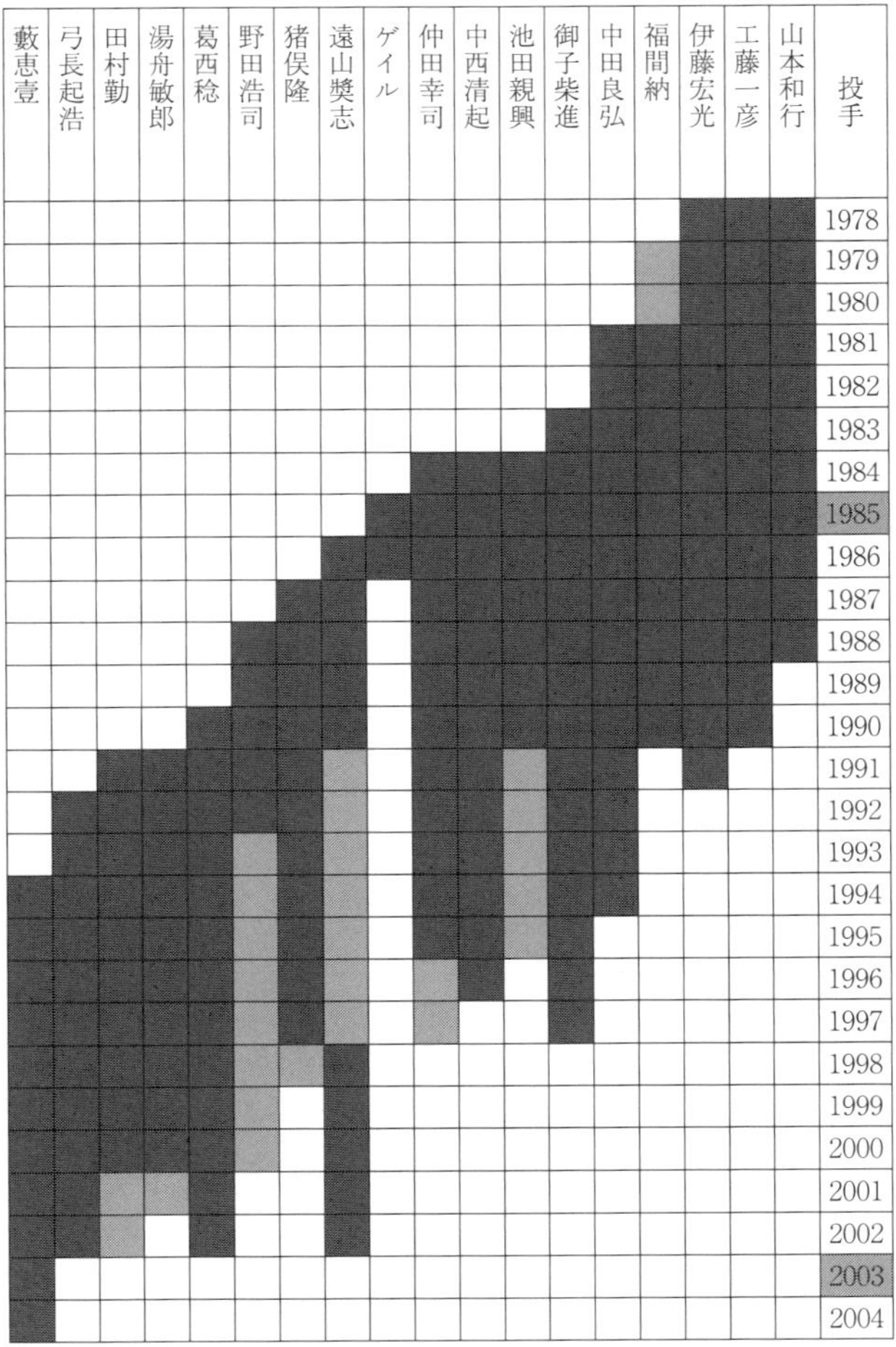
投手
山本和行
工藤一彦
伊藤宏光
福間納
中田良弘
御子柴進
池田親興
中西清起
仲田幸司
ゲイル
遠山奬志
猪俣隆
野田浩司
葛西稔
湯舟敏郎
田村勤
弓長起浩
藪恵壹
1978
1979
1980
1981
1982
1983
1984
1985
1986
1987
1988
1989
1990
1991
1992
1993
1994
1995
1996
1997
1998
1999
2000
2001
2002
2003
2004

	ウィリアムス	久保田智之	下柳剛	伊良部秀輝	ムーア	福原忍	藤川球児	井川慶	川尻哲郎
1978									
1979									
1980									
1981									
1982									
1983									
1984									
1985									
1986									
1987									
1988									
1989									
1990									
1991									
1992									
1993									
1994									
1995									
1996									
1997									
1998									
1999									
2000									
2001									
2002									
2003									
2004									

年度	監督	順位	試合	勝利	敗北	引分	勝率	ゲーム差	打率	本塁打	防御率
1985	吉田義男	1	130	74	49	7	.602	–	.285	219	4.16
1986	吉田義男	3	130	60	60	10	.500	13.5	.271	184	3.69
1987	吉田義男	6	130	41	83	6	.331	37.5	.242	140	4.36
1988	村山実	6	130	51	77	2	.398	29.5	.248	82	3.82
1989	村山実	5	130	54	75	1	.419	30.5	.257	135	4.15
1990	中村勝広	6	130	52	78	0	.400	36.0	.252	135	4.58
1991	中村勝広	6	130	48	82	0	.369	26.0	.237	111	4.37
1992	中村勝広	2	132	67	63	2	.515	2.0	.250	86	2.90
1993	中村勝広	4	132	63	67	2	.485	17.0	.253	86	3.88
1994	中村勝広	4	130	62	68	0	.477	8.0	.256	92	3.43
1995	中村勝広	6	130	46	84	0	.354	36.0	.244	88	3.83
1996	藤田平	6	130	54	76	0	.415	23.0	.245	89	4.12
1997	吉田義男	5	136	62	73	1	.459	21.0	.244	103	3.70
1998	吉田義男	6	135	52	83	0	.385	27.0	.242	86	3.95
1999	野村克也	6	135	55	80	0	.407	26.0	.259	97	4.04
2000	野村克也	6	136	57	78	1	.422	21.0	.244	114	3.90
2001	野村克也	6	140	57	80	3	.416	20.5	.243	90	3.75
2002	星野仙一	4	140	66	70	4	.485	19.0	.253	122	3.41
2003	星野仙一	1	140	87	51	2	.630	–	.287	141	3.53
2004	岡田彰布	4	138	66	70	2	.485	13.5	.273	142	4.08
2005	岡田彰布	1	146	87	54	5	.617	–	.274	140	3.24
2006	岡田彰布	2	146	84	58	4	.592	3.5	.267	133	3.13
2007	岡田彰布	3	144	74	66	4	.529	4.5	.255	111	3.56
2008	岡田彰布	2	144	82	59	3	.582	2.0	.268	83	3.29
2009	真弓明信	4	144	67	73	4	.479	24.5	.255	106	3.28
2010	真弓明信	2	144	78	63	3	.553	1.0	.290	173	4.05
2011	真弓明信	4	144	68	70	6	.493	9.0	.255	80	2.83
2012	和田豊	5	144	55	75	14	.423	31.5	.236	58	2.65
2013	和田豊	2	144	73	67	4	.521	12.5	.255	82	3.07
2014	和田豊	2	144	75	68	1	.524	7.0	.264	94	3.88
2015	和田豊	3	143	70	71	2	.496	6.0	.247	78	3.47
2016	金本知憲	4	143	64	76	3	.457	24.5	.245	90	3.38
2017	金本知憲	2	143	78	61	4	.561	10.0	.249	113	3.29
2018	金本知憲	6	143	62	79	2	.440	20.0	.253	85	4.03
2019	矢野燿大										

阪神タイガース（1985-2018）　年度別成績

ちくま新書
1444

阪神《はんしん》タイガース　1985-2003

二〇一九年一〇月一〇日　第一刷発行

著　者　中川右介（なかがわ・ゆうすけ）

発行者　喜入冬子

発行所　株式会社 筑摩書房
東京都台東区蔵前二-五-三　郵便番号一一一-八七五五
電話番号〇三-五六八七-二六〇一（代表）

装幀者　間村俊一

印刷・製本　株式会社 精興社

ISBN978-4-480-07261-0 C0275

ちくま新書

1252
ロマン派の音楽家たち
――恋と友情と革命の青春譜
中川右介
メンデルスゾーン、ショパン、シューマン、リスト、ワーグナー。ロマン派の巨人の恋愛、友情そして時代の波が絡み合い、新しい音楽が生まれた瞬間を活写する。

1010
本当は強い阪神タイガース
――戦力・戦略データ徹底分析
鳥越規央
野球統計学「セイバーメトリクス」を用いれば阪神は必ず勝てる！　最適打順や最強守備陣形から具体的戦術、チーム編成まで、データに基づく合理的野球を提唱する。

1191
兵隊になった沢村栄治
――戦時下職業野球連盟の偽装工作
山際康之
非運の投手・沢村栄治はなぜ戦地に追いやられたのか。そして沢村の悲劇を繰り返さぬための「偽装」とは何だったか。知られざる戦時下の野球界を初めて描き出す。

711
高校野球「裏」ビジネス
軍司貞則
裏金事件に端を発し、特待生制度問題に発展したプロアマ球界の大騒動。その核心はどこにあるのか。夢や情熱をカネに換える手口とは。国民的スポーツの闇を暴く！

047
スポーツを考える
――身体・資本・ナショナリズム
多木浩二
近代スポーツはなぜ誕生したのか？　スペクタクルの秘密は何か？　どうして高度資本主義のモデルになったのか？　スポーツと現代社会の謎を解く異色の思想書。

1308
オリンピックと万博
――巨大イベントのデザイン史
暮沢剛巳
二〇二〇年東京五輪のメインスタジアムやエンブレムのコンペをめぐる混乱。巨大国家イベントの開催意義とは何なのか？　戦後日本のデザイン戦略から探る。

1401
大阪
――都市の記憶を掘り起こす
加藤政洋
梅田地下街の迷宮、ミナミの賑わい、2025年万博の舞台「夢洲」……気鋭の地理学者が街々を歩き、織田作之助らの作品を読み、思考し、この大都市の物語を語る。